国家出版基金项目
NATIONAL PUBLICATION FOUNDATION

中国文物报社
中国考古学会
——
编

新时代
百项考古新发现

陈星灿　柳士发　主编

江苏凤凰文艺出版社
JIANGSU PHOENIX LITERATURE AND ART PUBLISHING

图书在版编目（CIP）数据

新时代百项考古新发现 / 中国文物报社，中国考古学会编；陈星灿，柳士发主编. -- 南京：江苏凤凰文艺出版社，2024.12. -- ISBN 978-7-5594-9052-0

Ⅰ. K87

中国国家版本馆 CIP 数据核字第 2024E9M966 号

新时代百项考古新发现

中国文物报社　中国考古学会　编

陈星灿　柳士发　主编

出 版 人	张在健
策划编辑	张　遇
责任编辑	胡雪琪　费明燕
特约编辑	冯朝晖　郭晓蓉　张　宸　杨亚鹏
校　　对	高竹君
书籍设计	宝　莉　王　灿
封面设计	郭　凡
责任印制	杨　丹
出版发行	江苏凤凰文艺出版社
	南京市中央路165号，邮编：210009
网　　址	http://www.jswenyi.com
印　　刷	南京爱德印刷有限公司
开　　本	787毫米×1092毫米　1/16
印　　张	32.5
字　　数	412千字
版　　次	2024年12月第1版
印　　次	2024年12月第1次印刷
书　　号	ISBN 978-7-5594-9052-0
定　　价	298.00元

江苏凤凰文艺版图书凡印刷、装订错误，可向出版社调换，联系电话 025-83280257

《新时代百项考古新发现》编委会

主编：

陈星灿　柳士发

编委（按姓氏拼音排序）：

白宝玉	白九江	白俊峰	曹　劲	陈国科	种建荣	褚晓波
范文谦	方　勤	方向明	高成林	郭京宁	李　琴	李林辉
李文瑛	李学良	林　强	刘国祥	盛之翰	孙　波	孙金松
唐　飞	唐　炜	王辉山	王进先	王琴红	王永平	吴　辉
徐　星	徐海峰	叶润清	游富祥	张文瑞	赵永军	周必素
朱存世	朱忠华					

前　言

　　党的十八大以来，党中央高度重视文物考古工作。习近平总书记指出，考古工作是一项重要文化事业，也是一项具有重大社会政治意义的工作。要努力建设中国特色、中国风格、中国气派的考古学，更好认识源远流长、博大精深的中华文明，为弘扬中华优秀传统文化、增强文化自信提供坚强支撑。

　　新时代以来，我国推进考古发掘项目1.2万余项，中华文明探源工程、"考古中国"重大项目、夏商文明研究工程等取得了一系列重要收获，有力实证了中华文明起源和发展脉络。考古新发现层出不穷，考古专业队伍规模不断壮大，学科体系不断完善，研究手段日益更新。

　　继2022年联合编辑大型学术画册《中国百年百大考古发现》之后，中国文物报社与中国考古学会再度合作，编辑《新时代百项考古新发现》。本书汇总了2012年至今，12个年度"全国十大考古新发现"推介活动的图文资料，共计120项。全书以考古遗址年代为序，分为旧石器时代、新石器时代、夏商周、秦汉、三国至隋唐、宋元明清六个部分，特别邀请来自知名高校、研究机构的相关专家撰写分段导读，总结回顾新时代以来，各时段、各研究方向的成果与收获。编辑过程中，我们在内容、体例上力争全面、生动，试图将遗址的背景和古人的生活阐述得清楚、直白。

　　120个考古项目中，有出土百万年前"郧县人"3号头骨的湖北十堰学堂梁子遗址、跻身世界文化遗产的浙江杭州良渚古城遗址、超大规模的史前城址陕西神木石峁遗址、再度发掘又获重大发现的四川广汉三星堆遗址、水下发掘的海南南海沉船遗址……在中国考古蓬勃发展的黄金时期，考古人交出的优秀答卷被一一呈现，它们不但建立起历史的时空框架，更丰富了历史的脉络与枝叶，进一步勾勒出中华文明起源和多元一体发展的历史进程。本书编辑过程中，中国社会科学院考古研究所、国家文物局考古研究中心、全国各级考古研究院所等具备考古发掘资质的单位，给予我们全力支持。

由于行政区划变更、单位合并、发掘研究更加深入等原因，部分项目的发掘单位及项目名称发生了变化。诸如：一些省市考古研究所更名为考古研究院；以及本书编辑时，当时入选的"四川广汉三星堆遗址祭祀区"项目更名为"四川广汉三星堆遗址袁家院祭祀区"、"陕西西安西汉长安城渭桥遗址"更名为"陕西西安中渭桥遗址"等。

《新时代百项考古新发现》的出版，是向时代抒怀的一种方式，也是承载中国考古发展历程的浪漫篇章。本书为2024年度国家出版基金资助项目，并入选中宣部2024年主题出版重点出版物，具有重要的时代意义和历史价值。晦涩难懂的考古知识应以喜闻乐见的形式走进寻常百姓家，从而启迪一代人的考古梦想，激励一代人的考古追求，希望这本书能成为搭建在考古与公众之间的桥梁，也激励广大考古工作者勇于担当、奋发有为，接续为新时代的考古事业贡献力量。

本书编辑组

目 录

前言 / i

旧石器时代

新时代旧石器时代考古，重要发现层出不穷　高星 / 003

云南江川甘棠箐旧石器遗址 / 005

广东郁南磨刀山遗址与南江旧石器地点群 / 009

湖北十堰学堂梁子遗址 / 013

河南栾川孙家洞旧石器遗址 / 017

四川稻城皮洛遗址 / 021

陕西南郑疥疙洞旧石器时代洞穴遗址 / 025

山东沂水跋山遗址群 / 029

新疆吉木乃通天洞遗址 / 033

广东英德青塘遗址 / 037

贵州贵安新区招果洞遗址 / 041

贵州贵安新区牛坡洞洞穴遗址 / 045

宁夏青铜峡鸽子山遗址 / 049

新石器时代

新时代新石器时代考古，重要发现遍布全国　陈星灿 / 055

黑龙江饶河小南山遗址 / 057

山东临淄赵家徐姚遗址 / 061

江苏泗洪顺山集新石器时代遗址 / 065

浙江宁波余姚井头山遗址 / 069

福建平潭壳丘头遗址群 / 073

海南东南部沿海地区新石器时代遗存 / 077

安徽郎溪磨盘山遗址 / 081

陕西高陵杨官寨遗址 / 085

湖北荆门屈家岭遗址 / 089

河南南阳黄山遗址 / 093

四川金川刘家寨新石器时代遗址 / 097

河南巩义双槐树遗址 / 101

湖南澧县鸡叫城遗址 / 105

湖北沙洋城河新石器时代遗址 / 109

浙江余杭良渚古城外围大型水利工程的调查与发掘 / 113

江苏兴化、东台蒋庄遗址 / 117

山东章丘焦家遗址 / 121

山东滕州岗上遗址 / 125

河南永城王庄遗址 / 129

陕西延安芦山峁新石器时代遗址 / 133

山西兴县碧村遗址 / 137

陕西神木石峁遗址 / 141

陕西神木石峁遗址皇城台 / 145

湖北天门石家河遗址 / 149

河南淮阳平粮台城址 / 153

夏商周

新时代夏商周考古，实证中华文明多元一体 雷兴山 / 159

河南淮阳时庄遗址 / 161

河南偃师二里头都邑多网格式布局 / 165

河南郑州东赵遗址 / 169

新疆温泉阿敦乔鲁遗址与墓地 / 173

新疆尼勒克吉仁台沟口遗址 / 177

四川广汉三星堆遗址袁家院祭祀区 / 181

陕西清涧寨沟遗址 / 185

甘肃敦煌旱峡玉矿遗址 / 189

福建永春苦寨坑原始青瓷窑址 / 193

山西绛县西吴壁遗址 / 197

河南郑州商都书院街墓地 / 201

河南安阳殷墟商王陵及周边遗存 / 205

山西闻喜酒务头商代墓地 / 209

陕西旬邑西头遗址 / 213

陕西宝鸡石鼓山商周墓地 / 217

宁夏彭阳姚河塬西周遗址 / 221

陕西宝鸡周原遗址 / 225

陕西澄城刘家洼东周遗址 / 229

湖北大冶铜绿山四方塘遗址墓葬区 / 233

湖北枣阳郭家庙曾国墓地 / 237

山东沂水纪王崮春秋墓葬 / 241

湖北随州枣树林春秋曾国贵族墓地 / 245

湖北随州文峰塔东周曾国墓地 / 249

河南新郑郑韩故城遗址 / 253

河南伊川徐阳墓地 / 257

秦汉

新时代秦汉考古，展示中华文明突出特性　白云翔 / 263

云南祥云大波那墓地 / 265
湖南益阳兔子山遗址 / 269
湖北云梦郑家湖墓地 / 273
甘肃礼县四角坪遗址 / 277
陕西凤翔雍山血池秦汉祭祀遗址 / 281
陕西西安秦汉栎阳城遗址 / 285
陕西西安江村大墓 / 289
四川成都老官山西汉木椁墓 / 293
江西南昌西汉海昏侯刘贺墓 / 297
河南洛阳新安汉函谷关遗址 / 301
陕西西安中渭桥遗址 / 305
北京通州汉代路县故城遗址 / 309
山东定陶灵圣湖汉墓 / 313
河南洛阳东汉帝陵考古调查与发掘 / 317
新疆奇台石城子遗址 / 321
江苏徐州土山二号墓 / 325
浙江上虞禁山早期越窑遗址 / 329

三国至隋唐

新时代三国至隋唐考古，聚焦多元一体和交流互鉴　沈睿文 / 335

河南洛阳汉魏洛阳城太极殿遗址 / 337
西藏札达桑达隆果墓地 / 341
贵州贵安新区大松山墓群 / 345
陕西西安少陵原十六国大墓 / 349
内蒙古正镶白旗伊和淖尔墓群 / 353
河北内丘邢窑遗址 / 357
江苏扬州曹庄隋唐墓（隋炀帝墓）/ 361
西藏阿里故如甲木墓地和曲踏墓地 / 365
河南隋代回洛仓与黎阳仓粮食仓储遗址 / 369
吉林珲春古城村寺庙址 / 373
江西景德镇南窑唐代窑址 / 377
甘肃武威唐代吐谷浑王族墓葬群 / 381
青海都兰热水墓群2018血渭一号墓 / 385
青海乌兰泉沟吐蕃时期壁画墓 / 389
四川石渠吐蕃时代石刻 / 393
新疆尉犁克亚克库都克烽燧遗址 / 397
浙江慈溪上林湖后司岙唐五代秘色瓷窑址 / 401
上海青浦青龙镇遗址 / 405
江苏张家港黄泗浦遗址 / 409

宋元明清

新时代宋元明清考古，揭示统一多民族国家的历史演进　杭侃 / 415

内蒙古辽上京皇城西山坡佛寺遗址 / 417

内蒙古多伦辽代贵妃家族墓葬 / 421

北京延庆大庄科辽代矿冶遗址群 / 425

山西河津固镇宋金瓷窑址 / 429

吉林安图金代长白山神庙遗址 / 433

河北张家口太子城金代城址 / 437

河南开封州桥及附近汴河遗址 / 441

浙江温州朔门古港遗址 / 445

山西霍州陈村瓷窑址 / 449

广东"南海Ⅰ号"南宋沉船水下考古发掘项目 / 453

江西鹰潭龙虎山大上清宫遗址 / 457

重庆合川钓鱼城范家堰南宋衙署遗址 / 461

吉林图们磨盘村山城遗址 / 465

重庆渝中区老鼓楼衙署遗址 / 469

贵州遵义海龙囤遗址 / 473

贵州遵义新蒲播州杨氏土司墓地 / 477

安徽凤阳明中都遗址 / 481

南海西北陆坡一号、二号沉船遗址 / 485

四川彭山江口明末战场遗址 / 489

湖南桂阳桐木岭矿冶遗址 / 493

辽宁"丹东一号"清代沉船（致远舰）水下考古调查 / 497

辽宁庄河海域甲午沉舰遗址（经远舰）水下考古调查 / 501

附录　新时代"全国十大考古新发现"（2012—2023）/ 505

旧石器时代

云南江川甘棠箐旧石器遗址

广东郁南磨刀山遗址与南江旧石器地点群

湖北十堰学堂梁子遗址

河南栾川孙家洞旧石器遗址

四川稻城皮洛遗址

陕西南郑疥疙洞旧石器时代洞穴遗址

山东沂水跋山遗址群

新疆吉木乃通天洞遗址

广东英德青塘遗址

贵州贵安新区招果洞遗址

贵州贵安新区牛坡洞洞穴遗址

宁夏青铜峡鸽子山遗址

新时代旧石器时代考古，重要发现层出不穷

高星

旧石器时代占据人类历史总长度的 99% 以上，是人类演化长河中最漫长的时段，是人类这个物种形成、发展的最重要时期。远古人类在旧石器时代靠狩猎采集生存繁衍，学会了制作工具，掌握了用火技术，创造出多姿多彩的物质文化，在古老的地层中留下他们的遗骸，以及石器、骨器等蛛丝马迹，等待考古人去发现、发掘与研究。这些遗存是祖先留给子孙后代的文化遗产，记录了先辈们认识自然、改造自然、获取生产生活资源的能力、策略及其发展过程，是现今人类了解历史、破译远古谜团的密码。本书记载的这些重要成果，是重建百万年人类史的重要信息载体，是十多年来我国旧石器考古新发现、新成果的代表与缩影。

这些遗址与成果各具特色，犹如斑斓的多棱镜，折射出旧石器时代文化的多姿多彩。湖北十堰学堂梁子遗址出土的第三具直立人头骨化石，其完整性和伴生的动物化石与石器包含着百万年前人类体质与文化的丰富信息，被写入新出版的中学历史教科书。广东郁南磨刀山遗址与南江旧石器地点群埋藏在红土地层中的石制品，揭示了华南旧石器时代早期文化的面貌，扩展了手斧文化区的分布范围。云南江川甘棠箐遗址出土数量丰富、保存完好、世界罕见的旧石器时代早期木器和动植物遗存，为研究远古植物资源利用方式和木器在东亚旧石器时代文化中所扮演的角色，提供了珍贵的材料与信息。四川稻城皮洛遗址保存高原剥蚀环境下难得一见的从旧石器时代早期延绵至中期的多个文化层，出土世界海拔最高的阿舍利技术遗存，彰显远古人类征服高海拔极端环境的艰辛与勇气。山东沂水跋山遗址群连接起东方古人类在该地区近 10 万年间的生存演化历史，记载着华夏本土人群演化的连续性和文化技术赓续发展的脉络。同样的发现来自陕西南郑疥疙洞，古人类化石和小石片文化遗存在方寸之地密集出土，表明旧石器时代中晚期秦岭地区先民的生生不息、延绵不绝。新疆吉木乃通天洞遗址出土莫斯特类型的文化遗存，再现了旧石器时代中期末段古人群在亚欧大陆迁徙交流的历史图景。宁夏青铜峡鸽子山遗址排列有序的柱洞让今人得以窥见旧石器时代晚期的窝居形式，毫米级的精密串珠让后人对其工艺的精湛叹为观止。广东英德青塘遗址、贵州贵安新区招果洞和牛坡洞遗址的文化遗存从旧石器时代晚期延续至新石器时代，其丰富的打制石器、磨制石器与骨器及墓葬中的人骨材料，记录了旧石器时代—新石器时代过渡期古人群的体质特点、技术能力、文化面貌和思想意识，中华文明的曙光若隐若现。

上述遗址皆被评为不同年度的"全国十大考古新发现"，但它们并非这些年间重要旧

石器考古成果的全部；有些遗址未能入选，但同样具有独特而重要的学术价值，其重要性甚至不输于登榜的遗址。例如陕西洛南盆地出土的手斧—薄刃斧—手镐组合，实证阿舍利技术体系在东方的存在；文化的丰富性和独特性，使得该遗址的学术价值被认为胜过秦始皇兵马俑；在宁夏水洞沟遗址群，考古工作者通过 20 年的连续发掘与研究，建立了该地区 4 万年以来高精度的古人群演化历程和文化发展史，揭示了不同人群迁徙、融合与文化交流互鉴的过程与动因，学术成果助推该遗址发展为国家 5A 级旅游景区；西藏那曲尼阿底遗址和阿里梅龙达普洞穴，刷新了旧石器时代人类征服雪域高原、适应高海拔恶劣环境的时间和高度纪录，其意义超出了青藏高原地域范围，成为世界级的重大考古新发现。

审视十余年重要考古新成果清单，不难发现这样一个事实：越早的遗址，被普遍认可并推选为"十大""六大"考古新发现的越少；越晚的遗址，越容易被学术界关注，被社会大众热捧。标记 99% 以上人类历史的旧石器时代遗址或成果，很难得到与后期遗址同等的热度。每年荣登学术榜的旧石器遗址多说一项，有的年份甚至榜上无名。一个重要原因是旧石器时代遗址与出土材料的可视性差，被误认为文旅资源开发利用的潜力小，但根本的原因是旧石器时代考古未得到应有的重视，从业人员少，声量低，即使在文博考古行业内也经常处于旁支末流，致使近些年旧石器时代考古的新发现如雨后春笋，显示度却寥若晨星。须知没有百万年的人类史，华夏族群和中华文明就成了无源之水、无本之木！因此，应加强对旧石器时代考古的重视与支持力度，将中华文明探源等重大文化工程向更久远的史前纵深推进。唯有如此，东方人类故乡的历史才能构建得更加完善，中华民族才能找到鹤立于世界民族之林的历史根基和坚定文化自信的源泉。

云南江川甘棠箐旧石器遗址

入选"2015年度全国十大考古新发现"

发掘单位 云南省文物考古研究所、玉溪市文物管理所、江川县文物管理所
项目负责人 刘建辉

甘棠箐旧石器遗址位于云南省江川县（2015年12月撤销，设立玉溪市江川区）路居镇上龙潭村西南，抚仙湖南部，是云南省继元谋人遗址之后发现的又一处重要的早更新世旧石器旷野遗址。2014年10月—2015年2月，云南省文物考古研究所会同玉溪市文物管理所、江川县文物管理所对遗址开展考古发掘。发掘面积50平方米。

发掘在严格执行《田野考古工作规程》的基础上，运用数字化考古的理念和方法，注重采集研究样品，引入多学科综合手段

甘棠箐旧石器遗址远眺

进行考古，取得了突破性收获。

遗址地层为湖滨沼泽相沉积，地层堆积连续稳定且清晰，文化层较厚，文化遗物丰富，是古人类生产、生活的原地埋藏遗址。相对湿润的埋藏环境以及黏土等细颗粒物沉积，起到了很好的隔绝空气、防止氧化的作用，使遗址的有机质遗物得以很好地保存。这在国内外旧石器时代遗址中都是罕见的。

遗址石器工业面貌原始而独特，石制品剥片以砸击法为主，且存在两种砸击技法，形成了独树一帜的砸击技术文化体系。木制品的发现填补了该领域国内研究的空白。动植物化石也保存较好，种类丰富。很多动物化石上保存有人类的切割、砍砸痕迹和动物啃咬痕迹。植物种子化石为研究古人类生存环境提供了素材，其中发现的可供人类食用的植物种类，对研究古人类采集行为和食谱具有重大意义。

遗址发现一处用火遗存，其木柴向心堆积，木柴近中心部位炭化严重，中心积炭，初步判断为一临时用火遗存，似篝火遗存，基本原样保存。该遗存对研究史前人类行为和生活方式具有重要意义。此类用火遗存在我国旧石器早期遗址中也是首次发现。

遗址的发现、发掘和研究，无疑为东亚地区古人类本地起源的学说提供了新的佐证，再次证明了滇中高原是人类起源的关键区域，为旧石器早期文化对比研究提供了非常宝贵的材料，具有很高的研究价值。

T1 探方南壁剖面

探方出露的用火遗迹

考古队员用RTK（实时动态差分）技术测量出土标本

探方中编号的石制品及动物化石

石核（左起：锤击石核、砸击石核、砸击石核）

石器

哺乳动物化石

石片

食肉动物咬痕

人工切割痕迹

啮齿类咬痕

有人工切割和动物咬痕的动物化石

骨器

木制品

广东郁南磨刀山遗址与南江旧石器地点群

入选"2014年度全国十大考古新发现"

发掘单位 广东省文物考古研究院、北京大学、云浮市博物馆、郁南县博物馆、罗定市博物馆

项目负责人 王幼平

磨刀山遗址位于广东省西部云浮市郁南县河口镇和都村,是广东省首次发现并经科学发掘的旧石器时代早期旷野类型遗址。2014年4—8月对磨刀山遗址第1地点进行的抢救性发掘,发掘面积200平方米,取得突破性收获。在第四阶地原生网纹红土堆积中发现上、下两个包含石制品的旧石器时代早期文化层,出土各类石制品近400件,揭露出较大面积的古人类活动区域。

发掘出土石制品类别多样,涵盖从搬运石料、加工石器、使用石器到废弃石器的整个过程,展现了完整的石器生产操作

磨刀山遗址发掘区全景

链。石器以砾石为原料，加工技术简单粗糙，刃部修理普遍不规整，石器组合主要为砍砸器、手镐、手斧等大中型权宜性工具，多见直接使用砾石做工具的现象。发掘出土的石制品在各探方皆有密集分布，尤其下文化层石制品的密集程度在岭南及东南亚地区旧石器时代早期同类遗址中亦属罕见，可以确定本遗址是中更新世南江两岸古人类活动较为集中的一个中心营地。

郁南磨刀山遗址第1地点填补了广东旧石器时代早期文化的空白，将本地区最早有人类活动的历史由距今13万年左右大幅提前至数十万年前，是广东史前考古的重大突破。发掘区揭露的石制品平面分布、古人类活动区域、石器生产操作链及古人类适应行为等多方面信息，反映了亚洲东南部低纬度地区早期古人类独特的石器生产活动与适应模式，亦显示出亚热带与热带地区、华南北部与岭南及东南亚地区早期旧石器文化与古人类行为的联系与区别。

磨刀山遗址周边经系统调查已发现60余处旧石器地点，集中分布在南江盆地东北部。南江旧石器地点群的区域分布密集程度，在华南与东南亚地区较为罕见，展现了区域内由中心营地与临时活动地点组成的古人类栖居形态，对研究华南—东南亚地区远古人类的栖居形态与适应模式具有重要意义。同时，由中更新世至晚更新世的三期文化遗存，为研究岭南乃至华南与东南亚地区的旧石器文化发展脉络提供了重要参考依据。

南江流域的旧石器考古发现，既是中国旧石器时代考古的重大进展，也为深入研究华南—东南亚地区旧石器文化的关系、区域人类起源与演化历史，以及东西方文化比较等国际热点课题提供了十分重要的新契机。

磨刀山遗址手镐出土情况

磨刀山遗址下文化层文化遗物平面分布

磨刀山遗址发掘工作场景

使用砾石 　　　　　　　　　　　　石锤

可拼合的石核与石片

石片

南江旧石器地点群出土晚期石制品

石核

砍砸器

手镐

手斧

湖北十堰学堂梁子遗址

入选"2022年度全国十大考古新发现"

发掘单位　湖北省文物考古研究院、中国科学院古脊椎动物与古人类研究所、武汉大学、郧阳博物馆、十堰市博物馆

项目负责人　陆成秋

学堂梁子遗址位于湖北省十堰市郧阳区青曲镇弥陀寺村，坐落于汉江北岸，曲远河口西边。遗址因发现两具约100万年前的古人类头骨化石（俗称"郧县人"）而闻名，是一处出土丰富古人类化石、古生物化石和石制品遗存的旧石器时代遗址。考古发掘揭露出了该遗址100多万年来不同时期的地层堆积。

2001年6月，遗址被国务院公布为第五批全国重点文物保护单位。为解决相关的学术问题和为建设考古遗址公园创造条件，2021年起，人们对遗址开展了新一轮

学堂梁子遗址远景

多学科考古发掘与研究。为保障考古发掘的质量和文物安全，各方共同努力，在遗址创新性地搭建了1000多平方米温湿可控、设施齐全、功能完备的考古方舱、考古工作站等。同时，为了使考古发掘更加科学、系统、规范和可持续，考古团队引进了考古发掘数字管理平台、ArcGIS系统和最新的发掘记录系统，对遗址进行地点和发掘区的划分，纳入新的布方与测控系统。本轮发掘主要在学堂梁子的B、C、E发掘区进行。

2022年5月18日，"郧县人"1号头骨化石发现33年之后，在33米远的考古发掘探方壁面上，"郧县人"3号头骨化石面世。"郧县人"3号头骨化石出露部分保存完好，形态清晰，没有发生明显变形，所能提供的性状信息比以前发现的两具头骨化石更丰富而原真，在很大程度上弥补了前两具头骨变形的缺憾。12月3日，经考古团队半年多的精细发掘，"郧县人"3号被顺利提取出土，进入室内清理和研究环节。

"郧县人"3号是迄今亚欧内陆发现的同时代最为完好的古人类头骨化石，保留该阶段人类重要而稀缺的解剖学特征。该化石处在古人类近200万年演化历程的关键环节上，为探讨东亚古人类演化模式、东亚直立人来源、东亚直立人与智人演化关系等重大课题提供了翔实而关键的考古学证据，为实证中华大地百万年的人类史、讲好东方人类故乡先民演化和文化发展故事提供了关键节点的重要依据与信息。

B发掘区出土化石

"郧县人"3号头骨化石提取

"郧县人"3号头骨化石

残留物提取

考古方舱侧视

精细发掘

核心舱内景

现场精细清理出土化石

现场建模

激光扫描

内窥镜助力发掘

B 发掘区出土 T4 下文化层石核

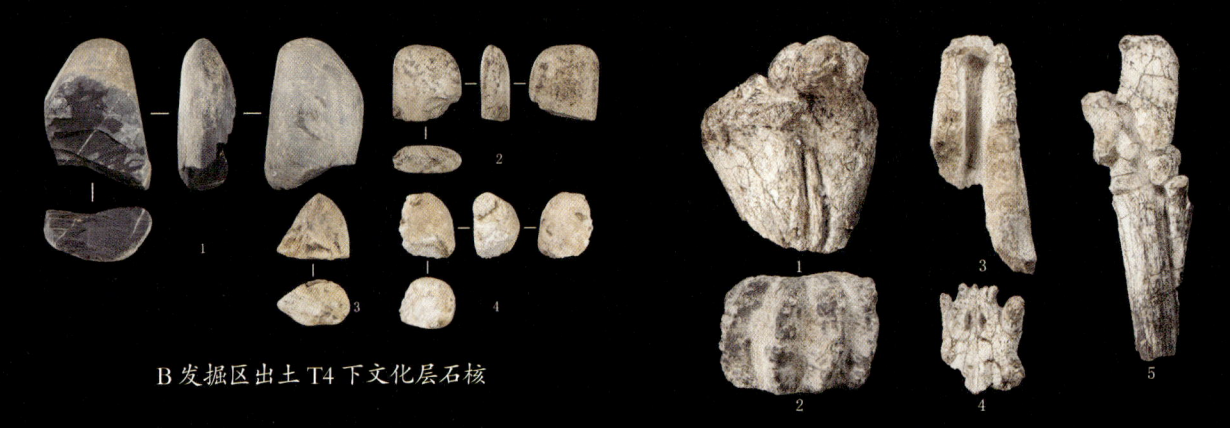

B 发掘区出土动物化石（1. 肢骨；2. 剑齿象臼齿；3. 貘下颌骨；4. 虎上颌；5. 跗骨）

C 发掘区出土 T4 上文化层石制品（1、2. 石片；3. 砍砸器；4. 石核）

E 发掘区出土 T3 较晚阶段石制品（1. 石片；2、3. 石核；4. 刮削器；5. 手镐；6. 手斧）

河南栾川孙家洞旧石器遗址

入选"2012年度全国十大考古新发现"

发掘单位 洛阳市考古研究院、栾川县文化广电新闻出版局
项目负责人 史家珍

孙家洞遗址位于洛阳市栾川县栾川乡湾滩村哼呼崖的断崖上。该遗址现有洞口呈扁长形椭圆状，宽2.65米，高0.7米，距现有地面约40米。2012年5月开始进行抢救性考古发掘。

此次发掘发现了古人类化石、石制品，以及大量的动物化石和动物粪便化石等。古人类牙齿化石共6枚，具有原始性，区别于现代人和晚期智人，而与北京周口店直立人相近，属于未成年个体或幼年个体。动物化石种类丰富。出土石制品原料以脉石英为主，有少量石英砂岩和岩浆岩。打片技术以锤击法为主，显示了我国旧石器时代早期粗犷原始的一些特点。

孙家洞遗址位于秦岭以南、淮河以北，地理位置独特，处于中国自然地理南北分界线上，是气候和自然环境的过渡地带。该区域是人类迁徙演化和动物群交流的通

孙家洞遗址的外部环境

道，对于研究过渡区域动物群面貌、动物地理区系演化、古环境变迁和南北方古人类文化的交流有重要作用。孙家洞遗址出土的中更新世时期古人类化石是国际古人类学界直立人演化和现代人起源研究的珍贵资料，也为研究古人类的个体发育及系统演化问题提供了化石依据。动物化石的大量发现和研究，不仅有助于遗址周边区域古环境的分析与重建，而且可以通过现代埋藏学和动物考古学方面的深入探讨，为研究古人类生存模式、栖居形态以及群体组织等国际动物考古学热点问题做出积极贡献。

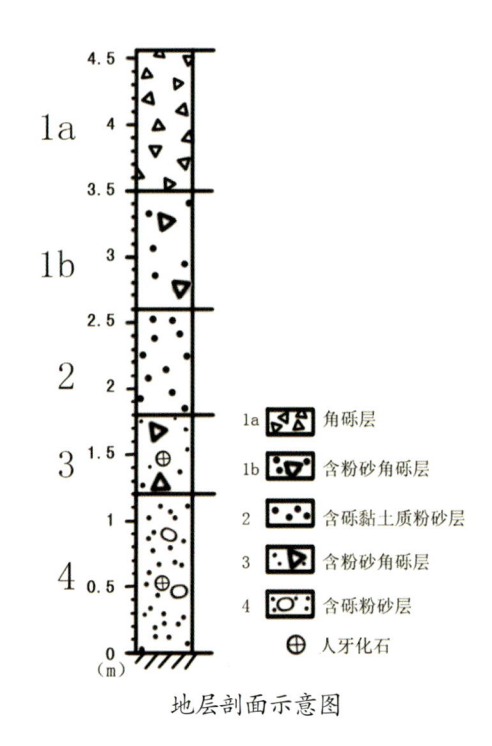

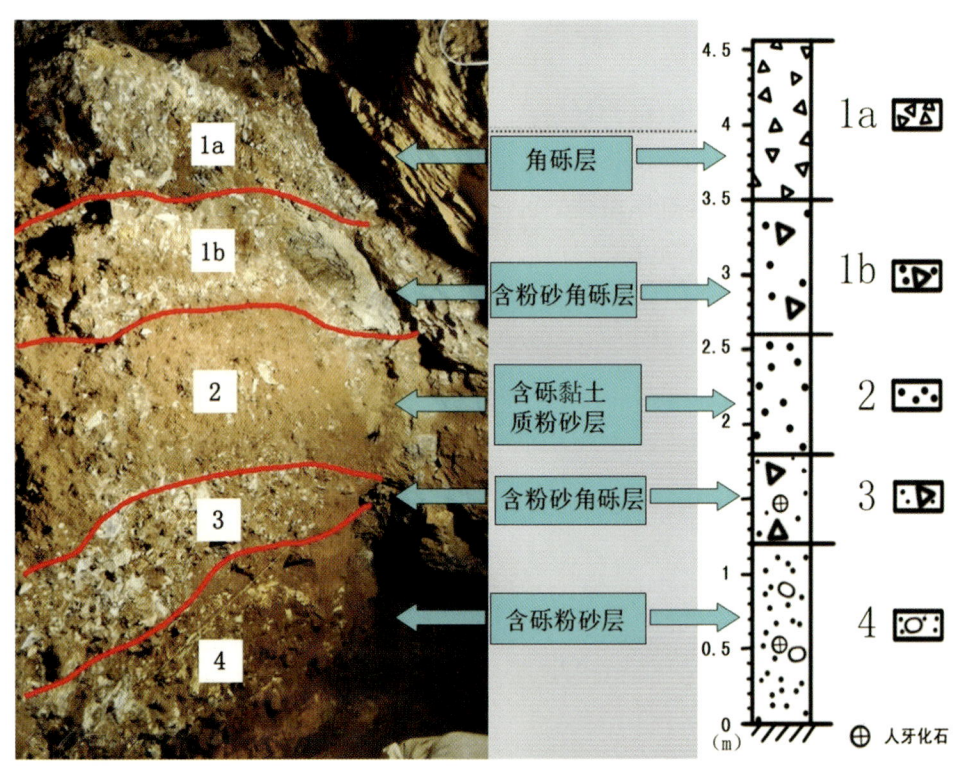

地层剖面示意图

1a 角砾层
1b 含粉砂角砾层
2 含砾黏土质粉砂层
3 含粉砂角砾层
4 含砾粉砂层
⊕ 人牙化石

地层剖面对应图

中更新世典型动物化石

石制品

人类牙齿（下侧门齿）

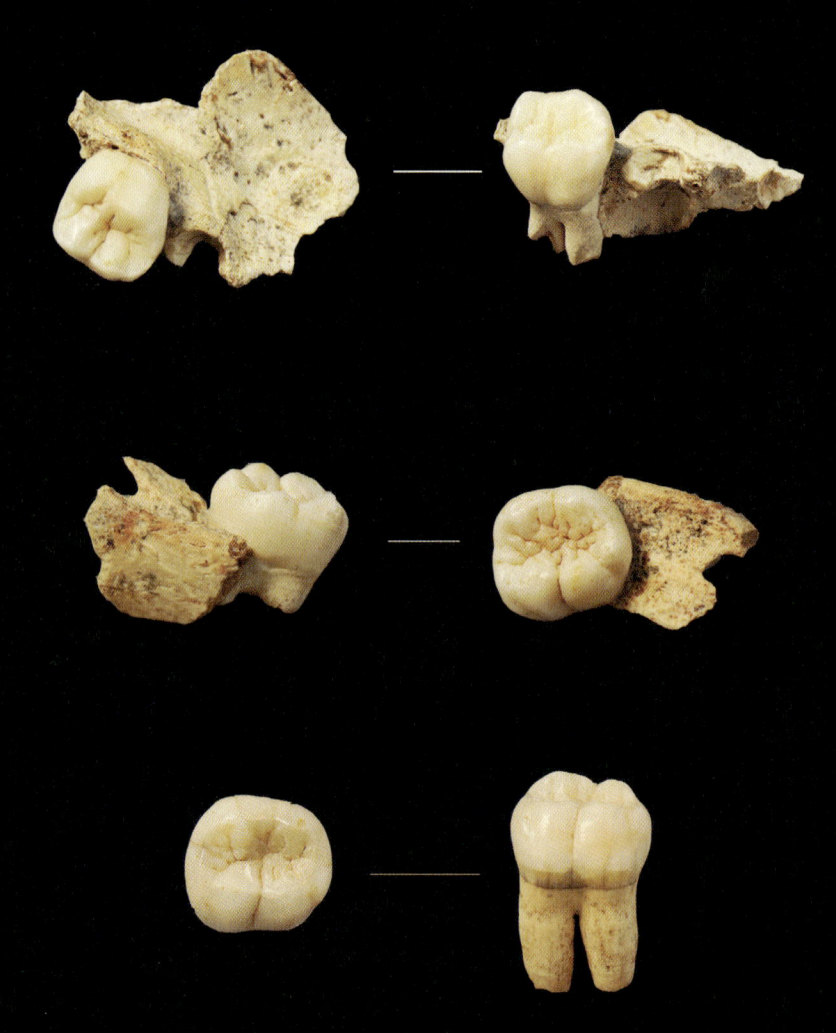

人类牙齿（臼齿）

四川稻城皮洛遗址

入选"2021年度全国十大考古新发现"

发掘单位 北京大学、四川省文物考古研究院
项目负责人 何嘉宁

　　皮洛遗址位于四川省甘孜藏族自治州稻城县，平均海拔超过3750米，地处金沙江二级支流傍河的三级阶地上。遗址总面积约100万平方米，是迄今为止青藏高原考古发现的遗址面积最大、地层保存最完整、文化类型最多样的旧石器时代遗址。2021年的发掘，在高海拔地区考古发现了典型的阿舍利技术体系遗存，是世界上首次，填补了该地区乃至青藏高原旧石器时代考古的空白。

　　遗址地层堆积厚约2米。初步的光释光测年结果显示，遗址上部地层的年代不晚于距今13万年。本次发掘揭露出多个古人类活动面，出土编号标本7000余件，均为石制品。

　　本次发掘在青藏高原东南麓揭露出七个连续的文化层，完整保留、系统展示了"简单石核石片组合—阿舍利技术体系—石英小石片石器和小型两面器"的旧石器时代文化发展过程，整体构成了罕见的旧石器时代文化"三叠层"。它首次建立了四川乃至中国西南地区连贯、具有标志性的旧石器时代特定时段的文化序列，为该区域其他遗址和相关材料树立了对比研究的参照和标尺。皮洛遗址发现的手斧、薄刃斧等遗物是目前世界上海拔最高的阿舍利技术遗存，也是目前东亚地区考古发掘到的形态最典型、制作最精美、技术最成熟、组合最完备的阿舍利组合。同时，皮洛等川西高原含手斧的遗址填补了东亚阿舍利技术体系在空间上的一个关键缺环，对于认识亚欧大陆东西侧远古人群的迁徙和文化交流具有特殊意义。

　　此外，皮洛遗址地处青藏高原，连续的地层堆积和清楚的石器技术演变序列表明，拥有不同技术体系的人群都曾陆续进入高海拔地区繁衍生息。皮洛遗址的发现及相关考古发掘成果，充分展现了早期人类征服高海拔极端环境的能力、方式和历史进程，也提供了该地区古环境变化与人类适应耦合关系的重要生态背景和年代学标尺。

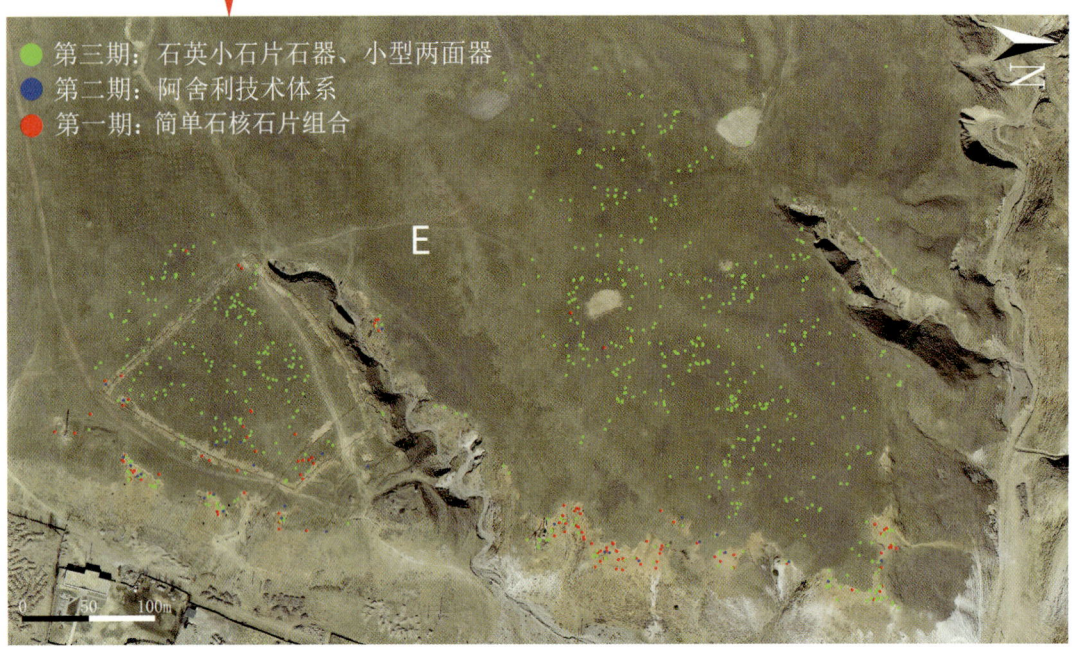

新时代 百项考古新发现

- 第三期：石英小石片石器、小型两面器
- 第二期：阿舍利技术体系
- 第一期：简单石核石片组合

遗址地表采集系统

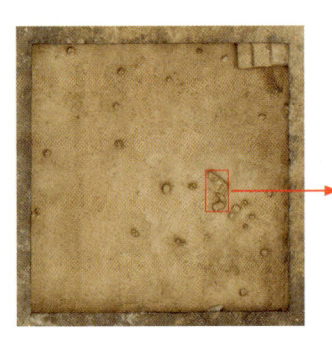

半环状石圈（BT5052③层底部）

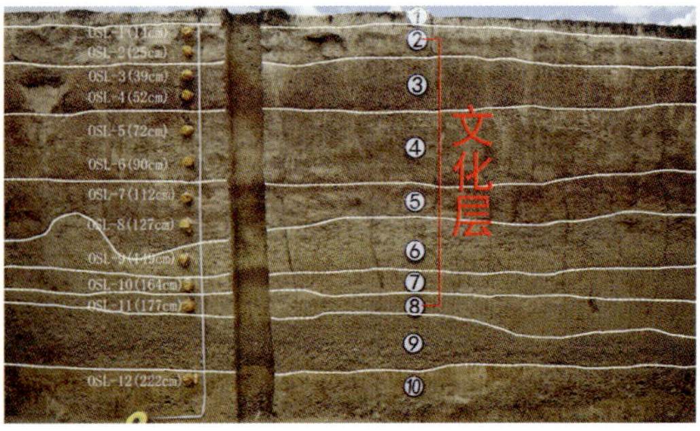

遗址地层标准剖面

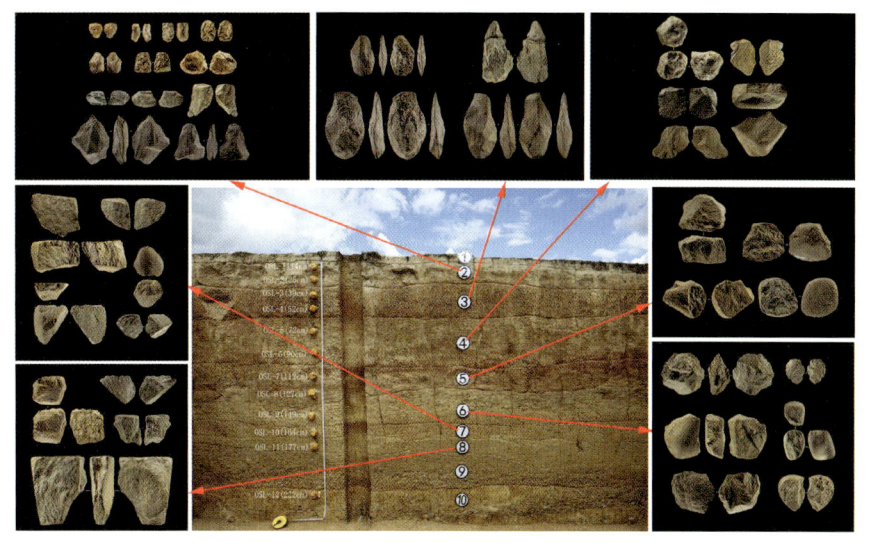

地层及部分遗物

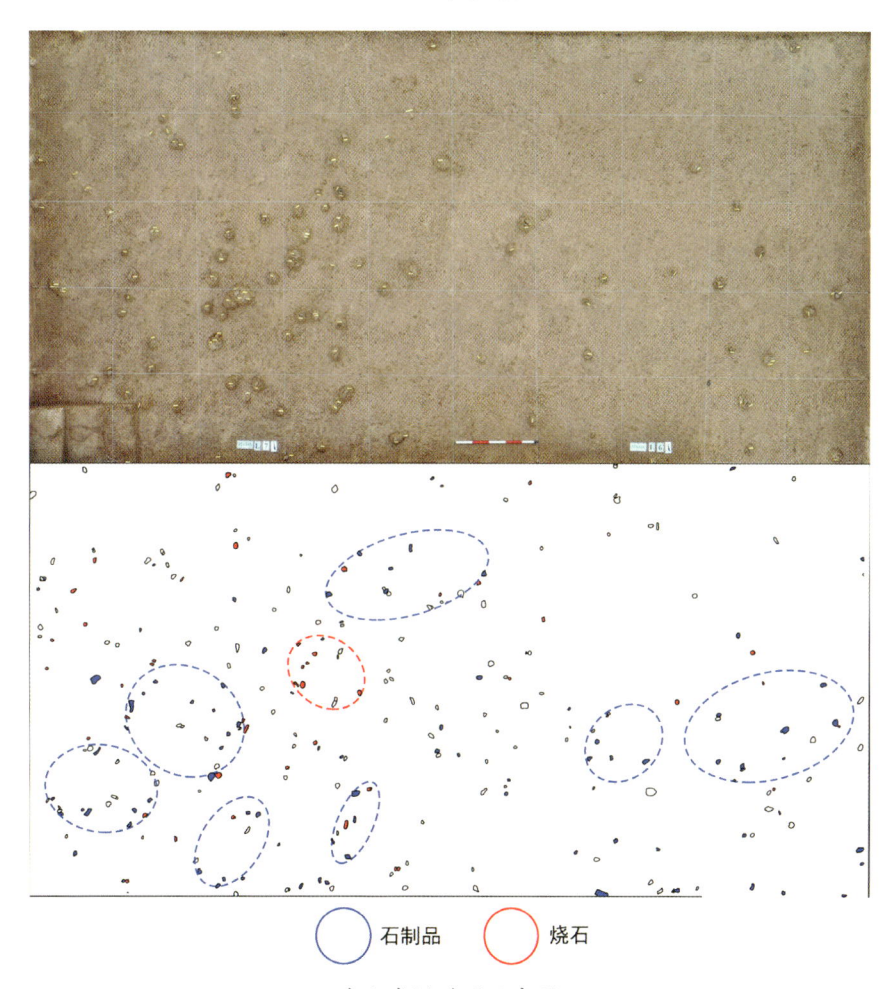

石制品　烧石

古人类活动面示意图

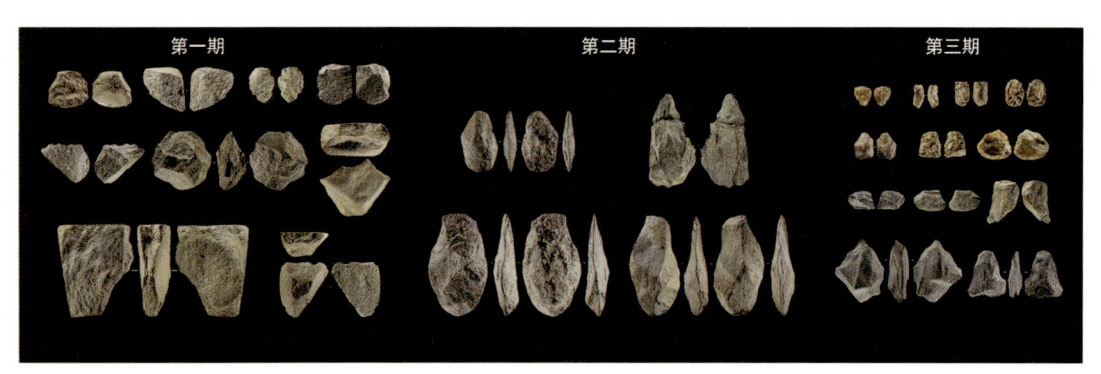

地层出土遗物分期

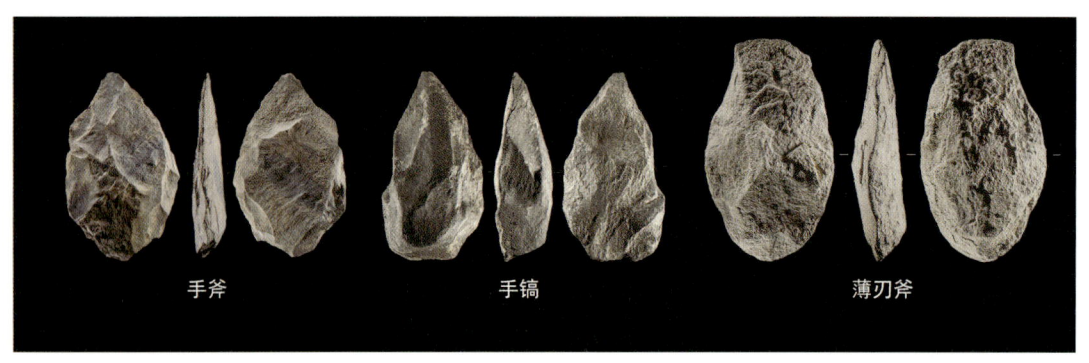

| 手斧 | 手镐 | 薄刃斧 |

阿舍利技术体系组合

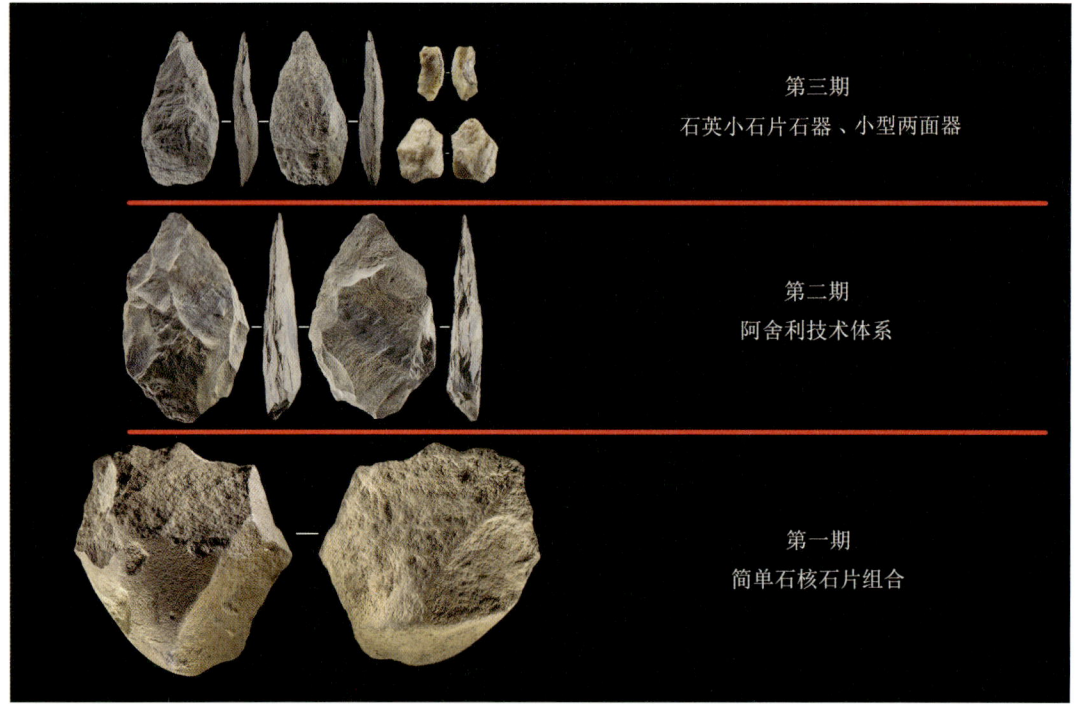

第三期
石英小石片石器、小型两面器

第二期
阿舍利技术体系

第一期
简单石核石片组合

遗物三期变化过程

陕西南郑疥疙洞旧石器时代洞穴遗址

入选"2019年度全国十大考古新发现"

发掘单位 陕西省考古研究院、中国科学院古脊椎动物与古人类研究所、南京大学

项目负责人 王社江

秦岭是中国南北自然与人文地理的过渡地带、分界线。深入开展该地区旧石器考古工作，对于研究中国古人类演化和旧石器文化发展具有重要意义。2017年以来，为弥补秦岭中西部地区旧石器时代中晚期洞穴遗址发现的短板，研究团队在汉中盆地开展了洞穴专项调查，于陕西省汉中市南郑区梁山镇南寨村附近新发现了疥疙洞遗址。由于遗址存在严重的安全隐患，2018—2019年，经国家文物局批准，考古人员对其进行了抢救性发掘。

疥疙洞遗址地层堆积厚约1.6米，文

疥疙洞遗址近景

疥疙洞遗址航拍远景

化序列及演进顺序清楚，发现了距今10万—1.5万年间丰富的遗迹和遗物，包括人类活动面、石器加工点、火塘等。各期石制品面貌基本一致，均属小石片石器工业系统，石器加工技术为"简单的石核—石片技术"，总体呈现出一脉相承、连续发展的特点。在原生地层中出土2枚早期现代人牙齿化石。另在早年被人工搬运至洞外、含石制品和动物化石的堆积中筛洗发现少量人类牙齿和头骨残块。

疥疙洞遗址的考古发现，进一步丰富了中国境内距今10万—5万年间的关键考古资料，填补了汉中盆地旧石器时代晚期人类洞穴型居址的空白。距今3万—2万年间的早期现代人类化石的发现更为难得，为东亚现代人本土起源说提供了重要的考古学证据。出土数量众多、种类丰富的动物化石，且与人类活动密切相关，极大地丰富了秦岭地区晚更新世的动物化石材料。这些发现为探索中国南北方过渡地带晚更新世人类文化发展，探讨中国乃至东亚地区现代人起源研究等重大课题提供了非常重要的新资料。

遗址地层堆积

洞外区域第④层遗物分布（第三期遗存）

第④层下遗迹遗物分布（第三期遗存）

第⑧层遗物分布（第二期遗存）

第④层早期现代人牙齿化石出土情况（17号标本）

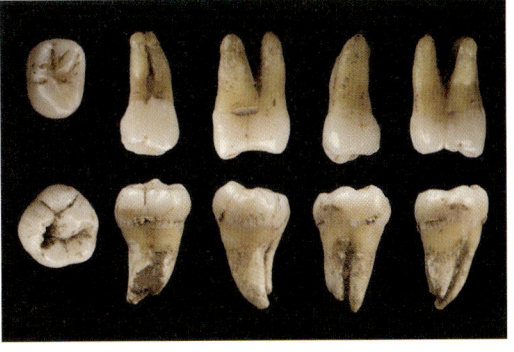

遗址原生地层出土的两枚早期现代人牙齿化石（上：第③层出土；下：第④层出土）

第一期石制品

第二期石制品（1. 石片；2. 中小型尖状器和刮削器）

第三期石制品（1. 石核；2. 石片；3. 中小型尖状器和刮削器；4. 重型刮削器）

第三期动物化石（1. 剑齿象与犀；2. 鹿科与牛科；3. 熊与野猪；4. 食肉类）

山东沂水跋山遗址群

入选"2023年度全国十大考古新发现"

发掘单位 山东省文物考古研究院
项目负责人 李罡

跋山遗址群是对以山东省沂水县跋山遗址为中心的80余处旧石器时代遗存的总称。遗址群构建起了山东地区旧石器文化发展的时空框架，拓展了山东史前遗存的分布范围，是东北亚地区旧石器时代中晚期阶段的重要考古发现。

对遗址群的发掘与初步研究，系统完善了海岱地区晚更新世古人类文化发展序列和旧石器技术发展过程。跋山遗址展现了以石英为主要原料、使用简单石核—石片技术的文化特点，发展到距今约3万年水泉峪遗址出现细石器技术，又经凤凰岭遗址、扁扁洞遗址传承发展，开启了海岱地区新石器时代文明化进程。

以跋山和水泉峪为代表的跋山遗址群完整揭示出距今10万—2万年的地层剖面，

跋山遗址地貌航拍

8米厚地层堆积

在时空上完整展现了古人类连续发展的历史进程,更将散布在周边地区的简单石核—石片技术石英旧石器遗存完整连接起来,揭示了晚更新世华北、华中乃至华南地区旧石器文化传统的一致性,说明中华文化多元一体、长期连续发展的特点早在旧石器时代便已显现。

遗址群首次揭示出10万年前古人类对巨型动物资源的充分利用,生动再现了为应对冰期、间冰期交替出现带来的环境变迁,远古祖先不断调整适应策略及维生方式的历史场景。

遗址群为建立东亚早期人类与文化持续演化发展链条提供重要证据。连续文化堆积、无间断的旧石器文化发展序列,均展现了本地区人类的连续发展历史进程,直接否定了末次冰期寒冷期东亚古人类灭绝的推论,清楚展示山东地区乃至东亚早期人类与文化持续演化发展的路径。

跋山遗址8层下用火遗迹

沂源沂河头遗址2023年度发掘

图例

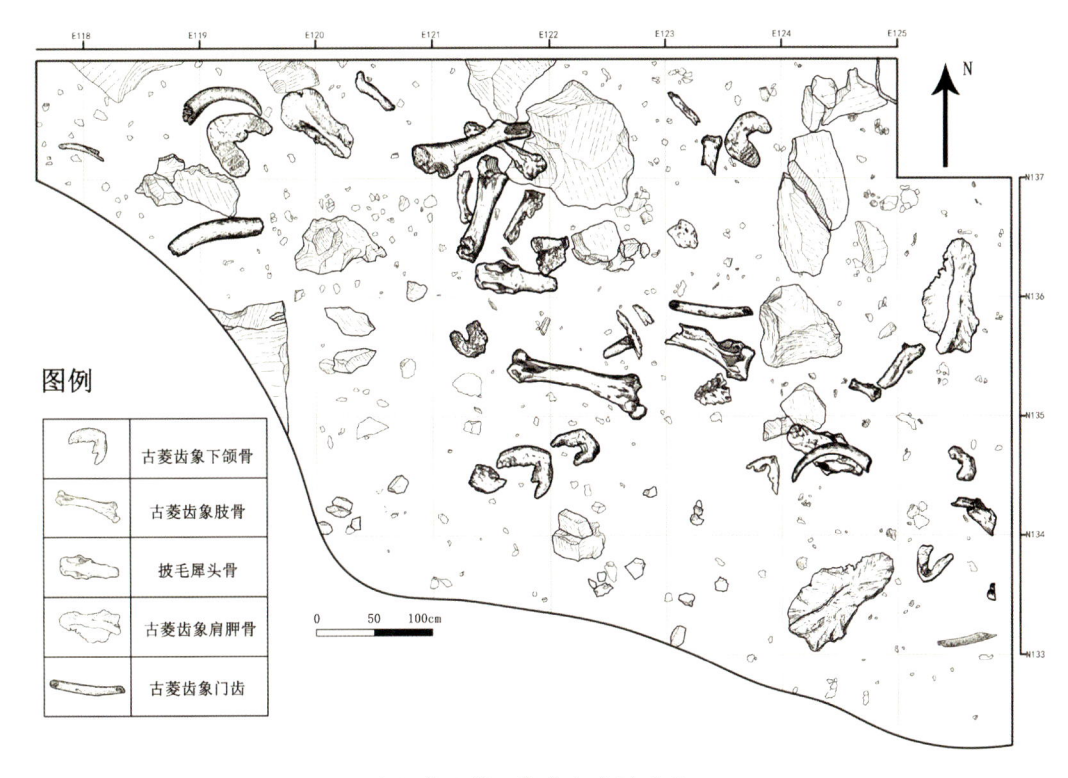

符号	名称
	古菱齿象下颌骨
	古菱齿象肢骨
	披毛犀头骨
	古菱齿象肩胛骨
	古菱齿象门齿

跋山遗址第一期古人类活动面

古菱齿象尺骨现场加固

跋山遗址2022年度下文化层发掘

沂水水门遗址探方3地层堆积

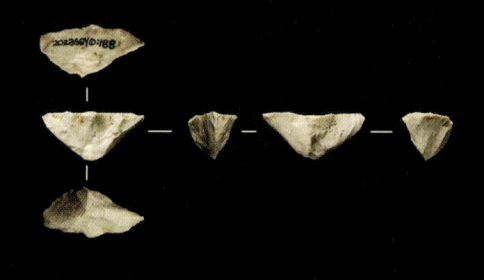

水泉峪遗址出土船形石核

跋山遗址群第一期文化出土遗物

跋山遗址群第三期文化出土遗物

跋山遗址群第四期文化出土遗物

跋山遗址第一期地层出土象牙质铲形器

新疆吉木乃通天洞遗址

入选"2017年度全国十大考古新发现"

发掘单位 新疆维吾尔自治区文物考古研究所、北京大学
项目负责人 于建军

新疆吉木乃通天洞遗址位于阿勒泰地区吉木乃县托斯特乡南萨吾尔山中，海拔1810米。遗址于2014年发现，2015年进行详细调查。2016—2022年经国家文物局批准连续七年进行的考古发掘，累计发掘面积241平方米，清理石板石棺墓、灰坑、

通天洞遗址及其环境

灶坑、柱洞等多处遗迹。同时，人们在周边还持续进行考古调查，发现多处遗迹洞穴、岩棚遗迹。

七年的发掘表明，通天洞遗址是新疆第一处考古发掘的旧石器时代遗址，将新疆有人类活动的历史上推到距今4.5万余年前，延伸了新疆的历史轴线，丰富了新疆历史的内涵，增强了历史信度，活化了历史场景。遗址中出土了目前国内最早的距今5200年的大麦、小麦炭化颗粒，还出土了目前新疆最早的、距今约5000年的炭化黍颗粒，黍麦相逢在通天洞遗址，表明在四五千年前，这里就是东西方文化交流的重要通道。遗址中首次发现了新疆距今13 000—8900年明确、连续的细石器地层。遗址也是目前新疆最早的青铜时代遗址，出土了目前新疆最早的锡青铜。2019年，通天洞遗址被列为第八批全国重点文物保护单位。

结合近年来的研究成果，人们确认，新疆大部分地区1万年以来的细石器，普遍受到来自华北地区细石器技术体系的影响。这一结论，从侧面揭示了新疆与中原之间万年来的文化交流史。

通天洞航拍影像

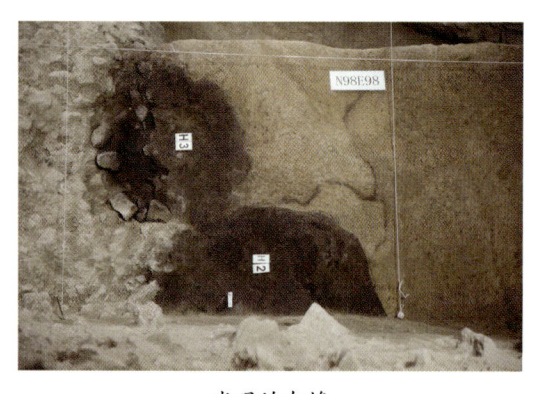

发现的灰堆

探沟

T1515 剖面

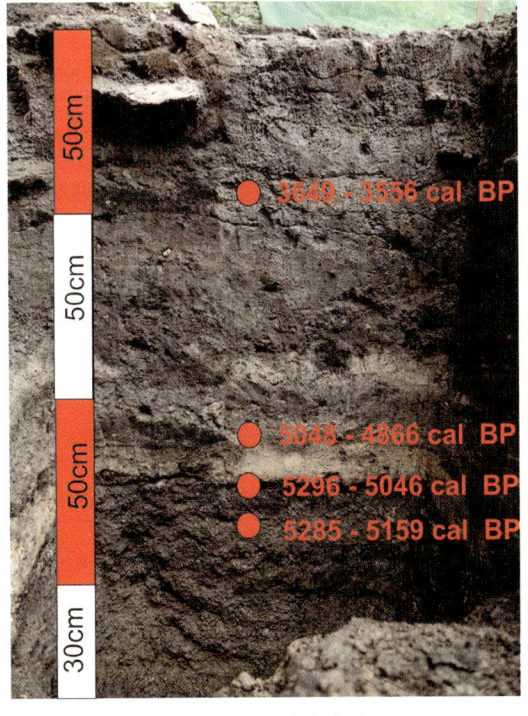

T0505 剖面对应年代

M1

T0505 出土石磨盘

炭化小麦和其他植物　　　　　石制品组合

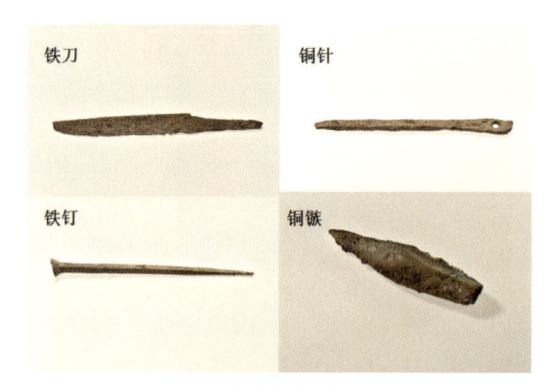

铁器和铜器 　　　　　陶纺轮和陶片

广东英德青塘遗址

入选"2018年度全国十大考古新发现"

发掘单位 广东省文物考古研究院、北京大学
项目负责人 刘锁强

青塘遗址位于广东省北部清远市所辖英德市青塘镇,地处北江支流滃江中游,包括黄门岩1—4号洞、朱屋岩、吊珠岩及仙佛岩等多处洞穴地点。2016—2018年对英德青塘遗址黄门岩1—4号洞地点进行的主动性考古发掘,面积54平方米,发现晚

青塘遗址地貌

遗物出土情况（石器、骨器、蚌器、陶器）

更新世晚期至全新世早期连续的地层堆积，清理出墓葬、火塘等多个重要遗迹，出土古人类化石、石器、陶器、蚌器、角骨器、动物骨骼及植物遗存等各类文物标本1万余件。

黄门岩1号洞地点发现墓葬一座，出土保存较为完整的人骨化石一具，葬式为蹲踞葬，年代距今约13 500年，人骨旁发现骨针一枚，可能为随葬品。该墓葬是中国迄今发现年代最早、可确认葬式的墓葬。黄门岩2号洞地点第二期地层中出土少量人骨化石残块，表明遗址不同时期可能存在不同的遗骸处理方式。

广东英德青塘遗址连续的地层与文化序列，揭示出环境变迁与文化演进的耦合关系，为华南乃至东南亚旧石器时代—新石器时代过渡阶段的学术研究提供了一把重要的标尺。墓葬与人骨化石的发现对旧石器时代晚期原始信仰、社会复杂程度、区域现代人群体质演化及扩散等方面的研究具有重大价值。丰富的文化遗存，为研究华南地区该阶段原始聚落形态、早期陶器的出现与传播、现代人行为的特点与多样性、区域史前文化间的关系等提供了珍贵的材料。青塘遗址考古成果也是中国史前考古的重要进展，为深入探讨旧大陆东部现代人出现与扩散、东亚与东南亚史前文化交流、旧石器时代—新石器时代过渡过程中生计模式的转变等前沿课题提供了新的契机。

黄门岩远景

黄门岩2号洞地点远景

黄门岩1号洞地点发掘区

黄门岩2号洞地点发掘区

黄门岩3号洞地点发掘区

黄门岩4号洞地点发掘区

探方遗物平面分布

墓葬遗迹与人骨化石

打制石器

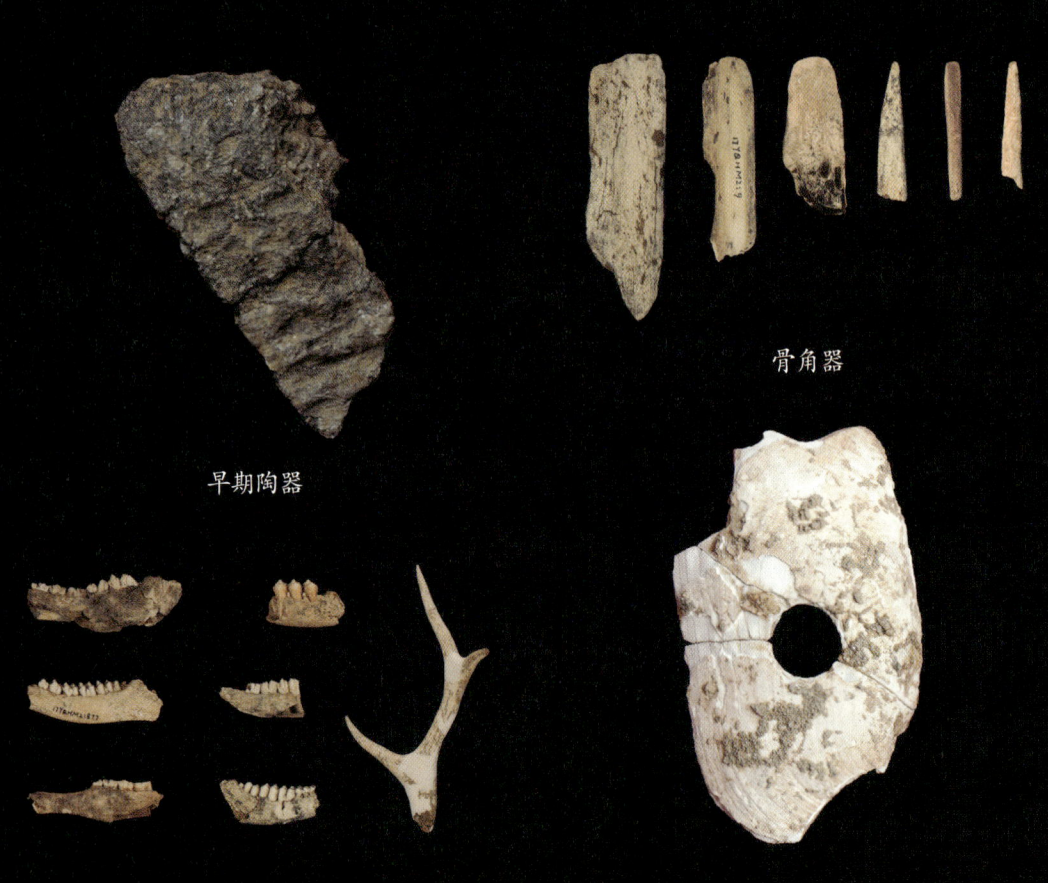

骨角器

早期陶器

鹿牙与鹿角　　　　　穿孔蚌器

贵州贵安新区招果洞遗址

入选"2020年度全国十大考古新发现"

发掘单位　贵州省文物考古研究所、四川大学、成都文物考古研究院
项目负责人　张兴龙

招果洞遗址位于贵州省贵安新区高峰镇岩孔村招果组，2016—2020年进行5个年度的考古发掘，取得了重要收获。

遗址发掘区布设1米×1米探方，同一自然层内采用5厘米水平层向下发掘，出土物全部测量三维坐标，具有埋藏指示意义的遗物，全部测量走向、倾向、倾角等产状信息。考古发掘过程中使用集成有newplot函数功能的手簿和全站仪联机作业，大大提升了发掘工作效率和记录精度，为后期的遗址分期、空间分区和人类行为阐释工作奠定了基础。

招果洞遗址近景

40号火塘

招果洞遗址堆积厚约8米，跨越了整个旧石器时代晚期和新石器时代，在全国范围内是罕见的。遗迹、遗物非常丰富，发现51处用火遗迹，2座墓葬，大量石制品、磨制骨角器，以及和人类活动有关的动植物遗存。

考古工作者在招果洞遗址距今早于1.2万年的地层中发现1件通体磨光石器，刃部粘有大量赭石粉末，这是中国目前发现的最早的磨制石器之一，为探讨磨制石器的起源和功用提供了新证据。51处用火遗迹，主要分布在旧石器时代晚期，也使它成为目前中国发现的用火遗存极为丰富的旧石器时代晚期遗存之一。在距今3万多年地层中发现的磨制骨器，是目前中国发现的年代较早的磨制骨器之一。遗址也是中国目前出土磨制骨角器最多的史前洞穴遗址之一。这些遗存与散落在周边的遗物一起，为揭示旧石器时代晚期穴居人群的行为和生存策略提供了重要材料。

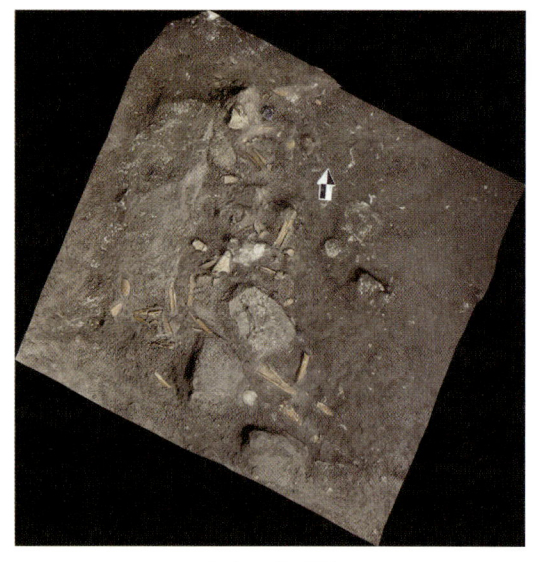

骨堆正射影像

遗址发掘区

遗址剖面

1号墓

石铺活动面

2号墓

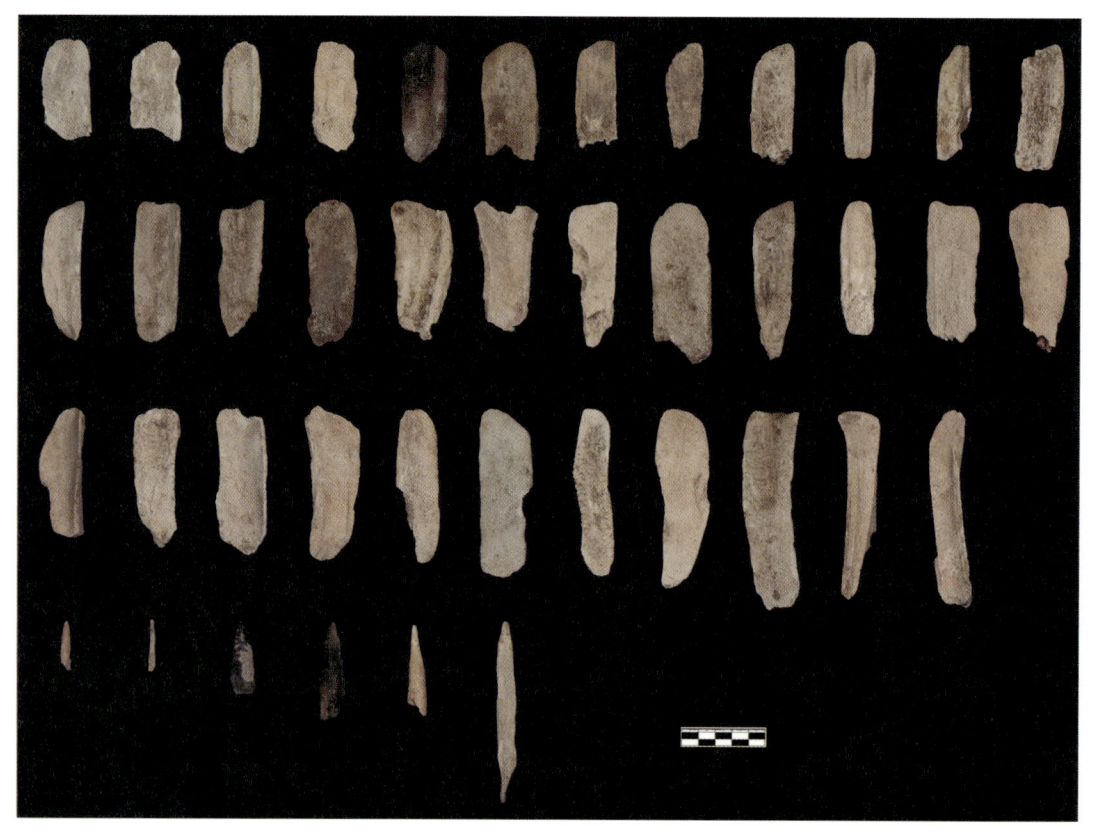

部分出土磨制骨角器

第一期早段磨制骨器

打制石制品

第一期中段磨制骨器

磨制石器

贵州贵安新区牛坡洞洞穴遗址

入选"2016年度全国十大考古新发现"

发掘单位　中国社会科学院考古研究所、贵州省文物考古研究所、
　　　　　　贵安新区社会事务管理局
项目负责人　陈星灿

牛坡洞遗址位于贵州贵安新区马场镇平寨村（原属平坝县），东北距贵阳市约40千米。2012—2020年连续进行9个季度的发掘，清理面积共计约150平方米，取得了丰硕的学术成果。

遗址由A洞、B洞和C洞三个地点组成，文化内涵丰富，已发现灰坑7座、用火遗迹10余处、墓葬18座、活动面2处等。发现了大量地层关系明确的文化遗物，包括石器、骨器、陶片等生活用具、生产工具以及许多与加工打制石器有关的石制品。还发现了丰富的动物遗骸和炭化果核等植物遗存。根据地层叠压关系及出土遗物变化情况，遗址自下而上可划分为五个文化时期，时代约从旧石器时代晚期一直延续到春秋战国时期。

牛坡洞遗址远景

B 洞近景

遗址中发现的完整墓葬，填补了贵州地区史前洞穴遗址中不见墓葬的空白，为研究该地区史前人类体质特征提供了重要线索。发掘过程中，人们首次在贵州区域内的以细小打制石制品为主要内涵的新石器时代遗址中识别出细石器制品，为探索我国西南地区细石器工艺的出现与分布、讨论贵州史前人类的生存模式，提供了新的研究方向。遗址中出土的陶器，特别是复原出的完整陶器，为认识本地区文化面貌，以及与周边不同区域之间的文化交流提供了重要信息。

牛坡洞遗址的发掘与研究，在认识贵州地区史前文化特征和内涵，构建该地区史前文化，特别是建立洞穴遗址考古学文化的基本框架和序列，确立贵州在中国史前文化中的地位等方面，具有重要作用。遗址对于探讨整个黔中地区的洞穴遗址、贵州史前史、云贵高原地区的旧石器与新石器时代过渡、史前人类行为模式、人类体质、古代环境及其变迁和人与环境间的互动关系，也具有十分重要的意义。

用火遗迹

第二期墓葬

第三期墓葬

T20503 西壁

第三期活动面

第一期砍砸器、石核

第二期石锤、砍砸器

第二期细石器

第三期细石器

第三期石器

第三期小型磨制石器

第三期磨制石器

第四期陶器

宁夏青铜峡鸽子山遗址

入选"2016年度全国十大考古新发现"

发掘单位 宁夏回族自治区文物考古研究所、中国科学院古脊椎动物与古人类研究所、青铜峡市文物管理所

项目负责人 彭菲

宁夏鸽子山遗址地处青铜峡市西北约20千米的贺兰山山前盆地，迄今已经在该遗址约15平方千米的范围内发现了15处地点。对遗址的系统调查始于2013年。2014年，我们选择该遗址第10地点开始进行系统发掘。

鸽子山遗址2014—2017年的发掘，首次在西北沙漠边缘地区建立了距今1.2万—5000年，即晚更新世末期—全新世早中期的文化演化序列。遗址出土了原地埋藏的

鸽子山遗址发掘现场

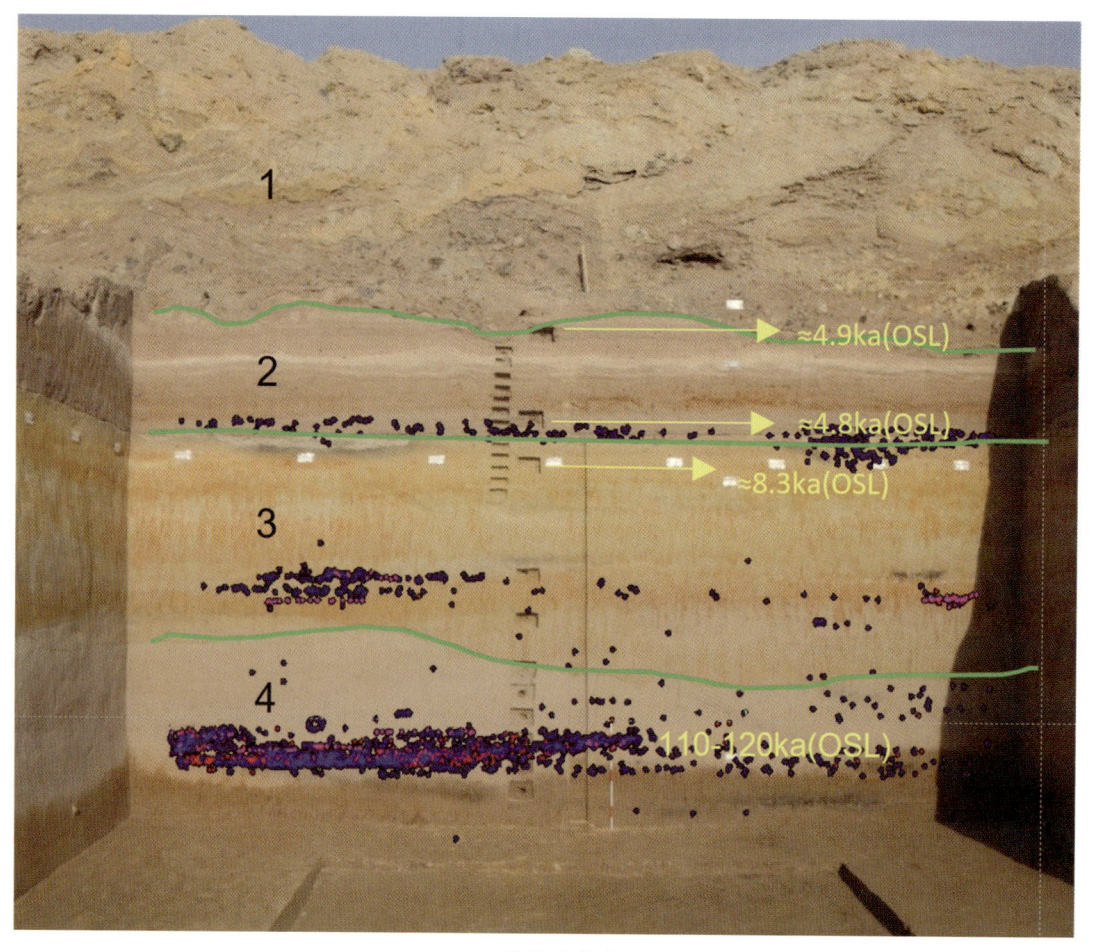

T1 剖面及年代

磨盘、磨棒和典型的两面器与尖状器，明确了这类具有重要文化特征的遗物的时代属性。初步浮选与残留物分析结果显示，遗址中的植物遗存对于研究该地区晚更新世末期古人类对植物资源的强化利用，乃至该地区的农业起源都有重要意义。

发掘共记录了约7000件大于2厘米的石制品和超过500件动物化石的三维坐标。出土了数件直径不超过2毫米的鸵鸟蛋皮装饰品，这是迄今同时代发现的最小的同类型遗物，革新了我们对万年前人类认知水平和复杂技术能力的认识。

数十处结构性火塘及疑似建筑遗迹为研究人类生存模式、生计能力和气候适应行为，以及居址空间利用提供了重要材料。揭露数个直径10—20厘米、深度5—20厘米、平面近圆形的遗迹，在约20平方米范围内呈带状分布，可能是古人类滨水而居搭建"风篱"的遗存。

遗址其中一个文化层处于更新世末期的一个极冷事件——新仙女木事件期间，对于研究人类在这一特殊地理单元对环境极端事件的适应情况和文化演化特征具有很高的学术价值。

石磨盘出土情况

疑似柱洞解剖 　　　　　　　　火塘

动物下颌骨化石 　　　　　　　石器密集产出

完整磨盘

磨棒

两面器

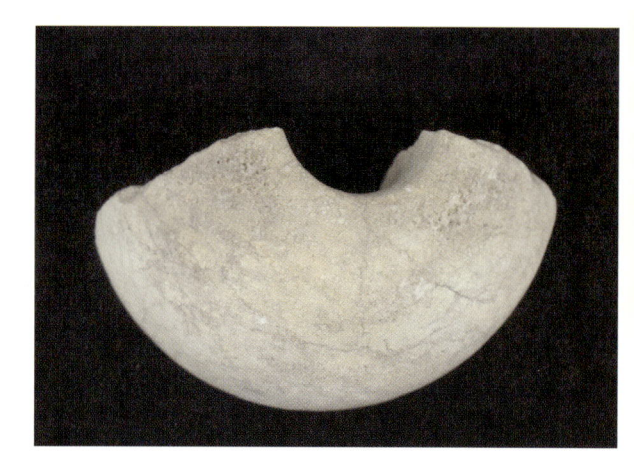

穿孔器

方解石穿孔装饰品

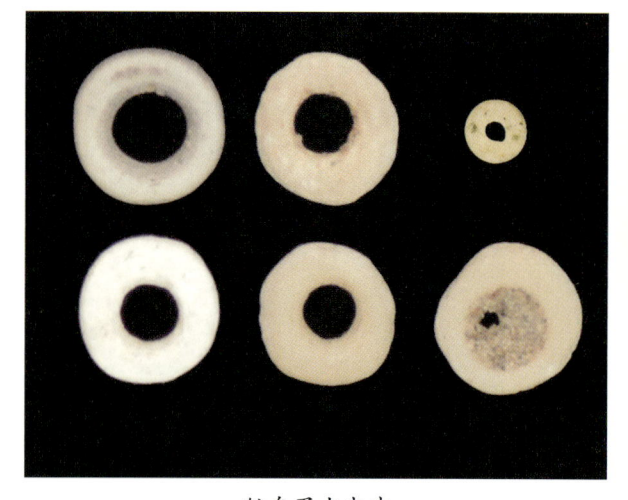

鸵鸟蛋皮串珠

新石器时代

- 黑龙江饶河小南山遗址
- 山东临淄赵家徐姚遗址
- 江苏泗洪顺山集新石器时代遗址
- 浙江宁波余姚井头山遗址
- 福建平潭壳丘头遗址群
- 海南东南部沿海地区新石器时代遗存
- 安徽郎溪磨盘山遗址
- 陕西高陵杨官寨遗址
- 湖北荆门屈家岭遗址
- 河南南阳黄山遗址
- 四川金川刘家寨新石器时代遗址
- 河南巩义双槐树遗址
- 湖南澧县鸡叫城遗址
- 湖北沙洋城河新石器时代遗址
- 浙江余杭良渚古城外围大型水利工程的调查与发掘
- 江苏兴化、东台蒋庄遗址
- 山东章丘焦家遗址
- 山东滕州岗上遗址
- 河南永城王庄遗址
- 陕西延安芦山峁新石器时代遗址
- 山西兴县碧村遗址
- 陕西神木石峁遗址
- 陕西神木石峁遗址皇城台
- 湖北天门石家河遗址
- 河南淮阳平粮台城址

新时代新石器时代考古，重要发现遍布全国

陈星灿

新石器时代考古是新时代考古学发展最快的一个学科领域。新石器时代的考古发现遍布全国各地，这些发现不仅填补了各地新石器时代文化发现的空白，也极大地丰富和完善了中国史前文化的谱系和年代框架。

旧石器时代向新石器时代过渡时期，黑龙江饶河小南山遗址在距今1.7万—1.3万年的第一期文化遗存中，发现了数千件石器和截至目前我国北方地区最早的陶器，第二期文化遗存发现了距今9000年前后的大量积石墓和随葬石器、玉器、陶器。遗址中发现多种玉器，被认为是东亚地区系统用玉的最早证据。山东临淄赵家徐姚遗址，在距今1.5万—1.1万年的地层中，发现了人类生活营地，不仅出土了大量石器，还发现了山东半岛乃至华北地区最早的陶器和禾本科植物遗存，显示该时期人类生活的样貌。

新石器时代中期的考古发现更是不断涌现，很大程度上填补了各地区考古发现的空白。江苏泗洪顺山集遗址发现了淮河中下游地区新石器中期早段的大型环壕聚落和大量房址、墓葬、灰坑等遗迹，距今8000年前后的一、二期遗存被命名为顺山集文化，对于认识淮河中下游地区的史前文化谱系和人类生活具有重要意义。大致同时的浙江余姚井头山遗址，是浙江乃至长三角地区发现的第一个海岸贝丘遗址，也是中国沿海地区埋藏最深、年代最早的贝丘遗址，出土了大量人工遗物和自然遗存，为研究中国东南沿海的人类生活提供了难得的珍贵资料，也为研究该地区的文化谱系、环境变迁等，提供了绝佳机遇。

各地新石器考古尤其是边疆地区的新石器时代考古研究取得重要突破，也为建立这些地区的文化谱系和文化编年提供了宝贵的材料。福建平潭壳丘头遗址群的发现，不仅完善了我国东南沿海地区距今7500—3000年考古学文化的时空框架，还揭示了南岛语族祖先人群的文化特征、生计模式的变迁，为探讨南岛语族的起源和扩散提供了重要线索。海南东南部地区的英墩、莲子湾、桥山等遗址，发现了距今6000—3000年的多期遗存，出土墓葬和丰富的人类生活遗迹、遗物，分别被命名为英墩文化、莲子湾文化和桥山文化，为建立海南地区的史前文化谱系、文化编年提供了珍贵材料，对海南、环南海乃至南太平洋地区的史前文化研究具有重要意义。

新石器时代晚期的发现更多，这些发现，为认识中国的文明起源、早期文化交流互动和生业经济发展等，都提供了有很高价值的材料。实际上，我们认识进入文字历史前夜的中国，很大程度上有赖于这些重要的考古发现。安徽郎溪磨盘山遗址，遗迹遗物年代跨越了马家浜文化、崧泽文化、良渚文化和商周几个时代，不仅明晰了皖南地区史前文化的发

展谱系和文化编年，也为研究该地区的文化交流和文明化进程提供了珍贵材料。陕西高陵杨官寨遗址发现了庙底沟文化时期保存完整的大型环壕聚落和大型公共墓地，对研究关中地区仰韶文化中期的聚落形态、社会结构、社会生活和文化变迁具有重要价值。湖北荆门屈家岭遗址，发现了距今 5900—4200 年的多个文化阶段的遗存，证实了屈家岭文化时期大型宫殿式建筑和距今 5000 年前后大型水利设施的存在，为研究长江中游地区的文明化进程提供了关键样本。河南南阳黄山遗址，发现了仰韶、屈家岭和石家河等多个文化的遗存，特别是制玉作坊和随葬玉钺的屈家岭文化高等级大墓，为了解该时期南阳盆地的社会生活和文明化进程提供了大量珍贵材料。四川金川刘家寨遗址，清理出土了大量遗迹和遗物，显示其与西北地区马家窑文化的密切联系，为研究该地区新石器文化的起源及其与西北地区文化的关系提供了难得的实物资料。河南巩义双槐树，湖南澧县鸡叫城，湖北沙洋城河，浙江余杭良渚古城外围大型水利工程，江苏兴化、东台蒋庄，山东章丘焦家，山东滕州岗上，河南永城王庄等遗址，分别发现了距今 5000 年上下，分属于仰韶文化中晚期、大汶口文化中晚期、屈家岭文化、良渚文化等的大型聚落、大型水利工程，以及高等级房屋、高等级墓葬等，为了解黄河、长江流域各地区文明化进程提供了关键证据，具有重要价值。

进入龙山时代，重要城址先后被发现，显示许多地区陆续进入早期国家社会。陕西延安芦山峁遗址发现了核心区面积超过 200 万平方米的台城式建筑群、距今 4500 年前后的宫殿建筑群和高等级礼制建筑，显示了陕北地区的快速文明化进程。陕西神木石峁、山西兴县碧村发现了年代大致相同的大型石城，特别是作为黄河中游地区龙山时代晚期至夏代早期的超大型聚落的石峁遗址，规模宏大、气势恢宏、气象万千，为我们研究北方长城地带的文明起源和早期发展，提供了全新的实物资料，具有非常高的价值。湖北天门石家河遗址，发现了长江中游地区的超大型中心聚落，石家河遗址的发掘为探讨长江中游地区的文明化进程提供了关键材料，同样具有重要价值。在河南淮阳平粮台，发现了布局严整的龙山文化城址和城市排水系统，还发现了距今 4200 年的车辙，在中原地区的早期国家和社会生活研究方面有重要意义。

黑龙江饶河小南山遗址

入选"2019年度全国十大考古新发现"

发掘单位 黑龙江省文物考古研究所、饶河县文物管理所
项目负责人 李有骞

小南山遗址位于黑龙江省饶河县乌苏里江左岸，总面积40余万平方米。该遗址发现于1958年，1971年、1980年和1991年曾做过小规模考古工作。2015—2017年和2019—2021年，黑龙江省文物考古研究所会同饶河县文物管理所连续发掘，总揭露面积2700平方米，新确认五期文化遗存。

年代最早的第一期文化遗存，距今1.7万—1.3万年，发现5000余件打制石器和珍贵的早期陶片。第二期文化遗存以相距75米的两片墓区、总计50余座土坑竖穴墓为代表，遗存年代为距今9200—8600年，人骨保存不佳，随葬石、玉、陶器。第三期文化遗存距今4700—4500年，是由10余座半地穴房址组成的村落。第四期和第五期文化遗存分别属于西周中期和西汉时期。

近几年，小南山遗址发掘出土玉器140余件，加上以往发现，出土玉器总数超过200件。出土玉器种类丰富，构成了迄今所知中国最早的玉文化组合面貌，对其后的东亚玉器文化产生巨大的影响。这些玉器上多见砂绳切割技术留下的弯曲条形痕迹，

2019年小南山遗址墓葬出土玉器情况

比中美洲同类技术早 6000 多年，奠定了中华玉器文化早期蓬勃发展的技术基础。

小南山遗址跨度达 1.5 万年的文化遗存，对构建黑龙江下游乃至滨海地区的考古学文化序列意义重大。第二期新石器时代早期墓地的发现，对研究乌苏里江流域新石器时代早期墓葬形制演变和文化序列尤为重要。玉玦等玉器的大量出土，为我国玉文化的起源和传播，以及早期玉器加工技术等问题的研究提供了宝贵资料。第三期新石器时代晚期房址及具有沃兹涅谢诺夫卡文化特征陶器的发现，也丰富了这一时期该地区的文化内涵。遗址诸时期的考古学遗存，一脉相承，稳步发展，显示了持久的生命力，证明白山黑水的古代渔猎先民在中国古代文明的早期进程中发挥了特殊而重要的作用。

2019 年小玉坠出土情况

第二墓区积石堆近景

第二墓区外围的环沟

第五期的半地穴房址

2019 年墓葬遗物出土情况

第一期石器 　　　　　　　　　　　　第三期陶片

玉环 　　　　　　　　　　　　　　　玉环

玉环上的砂绳切割痕迹 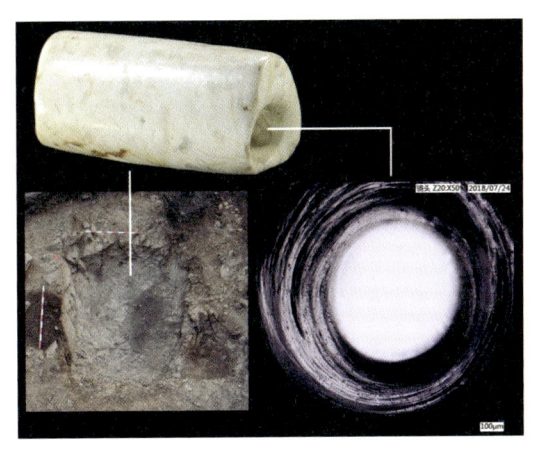　　　　　　　玉管出土情况及显微照片

玉玦

玉珠　　　　　　　　　玉璧

山东临淄赵家徐姚遗址

入选"2022年度全国十大考古新发现"

发掘单位 山东省文物考古研究院
项目负责人 赵益超

赵家徐姚遗址地处海岱腹地，位于山东省淄博市临淄区东部，南距淄河1.2千米，东距后李遗址4.2千米，属于鲁中泰沂山地向鲁北冲积平原过渡地带。

遗址距今1.5万—1.1万年，处于淄河冲积扇前缘，发现大范围、多频次红烧土遗存，其中一处为距今13 200年的保存完整的古人类活动营地。该营地总面积约400平方米，有火塘3处，呈品字形分布。围绕火塘发现遗物1000余件，以动物骨骼为

赵家徐姚遗址侧视

主，陶片、陶塑次之，还有少量石制品、蚌壳制品。

遗址出土了中国北方地区迄今发现的最早的陶器群之一。出土的大量早期陶片遗存充分反映了该时期制陶工艺的技术成就，为更深刻理解陶器起源提供了重要材料。该遗址还发现了中国目前最早的陶塑，展现了先民对客观世界的认知。赵家徐姚遗址的发现填补了山东地区史前考古的关键缺环，是华北地区乃至东北亚旧石器时代—新石器时代过渡阶段的重大考古发现。

遗址年代明确，所处节点关键，为复原鲁北地区山前冲积扇的形成过程及古环境提供了重要依据，并为下一步鲁北地区乃至更大范围内开展相关考古工作提供了新的可能性。淄河冲积扇加积过程中的红烧土为目前该阶段世界范围内所仅见，是人类用火进行景观管理的重要证据，反映了古人从适应自然走向改造自然的重要跨越，为理解农业起源过程中的人类行为、技术选择、生态位构建、景观变迁及社会组织模式之间的复杂关系提供了全新视角。赵家徐姚遗址的发现，拓宽了学界对于东亚地区农业起源模式的认知，深刻揭示了东西方农业起源路径的差异。

赵家徐姚遗址火塘远景

发掘区其他区域红烧土堆积

K21 火塘 2 正射影像

K20 树坑及树干堆积

对比研究（左：遗址发掘树桩坑；右：现代地表层树桩坑燃烧后堆积）

实验考古（左：木桩燃烧实验前；右：木桩燃烧实验后）

出土陶片微痕分析（陶片夹植物茎秆排列有序）

出土陶片微痕分析（陶器磨光工具痕）

蚌壳制品　　　　　　　　　　　动物骨骼

石制品　　　　　　　　　　　陶塑

穿孔陶器

江苏泗洪顺山集新石器时代遗址

入选"2012年度全国十大考古新发现"

发掘单位 南京博物院、泗洪县博物馆
项目负责人 林留根

顺山集遗址位于泗洪县梅花镇境内重岗山北麓坡地之上，发掘确认其为一处距今8000年的环壕聚落遗址，总面积达17.5万平方米，清理出包括92座新石器时代墓葬在内的一批重要遗迹与遗物。新石器时代的遗存可分为三期，一、二期遗存文化面貌接近，属同一文化的不同发展阶段，三期遗存与一、二期面貌差异较大。三个时期遗存均以釜为主要炊器，并搭配陶灶、支脚组合使用。

坐落于遗址内的大型环壕，周长约1000米，环壕内侧面积约7.5万平方米。环壕最宽处达24米，最深处超过3米。环壕开挖并使用于二期之初，二期中晚段逐渐遭到废弃，推断其主要功用为排水与防御。此外，还揭露出两处墓地，分属二期、三期。清理出一、二期房址遗存共5座。房址分浅地穴式和地面式两种，房址中部多有中心柱，部分房址中部见有片状分布红烧土堆积。通过对三个时期近百个单位

顺山集遗址远景

Ⅱ区墓地全景（二期遗存）

样品的浮选工作，在三个时期的地层或灰坑中均发现有炭化稻。

顺山集一、二期文化遗存，在环壕聚落、圆形地面式房址、使用磨盘磨球等生产工具、种植水稻等方面具有鲜明的文化特色，具备固定的陶器组合、自身独特的文化面貌、明确的时代分期和特定的分布范围。一、二期遗存出土的炭化稻，经碳十四测定距今8500—8000年，三期遗存具有若干跨湖桥文化、城背溪文化及皂市下层文化等因素，年代距今8000—7500年。

顺山集遗址的发现，为我们进一步认识和厘清该区域史前文化谱系、探索中国东部地区文化间的交流与融合提供了新的实物材料和契机。大型环壕聚落的发现，填补了淮河中下游地区该时期环壕聚落考古的空白，同时为探讨该区域史前环境变迁、种群迁徙及人地关系等诸多问题提供了新线索。

F3清理后（二期遗存）

红烧土堆积全景（二期遗存）

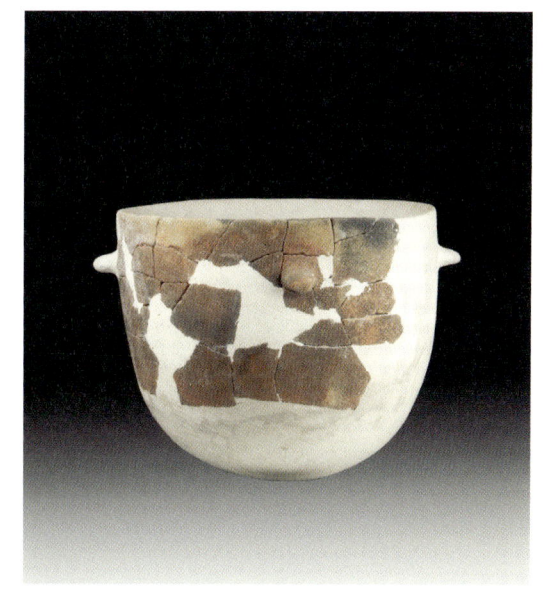

一期陶壶

一期陶釜

二期陶纺锤

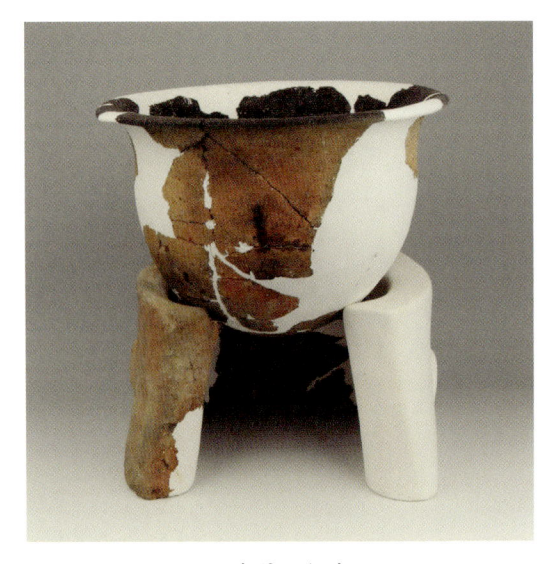

二期釜灶组合 　　　　　　　　　二期陶罐

二期泥塑猴面 　　　　　　　　　三期陶壶

三期陶圈足盘

浙江宁波余姚井头山遗址

入选"2020年度全国十大考古新发现"

发掘单位 浙江省文物考古研究所、宁波市文物考古研究所、余姚市河姆渡遗址博物馆

项目负责人 孙国平

井头山遗址位于浙江省余姚市三七市镇，地处杭州湾南岸的四明山余脉与姚江河谷的交接地带，临近河姆渡、田螺山遗址。该遗址文化堆积有超大的埋深（距现地表5—10米）和被海相沉积覆盖的低海拔（-8—-3米）埋藏环境，十分特殊。因此，发掘之前，工程部门建设了一个围护发掘区的钢结构基坑，再开展发掘。

井头山遗址基坑内发掘区

发掘出土露天烧火坑、食物储藏处理坑、生活器具密集区、滩涂区木构围栏等遗迹。出土遗物分为人工器物和自然遗存两大类。人工器物有陶器、石器、骨器、贝器、木器、编织物等。自然遗存以动植物遗存为主，还有大量胶结着牡蛎壳的小块礁石。动物遗存最多的是先民食用后丢弃的海洋软体动物的贝壳，其次是各类渔猎动物骨骸；植物遗存中，最多的是木棍、木条等木头遗存，以及储藏坑中的橡子、麻栎果、桃核、果壳、松果、灵芝块、少量炭化米粒、水稻小穗轴等，还有漆树、黄连木、猕猴桃等种子，另有一些芦苇、麻类纤维等植物遗存，是用于制作编织物、绳子的原料。在陶釜支脚的胎土里还可分辨出稻谷壳碎片印痕。

井头山遗址是中国沿海埋藏最深、年代最早的海岸贝丘遗址。项目组首次因地制宜地把钢结构基坑成功运用于考古发掘区围护，为国内外类似遗址的发掘提供了重要示范。遗址也是浙江乃至长三角地区首个贝丘遗址，为研究全新世早中期中国沿海环境变迁与人类活动的相互关系提供了独特案例。井头山遗址具有浓厚而鲜明的海洋文化属性，是中国先民适应海洋、利用海洋的最早例证，表明余姚、宁波乃至浙江沿海地区是中国海洋文化的重要源头区域，是中国海洋文化探源的一次重大发现。从遗址所处环境和文化特征上看，井头山遗址所代表的文化类型，应是闻名中外的河姆渡文化的主要来源或直系祖源，极大延伸了余姚和宁波的历史轴线。

麻栎果储藏坑

用芦苇编织的渔罩

用芦苇或竹子编织的篮筐

以贝壳为主要包含物的文化堆积

密集木头遗存出土情况

用大牡蛎壳制作的贝器（外面）

花椒　灰菜　猕猴桃　黄连木
紫苏　狗尾草　柿　漆树
桃　粗榧

桃核等植物种子

海螺壳

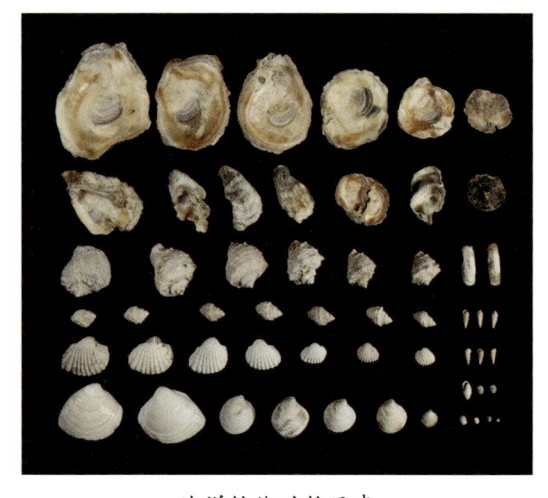

海洋软体动物贝壳

陶器组合

木器

福建平潭壳丘头遗址群

入选"2023年度全国十大考古新发现"

发掘单位 中国社会科学院考古研究所、福建省考古研究院、厦门大学、平潭综合实验区遗址公园保护与发展中心

项目负责人 周振宇

壳丘头遗址群位于福建省平潭县平潭岛,沿海岸山体东麓背风坡地连续分布,包括壳丘头、西营、东花丘、龟山、榕山等遗址。

持续系统的考古工作,建立了东南沿海岛屿地区距今7500—3000年的考古学文化序列。各阶段考古遗存的文化面貌特征明确,发展延续关系明显,存续多个考古学文化,形成了完整的考古学文化发展序列。不同时期的居址空间利用模式揭示了该地区7000年以来的史前聚落形态及其变化发展规律。珍贵的人骨遗骸、丰富的陆生动物及水生动物遗存,以及确凿的农业证

壳丘头遗址群遗址分布

据，反映了沿海史前早期人群多样化的生计模式，兼具大陆性和海洋性特征，这种特点贯穿7000年以来的各个时期。

以平潭壳丘头遗址群考古重要发现为代表的南岛语族考古研究新进展，有力促进了我国东南沿海史前考古学文化序列的构建，为探究早期南岛语族人群特征、生计模式、迁徙规律提供了直接而坚实的考古学材料。

中华文明兼具大陆性和海洋性。海洋文明是中华文明不可或缺的重要组成部分。东南沿海地区的史前考古进展，深化了对我国东南沿海地区史前人群利用海洋资源以及史前农业文化向东南亚岛屿地区扩散历程的认识，为探索南岛语族起源与扩散提供了重要线索，是中华文明和中华民族多元一体演进格局的重要实证。

龟山遗址房址

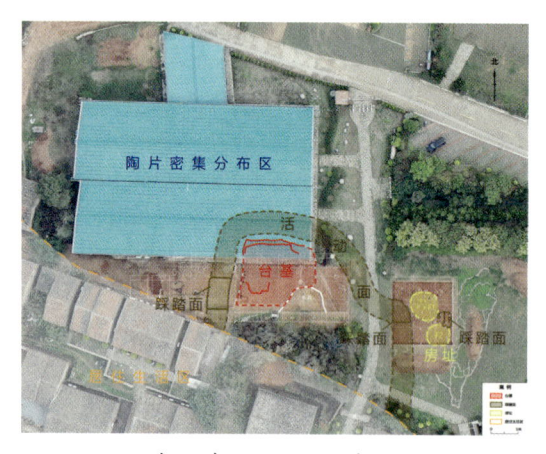

龟山遗址功能区分布图

器物坑（堆）

壳丘头遗址功能区分布图

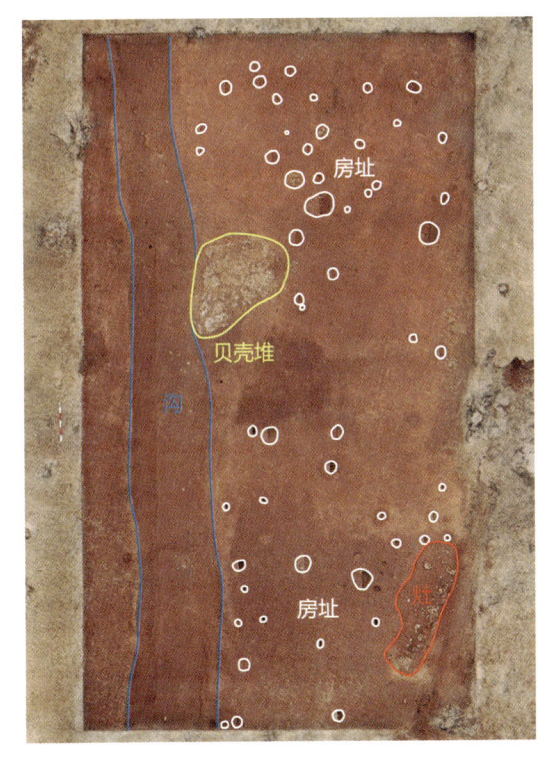

东花丘遗址房址

龟山遗址陶片密集分布区

龟山遗址出土陶器

西营遗址出土人骨

壳丘头遗址出土陶器

东花丘遗址出土陶器

西营遗址出土陶器

海南东南部沿海地区新石器时代遗存

入选"2015年度全国十大考古新发现"

发掘单位 中国社会科学院考古研究所、海南省博物馆
项目负责人 傅宪国

海南东南部沿海地区主要包括海南省万宁市、陵水黎族自治县、三亚市东部海岸地带。2012年12月—2016年1月，项目组先后发掘了陵水桥山、莲子湾以及三亚英墩三处遗址，并在海南东南部沿海地区开展田野考古调查，发现了陵水岗山、走风等30余处史前遗址。田野工作和初步整理与研究获得的丰富文化及自然遗存，为全面认识其文化面貌与性质提供了重要的实物资料，填补了海南史前考古的诸多空白。

海南东南部沿海地区新石器时代遗址分布

英墩遗址位于三亚市海棠区江林村东约1.5千米，存在丰厚的贝壳堆积，且出土遗物丰富，在海南岛乃至华南地区极为罕见。文化遗存根据文化内涵及堆积关系可分为早、晚两期。早期遗存是英墩遗址的主要遗存，具有明确、独特的文化内涵。

莲子湾遗址位于陵水黎族自治县黎安镇大墩村西南约3.5千米，出土的陶器有夹粗砂陶与泥质陶，其遗存与英墩晚期遗存、桥山早期遗存相当。

桥山遗址位于陵水黎族自治县新村镇桐海村北约2千米的沙丘之上，面积约5万平方米。遗址保存状况良好，为海南地区发现最大的史前遗址之一。遗址堆积可分为3层，其中第3层系文化层。第3层层面又是一种独立的特殊堆积单位或埋藏情景，与第3层可明确区分。层面上遗物大面积紧密分布，最厚处达20—30厘米，彼此几无空隙，又相互层压。所出遗物以陶容器为主，偶见陶纺轮（或为网坠）、石器等。同时，第3层层面的陶片习见因风化而产生的脱皮、磨损等现象。推测这些器物系古人因某种目的露天放置于此，可能系某种特殊活动所遗留。第3层层面文化遗物大面积密集分布的情况鲜见于其他地区，对探讨海南古代人类的行为模式具有重要意义。

通过考古发掘，海南东南部沿海地区的编年序列可以初步构建起来。首次建立起英墩文化遗存—莲子湾文化遗存—桥山文化遗存的基本年代框架，为构建海南东南部沿海地区史前考古学文化编年与谱系提供了重要、关键的证据。同时，桥山遗址还发现了海南首座史前墓葬，并出土人类遗骸，为研究海南先民的体质特征、DNA信息等提供支持。莲子湾遗址、英墩遗址出土了丰富的动物遗存，为了解当时的自然环境及人类生计方式提供了重要资料。

英墩遗址范围

莲子湾遗址远景

英墩遗址贝壳堆积

英墩遗址堆积状况

桥山遗址第3层层面

桥山遗址堆积状况

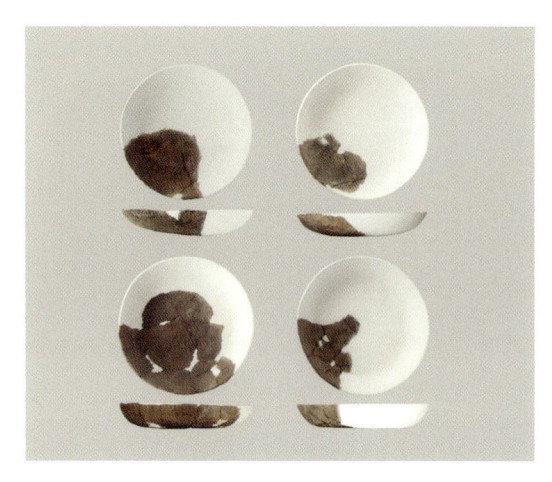

英墩遗址出土盘形釜

莲子湾遗址出土陶器

桥山遗址第3层层面出土陶器

安徽郎溪磨盘山遗址

入选"2023年度全国十大考古新发现"

发掘单位　南京大学、安徽省文物考古研究所
项目负责人　赵东升

磨盘山遗址坐落于皖南最大的湖泊南漪湖的东岸，北侧的郎川河沟通着长江水系和环太湖水系，使得该遗址处于重要的地理节点上。以往这一地区并未做过深入工作，遗址的发掘填补了长江下游文明化进程研究的地域空白。

遗址保存较好，现存总面积约6万平方米，是皖东南地区的一处中心聚落。

该遗址于1970年因开掘新郎川河而发现，2015年、2016年和2023年进行了三次

磨盘山遗址2023年度发掘区

发掘。三次发掘均选择在西侧的遗址核心区进行，发掘面积共1640平方米，发现了马家浜文化、崧泽文化、良渚文化、钱山漾文化，以及夏、商和西周—春秋时期的连续文化堆积，使得遗址成为长江下游地区文化演进研究的典型范例。

磨盘山遗址最重要的发现是马家浜文化晚期至良渚文化早期的土台墓地。共清理这一时期的墓葬330座，其中崧泽文化时期墓葬321座，墓葬数量和密度在同类遗址中非常少见。这些墓葬是文化演进、社会组织结构、社会分工和等级分化研究的重要材料，也成为探讨崧泽文化圈和良渚文化形成的重要参考。

出土遗物非常丰富，多数器形都可与周边地区考古发现进行对比研究。遗物中自始至终网坠比例都很高，结合采集和浮选的大量水生动植物，以及少量陆上动植物遗存，可以推测，遗址居民生活以渔业为主，又兼具种植、畜养、狩猎、采集等多种生计方式。

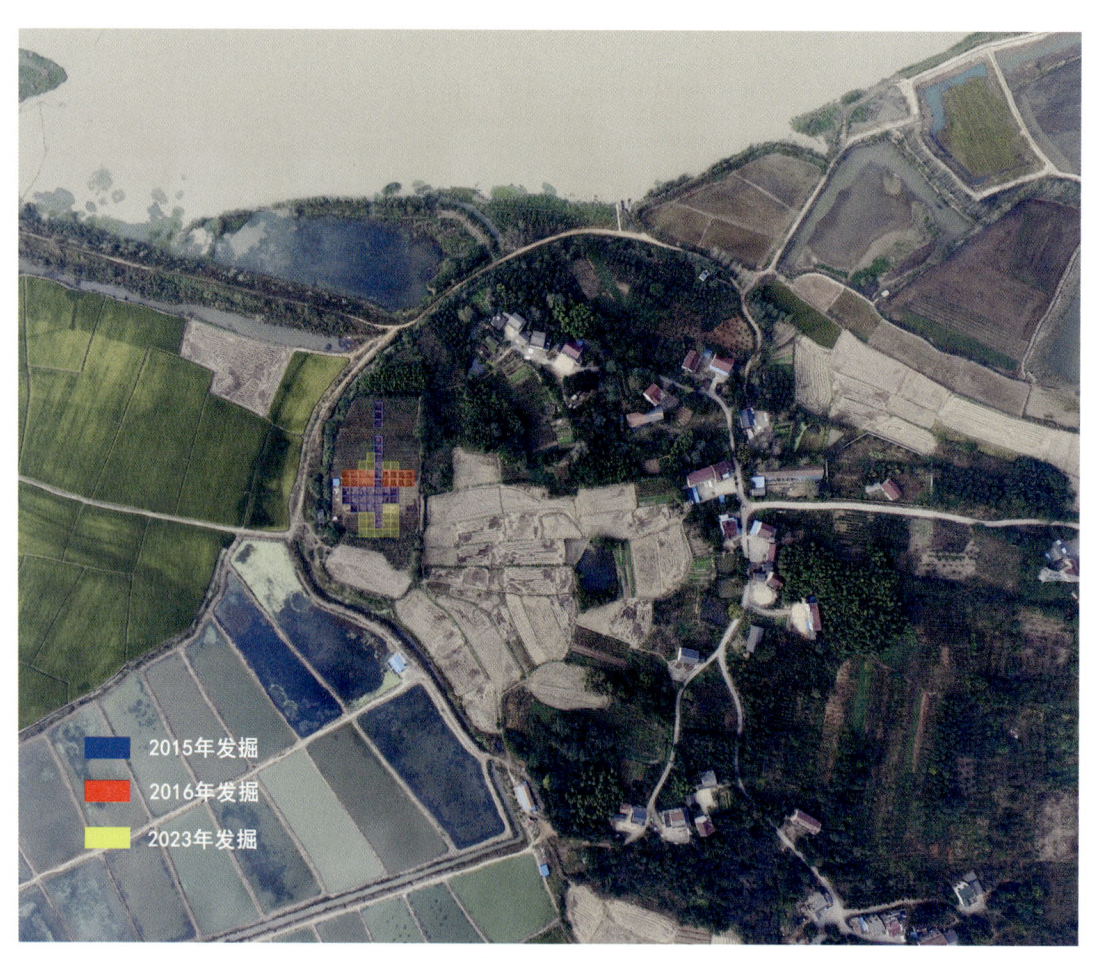

遗址主体航拍

崧泽文化墓地局部

地层堆积 　　　　　　　　　马家浜文化晚期房址

马家浜文化晚期墓葬 M271 　　　崧泽文化墓葬 M234

马家浜文化晚期遗物

崧泽文化遗物

良渚文化遗物

夏商时期遗物

陕西高陵杨官寨遗址

入选"2017年度全国十大考古新发现"

发掘单位 陕西省考古研究院、高陵区文体广电旅游局
项目负责人 杨利平

杨官寨遗址位于陕西省西安市高陵区姬家街道杨官寨村四组东侧,地处泾河、渭河交汇处西北约4千米的泾河北岸的一级阶地上,南距现泾河河道约1千米。遗址周围地形开阔,地势平坦。遗址总面积达100多万平方米,是关中地区仰韶中晚期的一处特大型中心聚落遗址。

在遗址东北部发现一处大型公共墓地,墓葬总数在2000座以上。根据目前清理发掘的情况来看,墓葬方向均为东西向,且

杨官寨遗址鸟瞰

墓葬间未见任何打破关系，均为单人一次葬。根据发掘区层位关系、随葬陶器及碳十四测年数据，初步判定该批墓葬的年代为庙底沟文化时期。这是国内首次发现并确认的庙底沟文化大型墓地，性质应为大型普通居民公共墓地，为研究渭水流域史前时期葬制葬俗、人种学、人群血缘关系、聚落形态、社会组织状况等重大问题提供了科学的实物依据。墓地以偏洞室墓为主，这一发现将偏洞室墓的出现提前到仰韶时期。

发掘出土一批陶器、玉器、石器、骨器等随葬品。个别墓葬出土有颜料，在一座孩童墓葬中还发现了一件完整的龟甲。出土彩陶壶反映了庙底沟文化和大汶口文化的交流与互鉴。单耳杯、单耳罐等陶器的发现可能为庙底沟二期文化中单耳陶器的发现与起源找到了证据。墓地与同时期的环壕聚落，以及聚落中心发现的大型人工水利设施，使得遗址的整体布局更加清晰，首次构建起完整的庙底沟文化聚落形态，为相关研究提供了重要参考。杨官寨遗址也是关中地区继20世纪50年代西安半坡遗址后，又一处意义深远的重大考古发现。

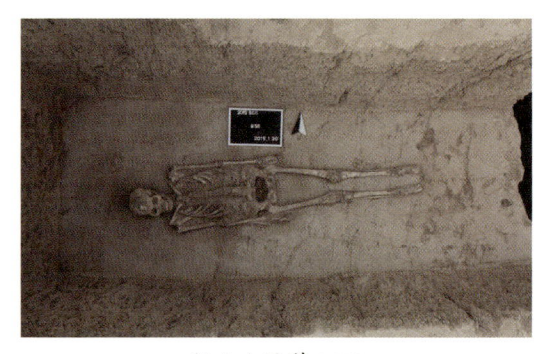

竖穴土坑墓 M58

带二层台竖穴土坑墓 M388

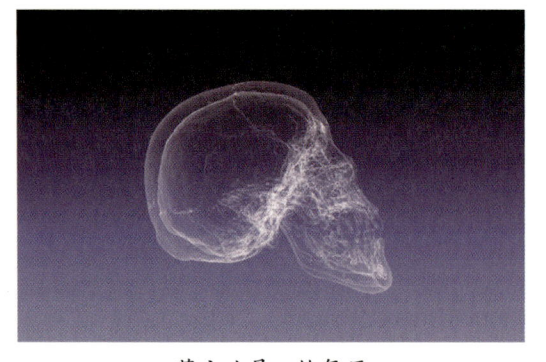

半洞室墓 M296

墓主头骨三维复原

偏洞室墓 M283

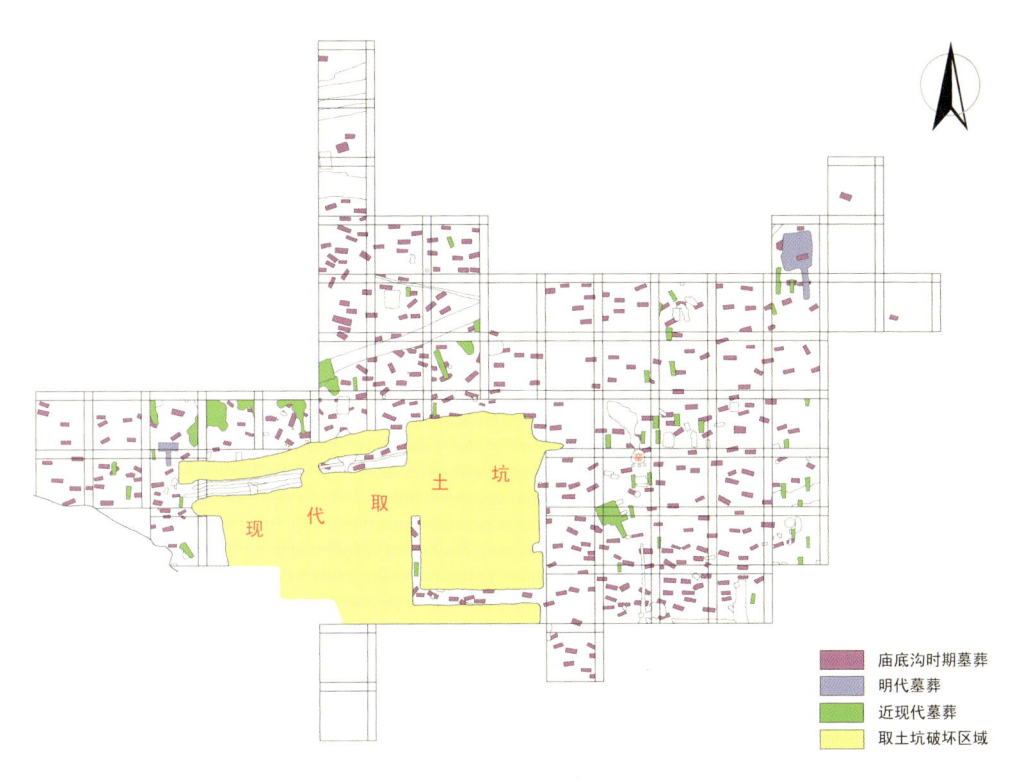

杨官寨遗址庙底沟文化墓葬平面位置分布

杨官寨遗址庙底沟文化墓地发掘区航拍

重唇口尖底瓶

彩陶盆

石质串珠

彩陶壶

玉钺

湖北荆门屈家岭遗址

入选"2023年度全国十大考古新发现"

发掘单位 湖北省文物考古研究院、荆门市博物馆、荆门市屈家岭遗址保护中心

项目负责人 陶洋

　　湖北荆门屈家岭遗址是屈家岭文化的发现和命名地，地处大洪山南麓向江汉平原的过渡地带，是以屈家岭为核心、包括殷家岭等十余处地点的新石器时代大型遗址。

　　该遗址先后于1955年、1956—1957年、1989年进行过三次考古发掘。2015年至今持续开展考古工作，取得重要收获。发掘人员揭露了一座屈家岭文化大型礼制性建筑，发现黄土台基和体量巨大、结构清晰、建造工艺考究的磉墩。这是我国考古发现最早的磉墩，填补了中国建筑史的空白。

　　发掘发现了依势而建、规模庞大的史

屈家岭遗址航拍（局部）

前水利系统，包括水坝、蓄水区、灌溉区和溢洪道等要素，集抗旱与调蓄、生活用水和农业灌溉等功能于一体。这一水利系统是迄今发现最早且明确的水利设施之一，标志着史前先民的治水理念从最初被动地防水御水转变为主动地控水用水，实现了从适应自然到改造自然的跨越。屈家岭遗址的治水范式，不仅为史前单体聚落的水资源管理和利用提供了细节支撑，也是研究早期人地关系、社会组织等问题的重要考古依据。

屈家岭遗址历经油子岭、屈家岭和石家河等史前时期，社会及文化发展具有鲜明的连续性。大型中心聚落、高等级建筑和水利工程设施集中出现，年代明确，结构清晰，工艺高超，多角度、多层面地展示出史前文化的发展高度和社会复杂程度，是研究长江中游地区史前文明化进程的珍贵物证，为探索中华文明的形成与发展提供了关键样本。

F38 正射影像

熊家岭水坝发掘区航拍

熊家岭水利系统溢洪道发掘现场

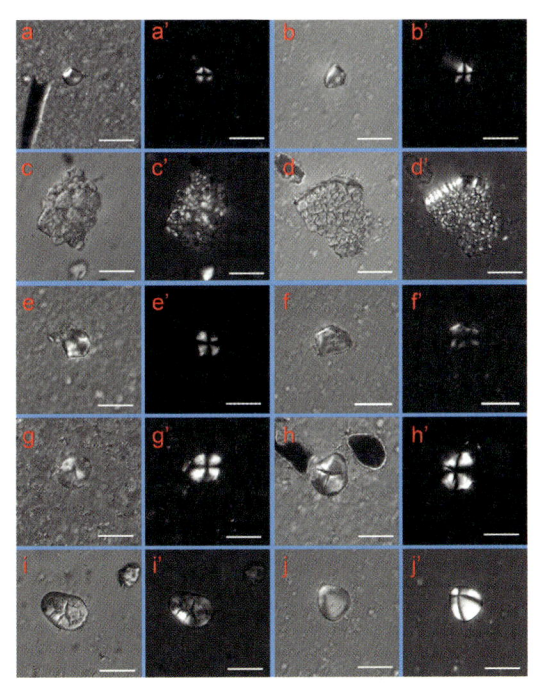

红陶杯及壶形器植物淀粉粒显微照片

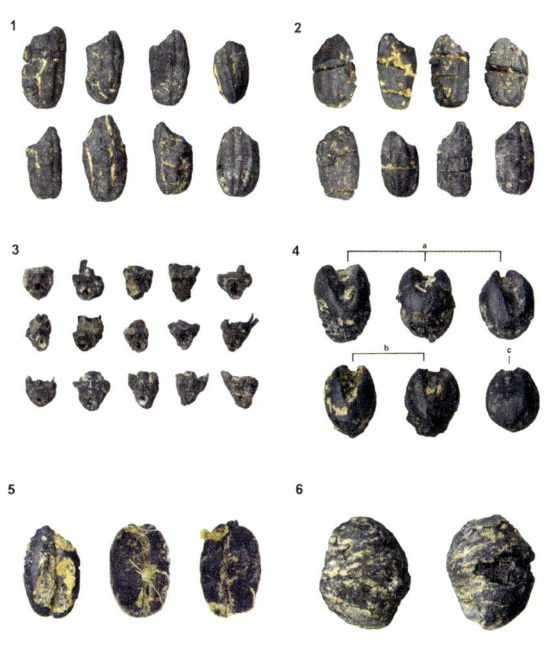

出土炭化农作物种子

屈家岭文化 H304 出土陶器

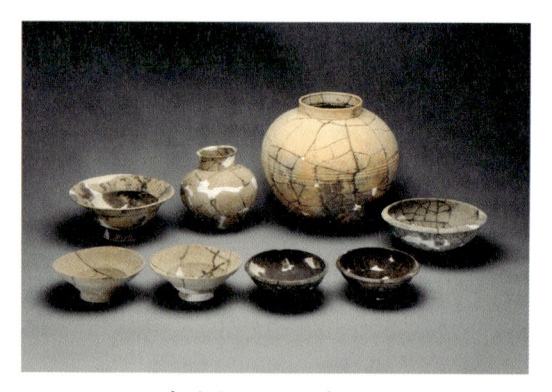

屈家岭文化 M38 出土陶器

油子岭文化 M40 出土陶器

石家河文化 H354 出土陶器

屈家岭文化 H359 出土陶器

河南南阳黄山遗址

入选"2021年度全国十大考古新发现"

发掘单位 河南省文物考古研究院、南阳文物保护研究院
项目负责人 马俊才

黄山遗址位于南阳市东北部卧龙区蒲山镇黄山村南、白河西岸，分布在一处五级台地组成的高17米小土山上及周围。考古发掘发现了仰韶文化、屈家岭文化的遗存，包括建筑址、墓葬、灰坑，还有人工河（运河）1条与"码头"1座。

遗址出土了大量石器、玉器、玉材、骨器、陶器，以及猪下颌骨等。石器质地主要是独山石，以农具和兵器为主。农具种类有耜、斧、铲、锛、凿、刀等，兵器有

黄山遗址发掘区与独山鸟瞰

钺和镞。玉材主要为独山玉，其次为黄蜡石、石英、汉白玉等，个别为方解石和玛瑙，玉器种类有耜、斧、铲、锛、凿、璜、珠等。骨器主要有镞、针等。陶器主要来自瓮棺葬和房址，少数是灰坑所出，种类有碗、盆、鼎、钵、罐、缸等。

黄山遗址是一处以独山玉和石料为资源支撑、其他地方玉材为辅助的新石器时代涉及玉石器制作性质的中心性聚落，填补了中原和长江中游新石器时代玉石器手工业体系的空白。独山玉石具有很强的唯一性和标识性，所以我们认为灵宝西坡、保康穆林头、沙洋城河，以及南阳盆地多遗址出土的多件类似的独山玉器疑似"黄山造"，可能反映了该遗址生产的玉石器的交流范围已超出南阳盆地，到达豫西、豫东南乃至湖北的长江北岸广大地区。遗址中发现的仰韶文化"前坊后居"坊居式建筑群是国内保存较好的史前建筑之一，完好保留了建筑技术和日常生活的细节。该遗址发现的史前码头性质的遗迹，为中原地区首次发现，与自然河、人工河道、环壕一起构成了水路交通系统，体现出古人对水资源的重视和利用能力。

屈家岭文化作坊 F33 内的磨石墩

屈家岭文化 M129（下）与 M123 全景

F1 与 F5 航拍

码头护坡

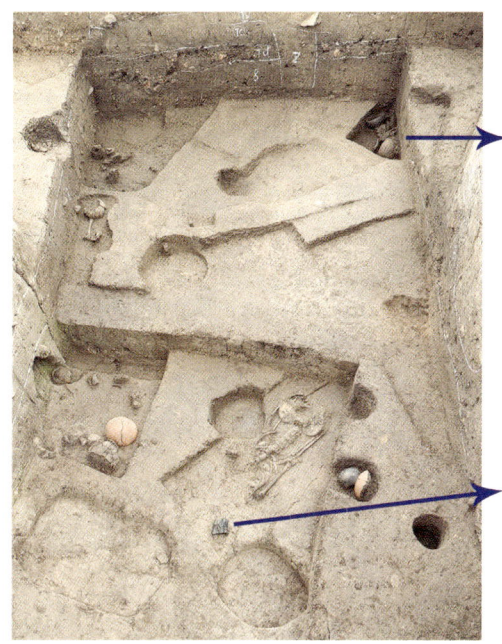

左　仰韶早期墓群
右上　陪葬玛瑙料的M185
右下　M105陪葬的独山玉料

仰韶早期墓葬与玉料

F2 部分陶器修好后全景

仰韶晚期 F2-1 炉台旁密室内 5 件独山玉器成品和陶器

仰韶晚期独山玉耜制作流程
（自左至右：打制坯、琢坯、粗磨坯、成品）

095

F2 出土部分陶器

屈家岭文化墓葬出土玉钺系列

屈家岭文化彩绘磨石墩（人物面）

石钻头系列（上）与石磨棒系列（下）

四川金川刘家寨新石器时代遗址

入选"2012年度全国十大考古新发现"

发掘单位 四川省文物考古研究院、阿坝州文物管理所、
金川县文物管理所
项目负责人 孙智彬

刘家寨遗址是一处新石器时代晚期遗址，位于阿坝州金川县二嘎里乡二级阶地刘家寨。2011年9—11月、2012年5—9月，四川省文物考古研究院联合阿坝州文物管理所、金川县文物管理所对该遗址进行了全面揭露，计3500余平方米，共清理灰坑278座、灰沟1条、房址20座、窑址26座、灶12座、墓葬2座。在发掘区内还发现

刘家寨遗址鸟瞰

数处红黏土堆，土质较为纯净，曝晒后质硬。最大的一处堆积达数平方米，残存高度10—30厘米。

遗址出土大量陶片、动物骨骼、石制品、骨器等。骨锥的制作精细粗糙皆有，数量巨大，独具特色。

刘家寨遗址早期层位文化面貌与甘肃东乡林家遗址、秦安大地湾遗址、天水师赵村遗址的同期遗存相近，晚期层位部分陶器体现半山文化因素。不过，与之相比，刘家寨遗址未见彩陶尖底瓶、宽沿盆、陶刀等，却有小型直筒罐、戳印圆圈纹陶器、多孔石刀等，是为自身特色。

多学科、多方法结合的科学发掘，使得刘家寨遗址人工、自然遗存丰富程度远超川西北地区已发掘的同时期遗址，为深入研究马家窑文化地方类型和分布区域诸问题提供了重要的实物资料。遗址晚期出现壶，且部分尖底瓶底明显可见套接工艺，为研究彼时由瓶向壶的演变提供了珍贵实物资料。遗址位于大渡河上游，为横断山区文化交流、传播研究提供了新材料，对构建四川新石器时代考古学文化时空框架起到标杆作用。

房址 2012SJLF6

陶窑 2012SJLY15 解剖后

彩陶器

夹砂侈口深腹罐 　　　　　　　　　泥质侈口深腹罐

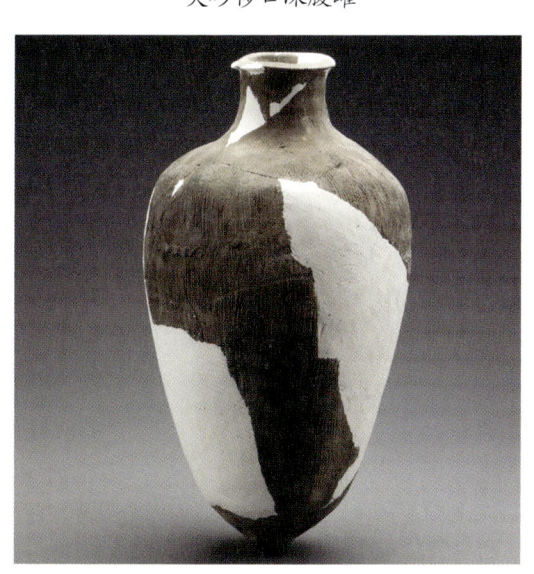

小口尖底瓶 　　　　　　　　　　　敞口壶

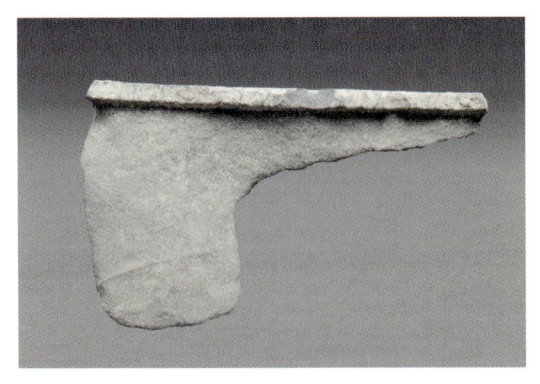

带柄石斧　　　　　　　　　　　三孔石刀

骨柄石刃刀　　　　　　　　　　复合骨笄

河南巩义双槐树遗址

入选"2020年度全国十大考古新发现"

发掘单位 郑州市文物考古研究院、中国社会科学院考古研究所
项目负责人 顾万发

双槐树遗址位于河南省巩义市伊洛河与黄河交汇处南岸双槐树村南台地上，是距今5300年前后、经过精心选址的都邑性聚落遗址。从遗址的地理位置、规模、文化内涵分析，它是迄今为止在黄河流域发现的仰韶文化中晚期规模最大的核心聚落。

遗址现存面积达117万平方米。发现有仰韶文化中晚期阶段三重大型环壕、大型夯土建筑群基址、中心居址、具有最早瓮城结构的围墙、以版筑法筑成的大型夯土地基、4处共1700余座经过严格规划的大型公共墓地、夯土祭坛，以及房址、灰坑、

双槐树遗址全景

人祭坑、兽骨坑等遗迹。大型夯土建筑群基址位于内壕中部，比较明确的有三处大型院落，其中一、二号院落布局较清晰。遗址出土了丰富的仰韶文化时期遗物。

以双槐树遗址为代表的郑洛地区这一聚落群的发现，填补了中华文明起源关键时期、关键地区的关键材料。大型建筑群初具中国早期宫室建筑的特征，为探索三代宫室制度的源头提供了重要素材。大型中心居址建筑前两道围墙及两处错位布置的门道和加厚围墙的设计，可能是中国古代最早瓮城的雏形。墓葬区内发现的夯土祭台遗迹，是仰韶文化遗址中的首次发现，对开展与红山文化、良渚文化等周边区域在祭祀文化以至高层礼仪制度方面的比较研究有积极作用。

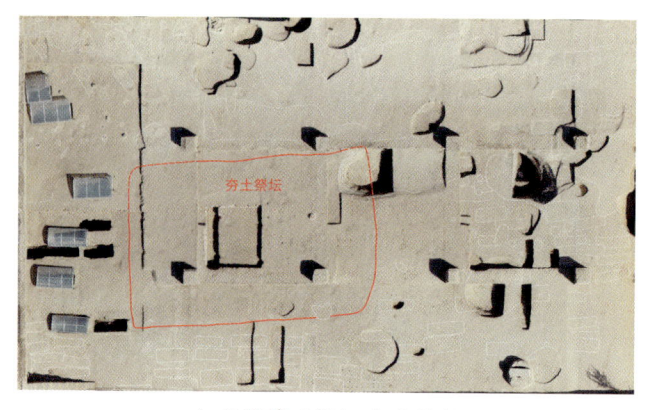

大型墓葬及祭坛遗迹航拍

瓮城式结构俯视

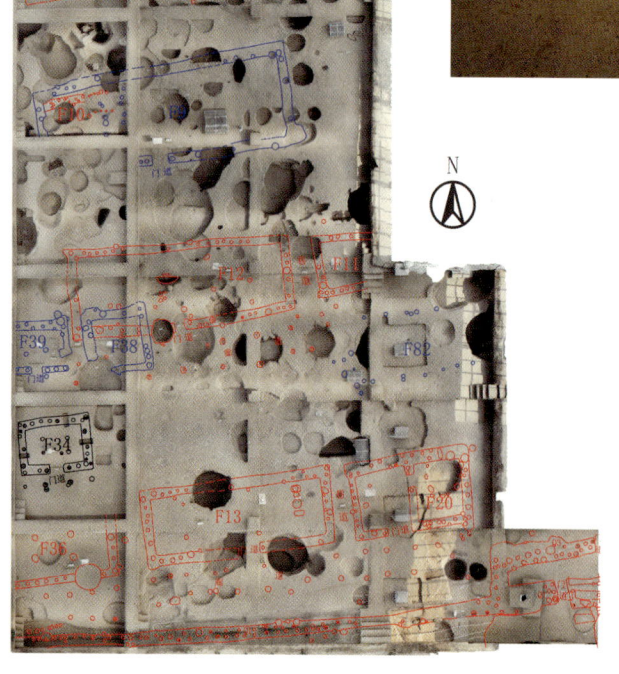

图　例
三期房基
四期房基
五期房基

遗址中心区总图

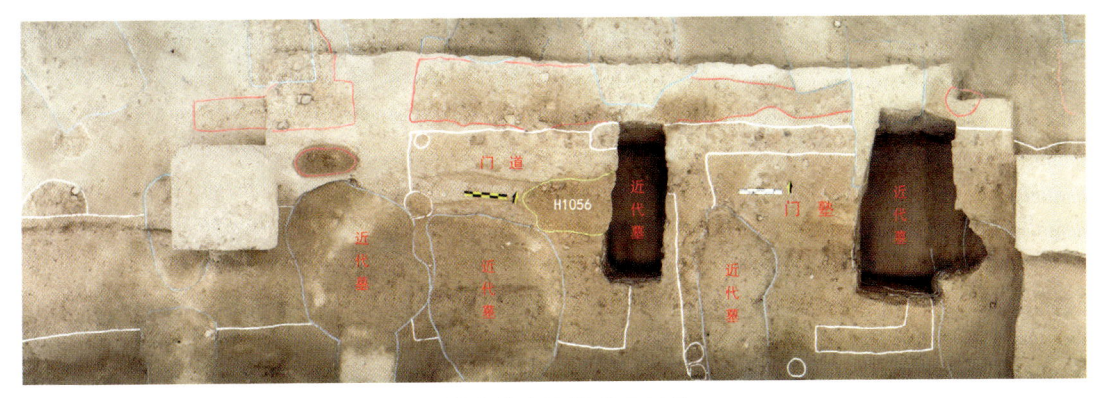

一号院落南墙门道及门垫

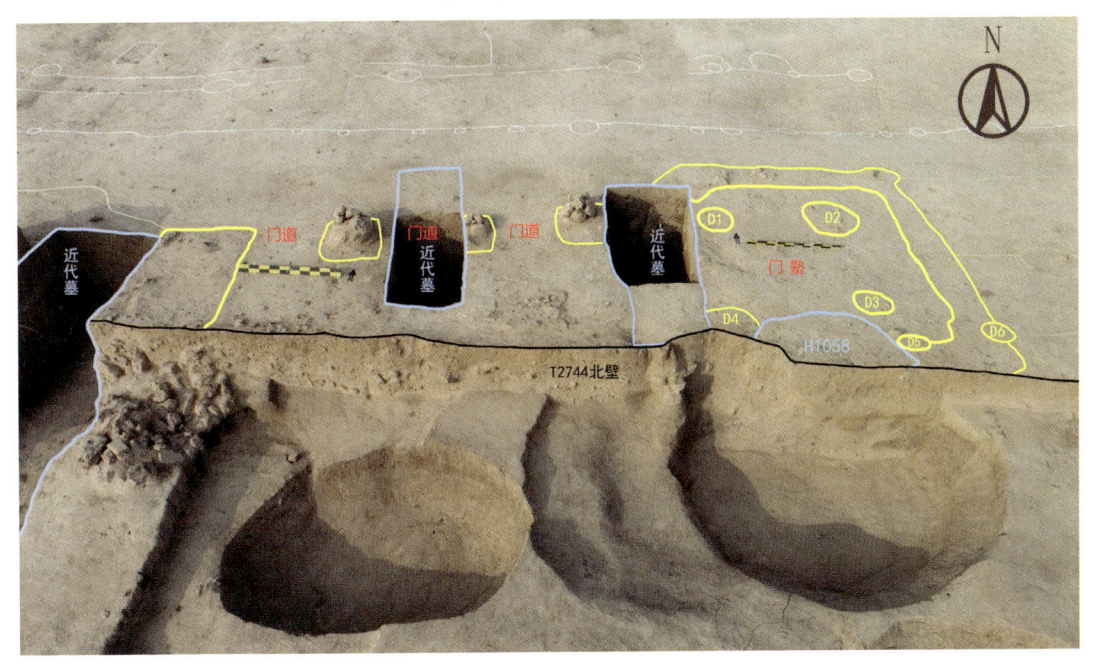

二号院落一门三道遗迹

人祭坑 H677

鹿骨祭祀坑 H962

H147

H324 出土彩陶杯

H449 出土权杖首

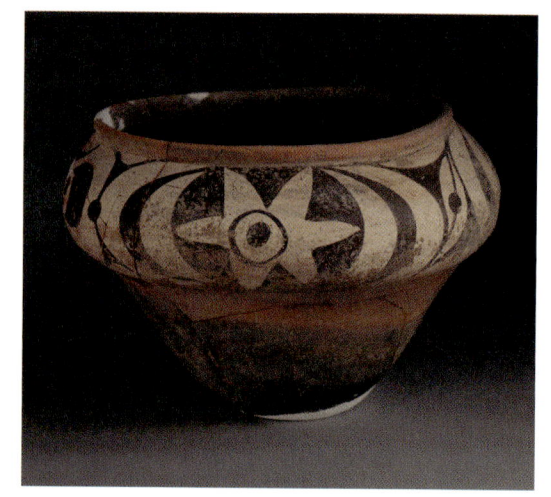

H330 出土彩陶罐

T3544 出土牙雕蚕

湖南澧县鸡叫城遗址

入选"2021年度全国十大考古新发现"

发掘单位 湖南省文物考古研究院、四川大学
项目负责人 郭伟民

鸡叫城遗址位于湖南省常德市澧县涔南镇鸡叫城村,地处洞庭湖西北的澧阳平原,西南距城头山遗址13千米。该遗址的考古工作始于20世纪90年代,2018—2021年连续进行了四个年度的考古工作,收获重大。

一是明晰了聚落的演变过程,厘清了鸡叫城聚落群鼎盛时期的整体布局。鸡叫城遗址历经彭头山文化、大溪文化、屈家岭文

鸡叫城遗址 F63

化一期等时期的发展，在石家河文化时期形成了由城址本体、城外聚落遗址、外围环壕以及平行水渠和稻田片区组成的城壕聚落集群，呈现出史前稻作农业文明繁盛的社会图景。其三重环壕的聚落结构在长江流域属于首次发现。鸡叫城聚落完整经历了史前稻作农业社会从初步复杂化到文明起源、发展、兴盛再到衰落的完整过程，是研究我国史前社会与文明过程的典型标本。

二是在城址内揭露出一批重要遗迹。城址西部发掘区发现了多组不同时期的大型建筑遗迹，以屈家岭文化二期早段的F63为代表。F63由主体建筑和外围廊道组成，主体建筑为开挖基槽后垫长木板以作基础，于木板一侧立柱。建筑坐北朝南，室内建筑面积420平方米，加上廊道，总面积630平方米左右，是我国迄今发现的最早且保存最完整的大型木结构建筑基础。其体量超大，结构规整，基础保存完好，绝对年代为公元前2800—前2700年，为理解长江流域史前建筑形式与技术提供了重要资料。它的发现，填补了中国史前建筑史的空白，刷新了我国木构建筑史。

另外，遗址复原稻谷重量达2.2万千克。大面积集中分布的谷糠堆积，以及一系列大型建筑台基等，也都是近年田野考古中少见的重大发现。

考古发掘现场

基槽内铺垫木板

半圆形木柱及木柱上的两侧斜穿孔

木板边可见抬板时留下的绳索

木板上的立柱

水稻田

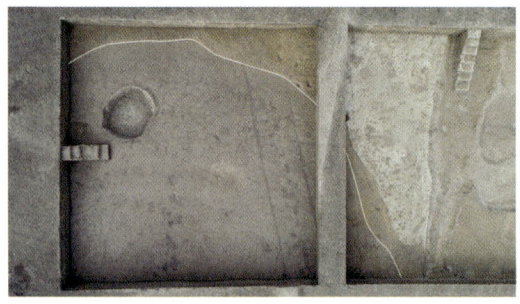

北城墙、城壕的建造过程剖面示意图

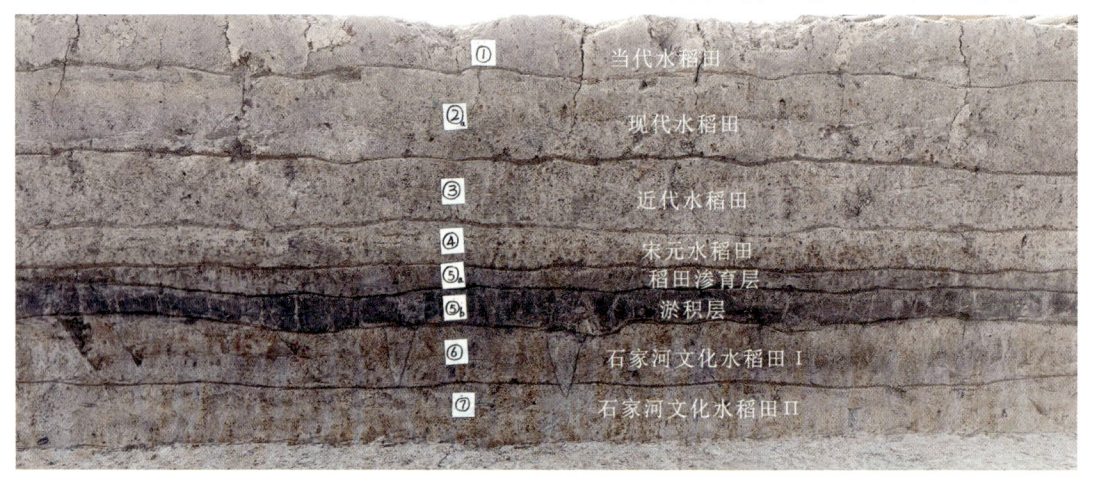

① 当代水稻田
② 现代水稻田
③ 近代水稻田
④ 宋元水稻田
⑤ 稻田渗育层
⑤ 淤积层
⑥ 石家河文化水稻田Ⅰ
⑦ 石家河文化水稻田Ⅱ

水稻田剖面

谷糠层及其显微结构

H64（叠压城墙）

H62（城墙内）

G14（被城墙叠压）

北城墙关键层位出土陶器

湖北沙洋城河新石器时代遗址

入选"2018年度全国十大考古新发现"

发掘单位 中国社会科学院考古研究所、湖北省文物考古研究院、荆门市博物馆、沙洋县文物保护中心

项目负责人 彭小军

城河遗址位于湖北省荆门市沙洋县后港镇双村村十三组、龙垱村三组，地处汉江西岸，长湖北岸。城河及其支流分别从遗址的西、南及东侧流经，于遗址东南方汇合。该遗址为屈家岭—石家河文化的重要城址，面积约70万平方米，发现城垣、人工水系、大型建筑、祭祀遗存等重要遗迹。2017年11月，考古队在北城垣外侧200米左右的王家塝地点进行勘探，发现屈家岭文化时期墓葬235座，于2018年3月开始系统发掘，取得重要收获。

这批墓葬墓圹和棺木形制清晰，绝大

城河遗址鸟瞰及王家塝地点位置

多数为竖穴土坑墓,但有少量墓一侧略带偏洞,棺木一半被嵌偏洞中,并且发现同穴多"室"合葬墓。超过70%的墓葬可见葬具,发现率和保存完整状况在长江中游史前墓地中非常少见。葬具痕迹包括独木棺和长方形边框的板棺,这是在长江中游首次大规模发现史前独木棺。类型丰富的独木棺痕迹的发现,为了解当时葬具结构提供了极为珍贵的物质支撑。

几乎所有墓葬都随葬陶器,少则数件,多则60余件。除陶器外,亦有玉钺、石钺、象牙器、竹编器物、猪下颌骨、漆器以及疑似木器等遗存。大、中型墓葬有体量巨大的棺木,出土大量精美遗物,填土中还发现随葬陶器;小型墓葬的葬具使用率低,仅随葬数件陶器,甚至发现几座小墓共用一个器物坑的现象,表现出明显的社会分化。

湖北沙洋城河新石器时代遗址从聚落形态的角度丰富了屈家岭文化与社会的内涵。王家塝墓地则是迄今为止发现的规模最大、保存最完整的屈家岭文化墓地,填补了长江中游地区史前大型墓葬考古发现的空白,完备而独特的墓地结构与墓葬形制改写了学术界关于屈家岭文化墓葬礼仪的认知。这些发现表明,在距今5000年前后中国史前社会动荡整合的广阔背景下,屈家岭文化在长江中游地区文明化进程中扮演了重要角色,为长江中游地区文明化进程乃至整个中华文明形成过程的研究提供了更为全面的信息。

王家塝地点墓地分布

M196 偏洞类墓葬(灰白色为棺痕)

M71 发掘情况

M202 航拍

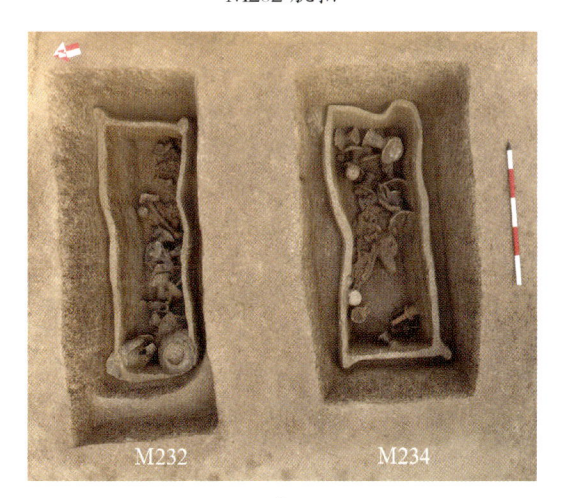

M232 和 M234

M60 独木棺痕迹

M90 出土葬具及随葬品

M112 出土葬具及部分随葬品

M112-2 棺内随葬大量器物

M4 出土器物

M224 出土壶形鼎

M224 出土器物组合

M112-1 出土玉钺

浙江余杭良渚古城外围大型水利工程的调查与发掘

入选"2015年度全国十大考古新发现"

发掘单位 浙江省文物考古研究所、杭州良渚遗址管理区管理委员会、
山东大学、南京大学

项目负责人 王宁远

该水利系统位于杭州市余杭区瓶窑、良渚两镇西北侧的山地与平原交界处,由11条人工堤坝连接山谷和孤丘组成,是良渚古城的有机组成部分。根据形态和位置,可将人工堤坝分为山前长堤、谷口高坝和平原低坝三类。它证实良渚古城由内而外具有宫城、王城、外郭和外围水利系统的完整都城结构。

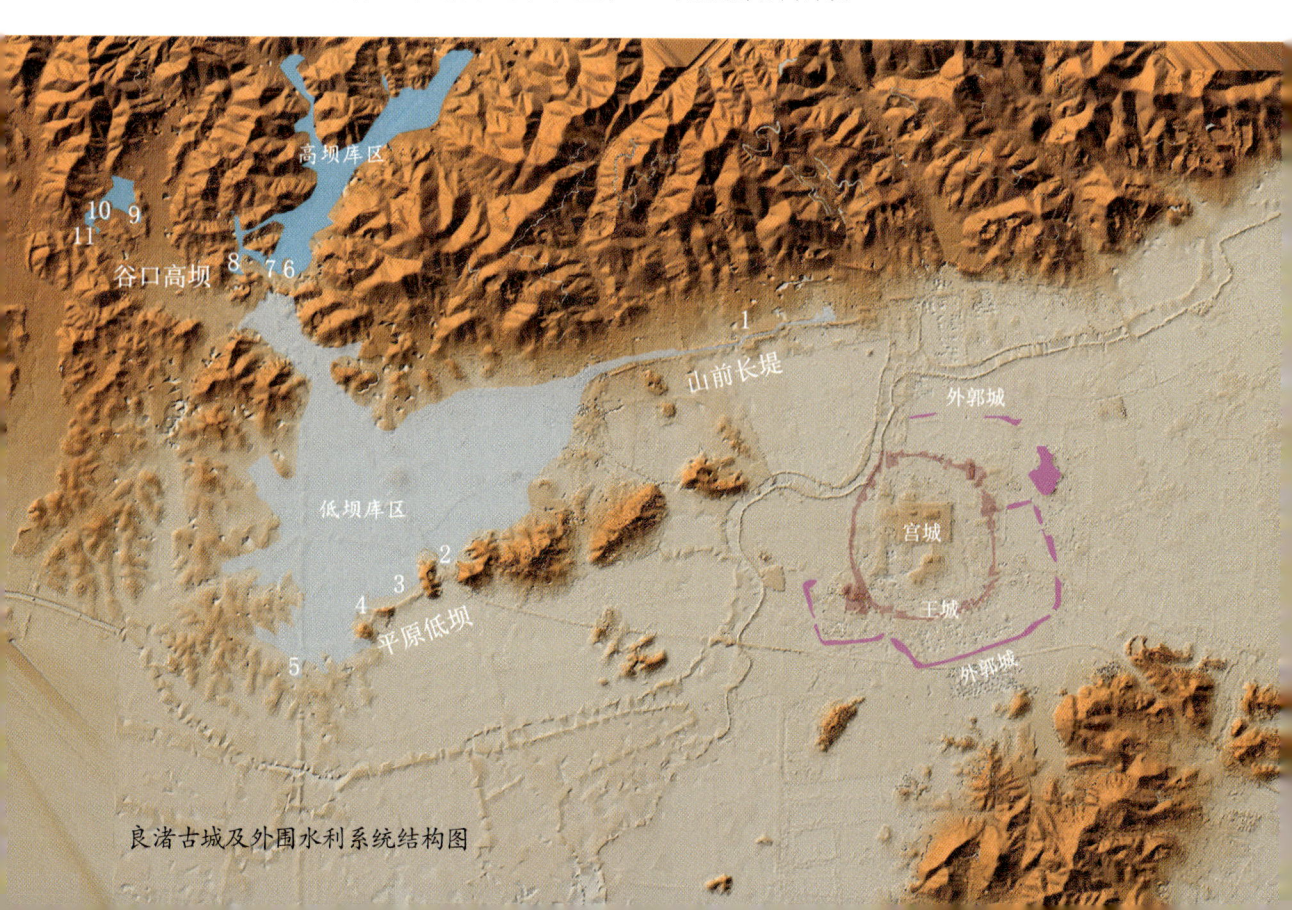

良渚古城及外围水利系统结构图

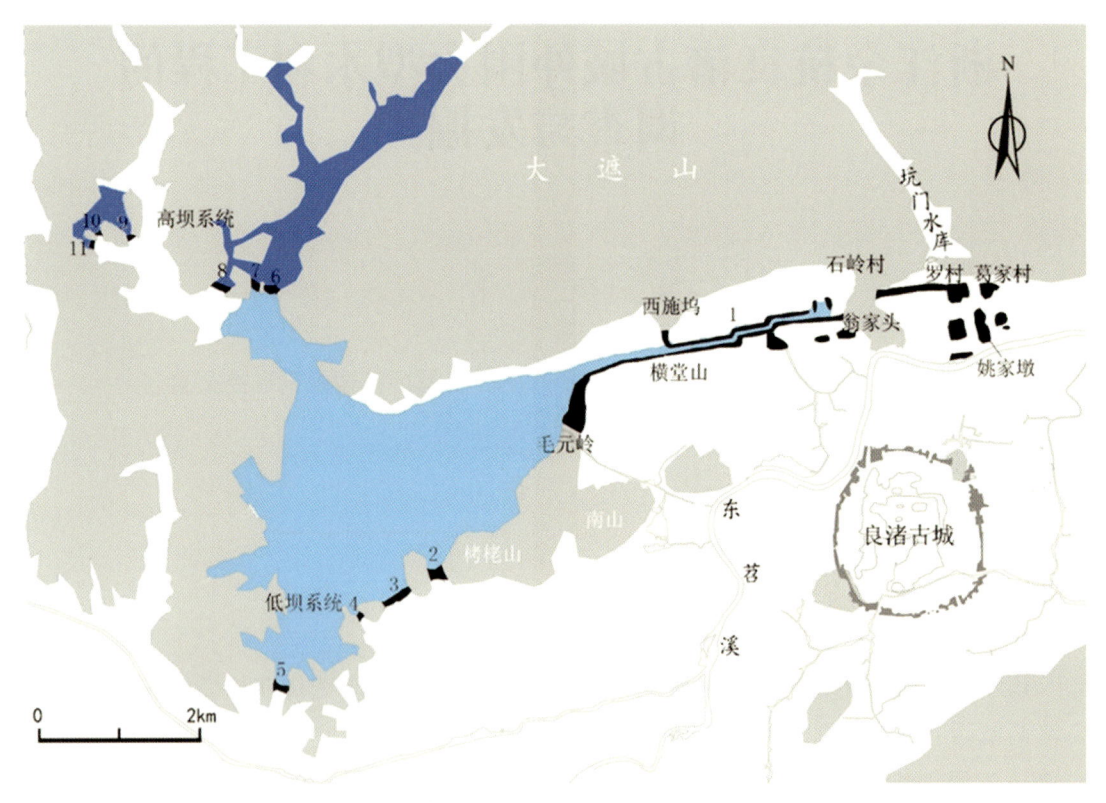

高坝低坝形成的库区推测

山前长堤原称塘山或土垣遗址，位于良渚古城北侧2千米，北靠天目山脉，全长约5千米，呈东北—西南走向，是水利系统中最大的单体。谷口高坝位于西北侧较高的丘陵的谷口位置，包括岗公岭、老虎岭、周家畈、秋坞、石坞、蜜蜂弄等6条坝体，可分为东、西两组，各自封堵一个山谷，形成水库。平原低坝建于高坝南侧约5.5千米的平原内，由梧桐弄、官山、鲤鱼山、狮子山等4条坝将平原上的孤丘连接而成。整个水利系统工程浩大，估算其总土方量达260万立方米。初步推测该系统具有防止山洪、形成水上运输网络和农田灌溉等多种功能。

良渚的水利系统是中国现存最早的大型水利工程，将中国水利史的源头上推到距今5000年左右。世界各种早期文明形态的出现，普遍与治水活动密切相关。良渚古城是中国境内最早进入国家形态的地点，其水利系统发现的意义不言而喻。世界其他地区的早期文明中，埃及、两河流域及印度河流域均为旱作农业文明，以小麦种植为经济支柱，水利设施多为以灌溉为目的的水渠、水窖、池塘等形态。而良渚文明是东亚湿地稻作文明的典型代表，其水利系统以堤坝形式出现，带有明显的防洪调水功能。东西方文明因为环境和生业模式不同呈现的这种差异性，在世界文明史研究上具有重要价值。

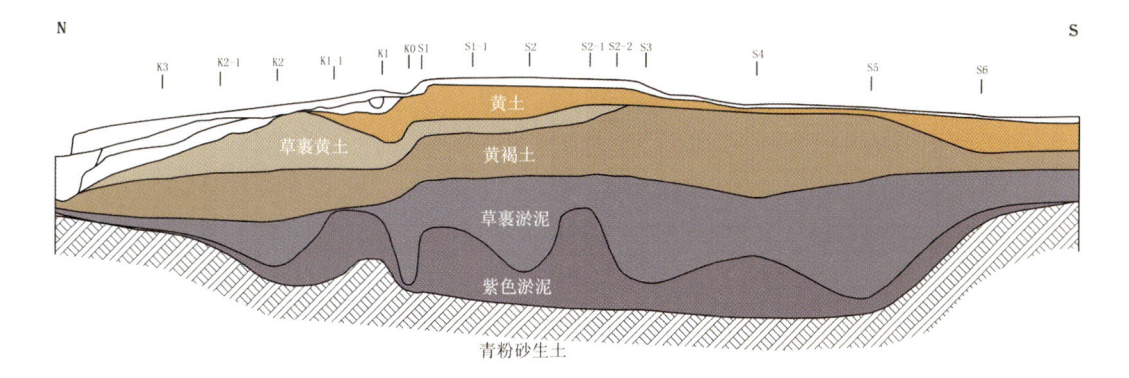

鲤鱼山坝体堆筑结构图

狮子山—鲤鱼山—官山坝体现状

秋坞—石坞—蜜蜂弄坝体现状

高坝岗公岭断面显示的堆土结构

草裹泥制作流程复原

老虎岭 G3 出土良渚文化遗物

江苏兴化、东台蒋庄遗址

入选"2015年度全国十大考古新发现"

发掘单位 南京博物院、兴化博物馆、东台博物馆
项目负责人 林留根

蒋庄遗址位于江苏省兴化、东台两市交界处。遗址以泰东河为界,良渚文化时期聚落面积近3万平方米。发掘揭露良渚文化墓地一处,发现房址8座、灰坑110余座以及水井、灰沟等聚落遗存。出土玉、石、陶、骨器等不同材质遗物近1200件。

蒋庄良渚文化墓地位于聚落东北部,整体呈南北走向。清理墓葬284座。随葬

蒋庄遗址良渚文化墓地上层墓葬

火化葬 M116 全景

玉璧、玉琮的较高等级墓葬主要集中于墓地南部，而"平民墓"主要位于墓地中北部，体现了对应的社会分层现象。墓葬形制均为长方形竖穴土坑，葬式多样，一次葬与二次葬并行。一次葬均为单人仰身直肢葬。二次葬分烧骨葬与拾骨葬两种，随葬玉琮、玉璧的较高等级墓葬均为二次葬。其中，M116为烧骨二次葬，经焚烧过后的骨骼按墓坑方向东西向集中摆放，整体呈长条形，系异地焚烧后入葬。M111为单人拾骨二次葬，葬具为独木棺，棺痕长2.17米，宽0.58—0.67米，墓主为年龄35—39岁的男性。M158为拾骨二次葬，巨大的独木棺长2.38米，宽0.9—0.96米，棺内有两个个体，为墓主及另外一个女性个体，棺外有殉葬的6个头骨，其中6号头骨上有明显的创伤。

蒋庄良渚文化墓地是首次在长江以北发现的随葬琮、璧等玉质礼器的高等级良渚文化墓地，突破了以往学术界认为良渚文化分布范围北不过长江的传统观点，也是良渚文化核心区之外发现数量最多的良渚文化墓地。墓地中人骨保存情况较好，是良渚文化保存骨骸最为完整丰富的墓地，为研究良渚文化的埋葬习俗、社会组织关系与人种属性提供了极其宝贵的实物资料。蒋庄遗址的发现，对于构建江淮地区史前考古学文化谱系、研究良渚文化与本地文化以及北方大汶口文化的关系都具有重要意义。

M111 玉琮出土情况

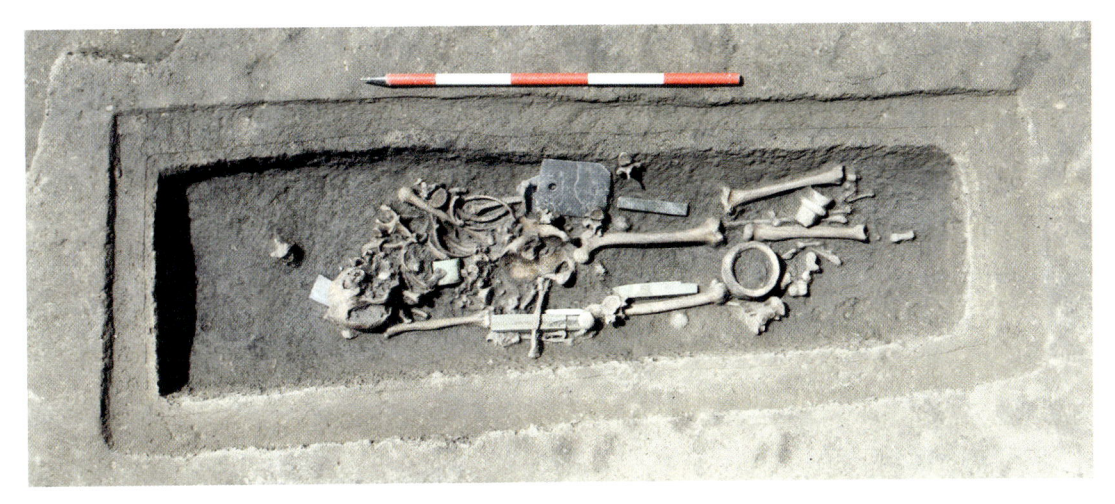

M111 清理后

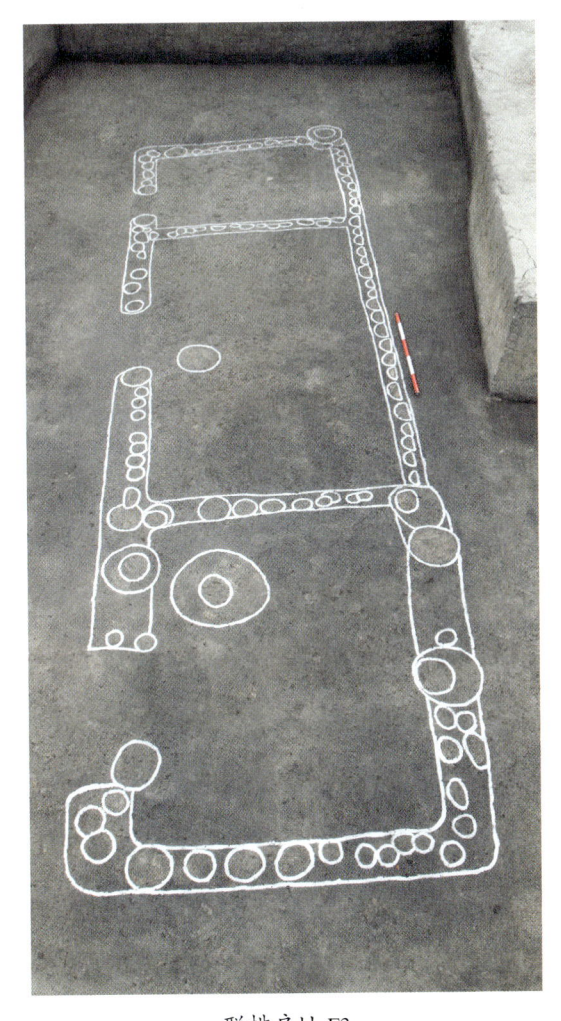

M45

M158 全景

联排房址 F3

M100 出土玉器组合

M45 出土玉琮

M36 出土刻纹玉璧

M153 出土陶鼎（足残）

山东章丘焦家遗址

入选"2017年度全国十大考古新发现"

发掘单位　山东大学、济南市考古研究院、章丘区龙山文化传承保护中心、山东省文物考古研究院

项目负责人　王芬

焦家遗址位于济南市章丘区西北20千米处的泰沂山系北侧山前平原地带，向南距离城子崖遗址约5千米。

2016—2024年的主发掘区以贯穿遗址的一条东西向生产道路为界，分为南北两区。发掘发现了极为丰富的大汶口中晚期遗存，包括内外多圈大型防御性设施（城墙和壕沟）、164座房址、485座墓葬、3座陶窑等。发现的2194座灰坑，绝大多数属于大汶口文化时期，少数为龙山文化、岳石文化、汉代和宋元时期。

发掘区域内的聚落功能发生了明显的

焦家遗址发掘现场

转换，从早到晚经历了Ⅰ居住期、Ⅱ埋葬期和Ⅲ居住期三个大的发展阶段。Ⅰ居住期的房址多为半地穴式，Ⅲ居住期多为地面式。这批空间排列有序的房址材料，填补了鲁中北地区大汶口文化中晚期阶段居住形态研究的空白。

发现一批系统而丰富的大汶口文化中晚期墓葬和祭祀材料。墓葬之间分化明显，大型墓葬均有重椁一棺或一椁一棺，随葬品数量最多的可达70件，常见玉钺、玉镯、陶高柄杯、白陶器和彩陶等精致器物。

焦家遗址从城池营建、王权产生、礼制起源等角度，形成中国文明起源的早期系统性证据，是古国时代第二阶段"社会分化进一步凸显，社会资源的调动能力加强"的典型代表，其鲜明的"世俗性"权力特征显示出我国"民本邦固""井然有序"的深厚历史根源。长期、系统地开展焦家遗址聚落考古和多学科综合研究，对于探讨黄河下游地区新石器时代晚期的文化内涵、聚落结构和人地关系、更大范围的区域联系以及文明化进程等问题具有重要意义。

南区陶器祭祀坑

大型墓葬 M152

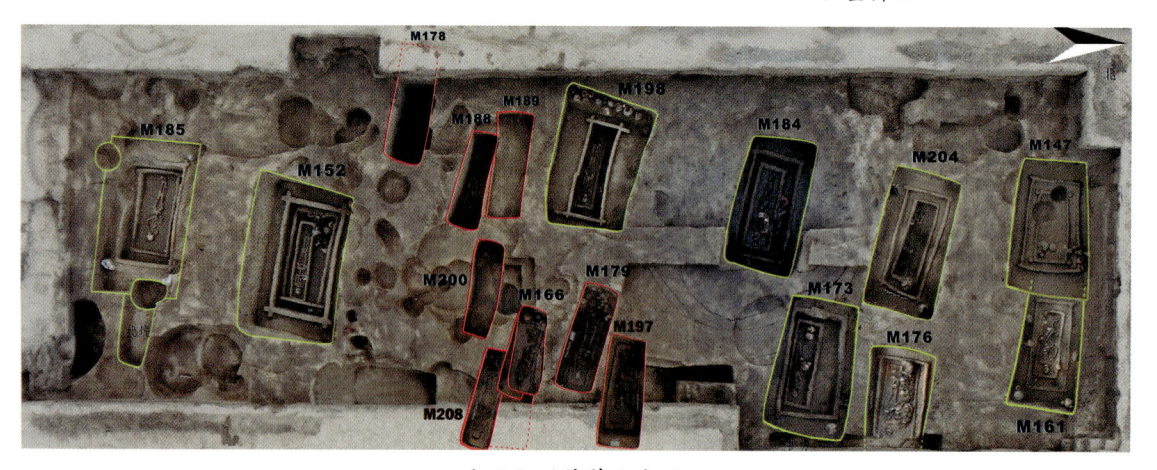

南区大型墓葬分布图

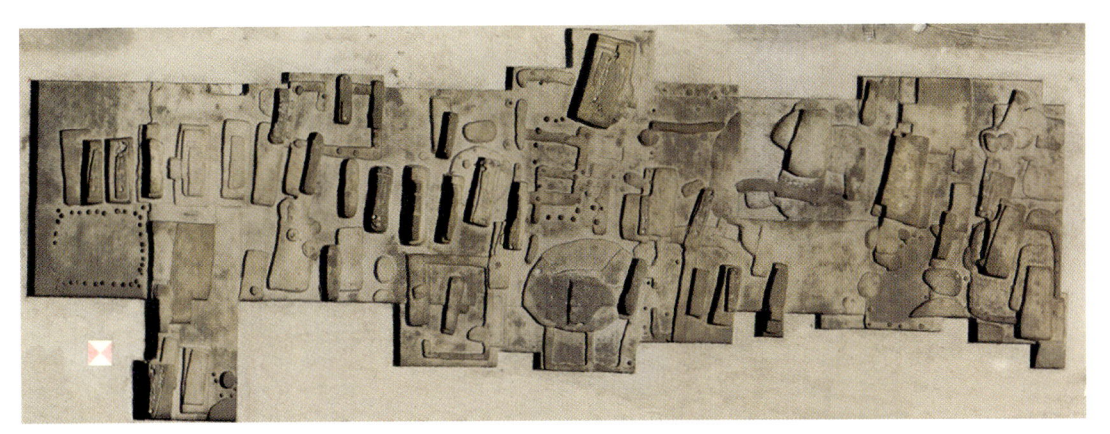

北区墓葬分布图

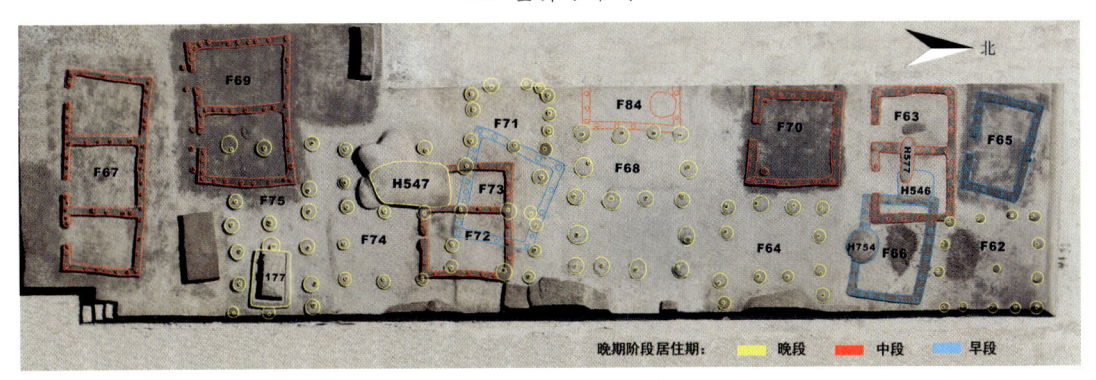

北区晚期居住期房址分布图

小型墓葬 M5、大型墓葬 M91 　　　大型墓葬被毁现象举例（M17、M40）

南区动物祭祀坑

墓葬出土陶器示例

大型墓葬 M91 随葬玉器

大型墓葬 M152 随葬陶器

大型墓葬 M152 随葬玉器

山东滕州岗上遗址

入选"2021年度全国十大考古新发现"

发掘单位　山东省文物考古研究院
项目负责人　朱超

岗上遗址位于滕州市东沙河街道陈岗村东部漷河两岸，依河流和公路可将遗址分为东、西、南三部分，是目前海岱地区所见面积最大的大汶口文化时期城址。2020年9月—2022年1月的发掘，发现了一圈大汶口文化晚期夯土城墙与壕沟遗存，获得了一批

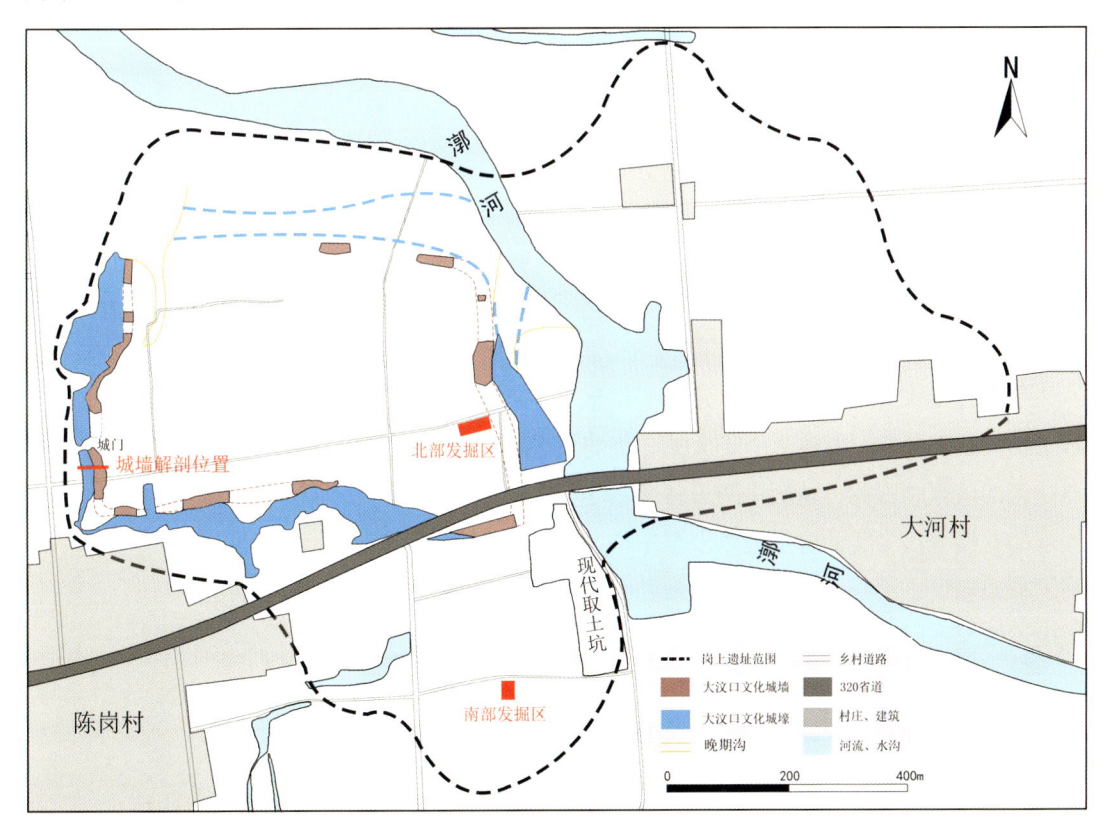

岗上遗址总平面图

北区大汶口文化遗迹分布图

极为重要的大汶口文化中晚期墓葬和房址材料，包括31座墓葬、7座房址及大量与房址相关的柱坑或柱洞。墓葬分布集中，有明显成列排布规律。南区墓葬等级差异巨大，主要表现在体量、葬具结构及随葬品等方面，可分为大、中、小型三类。大型墓分布紧凑，葬具齐全，往往有器物箱或棺下放置枕木，随葬成套的陶器和玉器。中型墓多为一棺，随葬品较少。小型墓多无葬具和随葬品。

岗上遗址大型城址的发现，连同一批显示了社会剧烈分化、财富集中于大墓、突出器物箱的棺椁制度和一整套以陶玉骨牙器为代表的礼器等，为实证海岱地区以至中华文明发展史提供了第一手材料。遗址两处墓地规模不大，不同类墓葬分群现象格外清晰，这是墓地空间布局经过规划的结果，对研究大汶口文化中晚期墓地性质、家族人群结构及社会组织形式具有非常重要的意义。大量明器化陶器批量化生产及高等级玉石骨角器的出现，显示了岗上大汶口时期聚落手工业的专业化发展。

遗址的发掘，对于个体聚落形态研究和区域聚落形态研究的结合，进而考察其背后的社会组织结构及变迁意义重大，为海岱地区古代社会文明化进程研究奠定了重要基石。

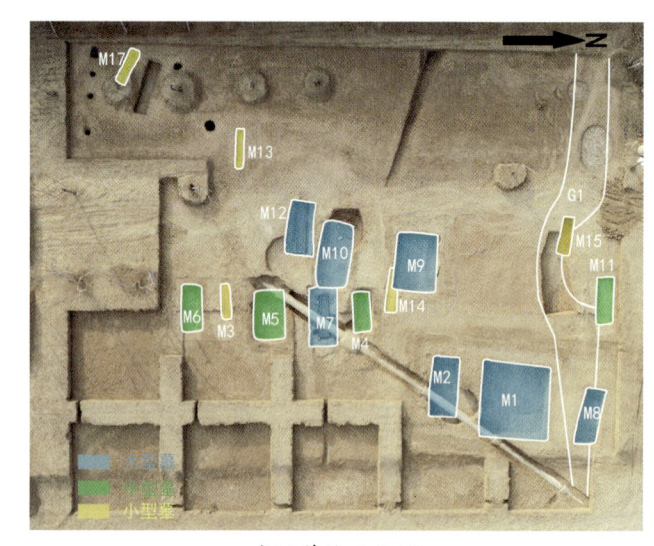

南区墓地平面图

SM8　　　　　　SM10　　　　　　SM2　　　　　　SM7

南区大型墓头箱、脚箱及棺下枕木

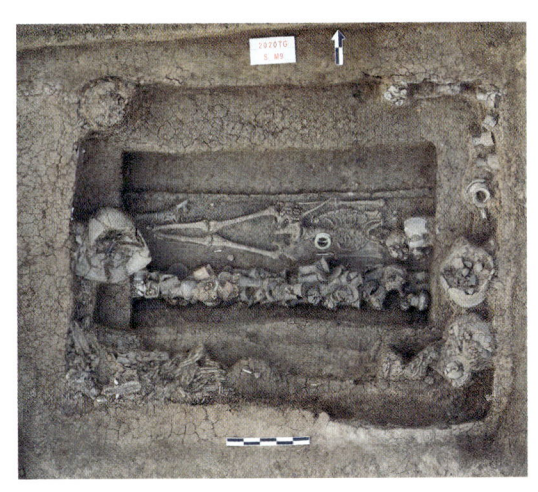

南区女性大墓 SM9

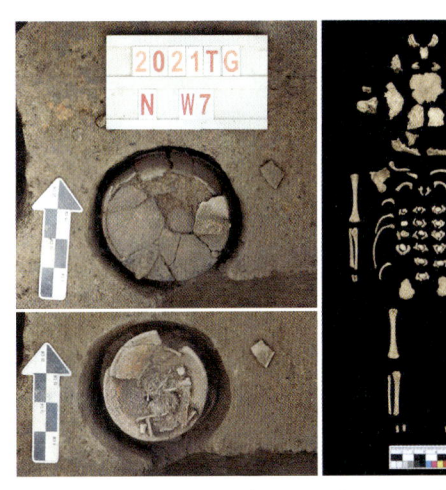

北区胎儿瓮棺葬 NW7 瓮棺及人骨

M4　　　M6　　　M8

北区双人合葬墓示例

北区双人合葬墓 NM2 陶器组合

南区墓地出土部分陶器

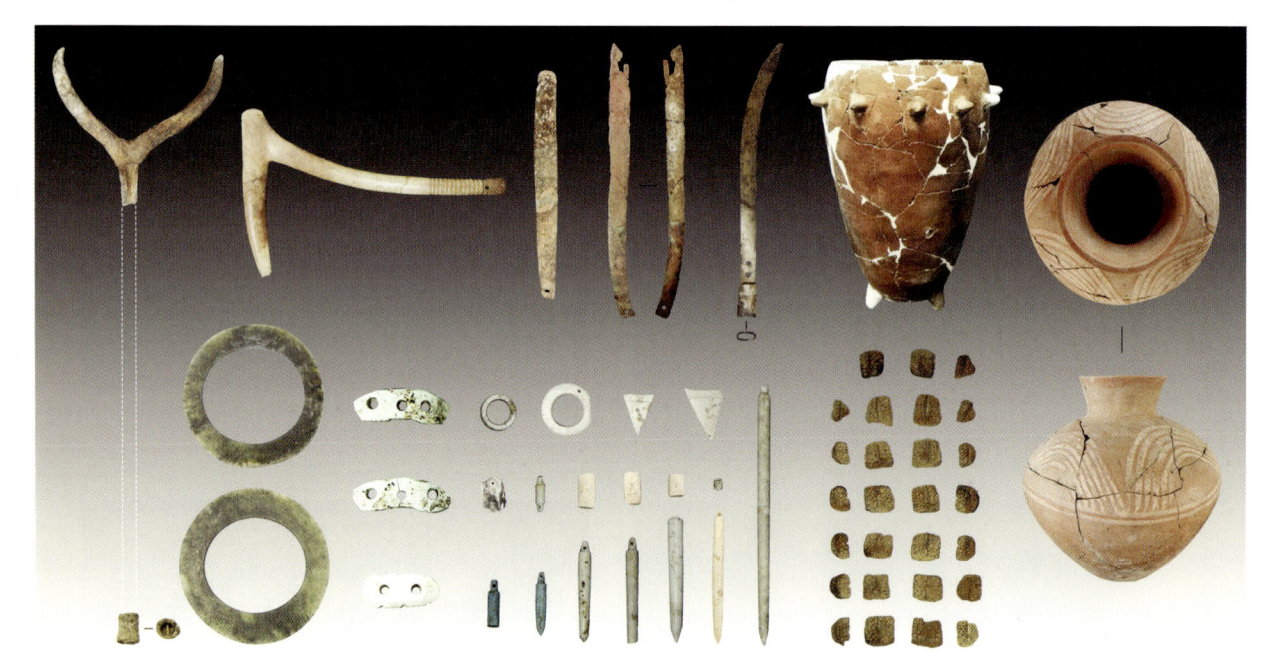

北区二次葬大墓出土典型器物

河南永城王庄遗址

入选"2023年度全国十大考古新发现"

发掘单位 首都师范大学、河南省文物考古研究院、
中国社会科学院考古研究所、商丘市文物考古研究院

项目负责人 朱光华

王庄遗址位于河南省永城市以东约13千米的苗桥镇曹楼村，2023年对该遗址进行发掘，并进行全面勘探。

钻探发现，遗址以王庄村为中心，东西宽约500米，南北长约1300米，遗址总面积约63万平方米。遗址中部发现一座环壕：平面呈圆角长方形，南北长约350米，东西宽约250米，方向10度，总面积近8万平方米；环壕主要围绕王庄遗址大汶口文化墓地，初步推断为墓葬区以外带有防御性质的围沟，两者

王庄遗址范围、环壕与发掘地点示意图

年代应基本为同时期。

年度发掘区包括王庄村南（Ⅲ区）与村中（Ⅳ区）两部分。Ⅲ区主要发现部分东周、唐宋时期小型墓葬，最重要的是在遗址Ⅳ区揭露一处墓葬密集分布的大汶口文化墓地，目前在约100平方米的范围内已发现大汶口文化墓葬23座。这批墓葬级别较高，随葬品数量丰富，目前已提取各类陶器400多件、玉器150余件，以及部分石器、骨器等。

王庄遗址大汶口文化墓地葬俗独特，存在多组墓葬间的"有意打破"现象，墓葬出土玉覆面及成组石圭，具有礼器性质，是该地区史前时期社会复杂化进程的直观反映。遗址陶器群类型多样，文化面貌复杂并有鲜明地方风格，代表着大汶口文化中晚期豫东地区的一个新类型。

航拍遗址

墓葬绘图

清理墓葬

大汶口文化墓葬ⅣM6正射影像 　　　　　大汶口文化墓葬ⅣM3出土成组石圭

右侧　　　左侧

大汶口文化墓葬ⅣM6出土玉覆面　　　　大汶口文化墓葬ⅣM3正射影像

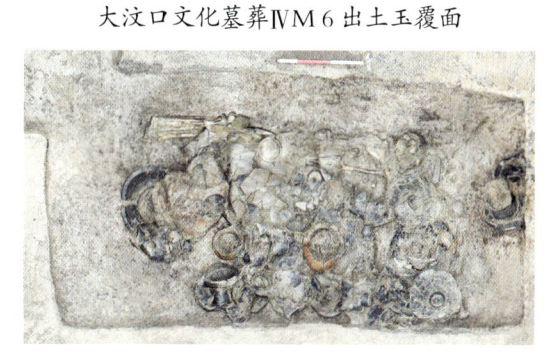

大汶口文化墓葬ⅣM4正射影像 　　　　　大汶口文化墓葬ⅣM8正射影像

大汶口文化墓葬ⅣM8出土部分陶器

大汶口文化墓葬ⅣM4出土部分陶器

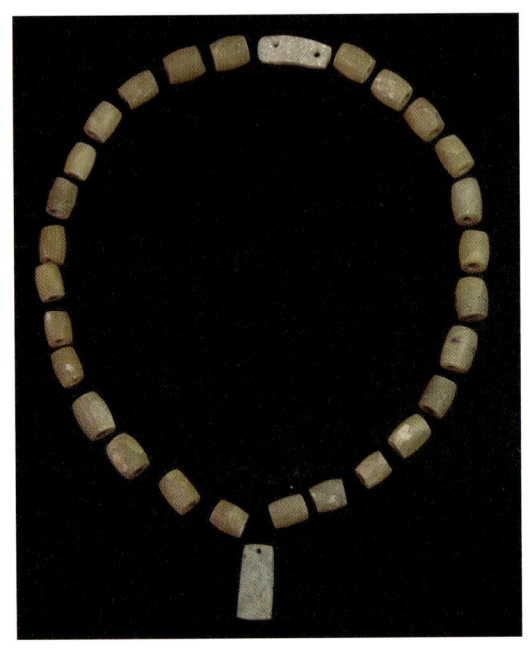

大汶口文化墓葬ⅣM4出土玉项饰

大汶口文化玉器

大汶口文化墓葬ⅣM8出土骨器及兽牙

大汶口墓葬ⅣM3出土陶鬶

陕西延安芦山峁新石器时代遗址

入选"2018年度全国十大考古新发现"

发掘单位 陕西省考古研究院、西北大学、延安市文物研究所
项目负责人 马明志

芦山峁遗址位于陕西省延安市宝塔区芦山峁村。1981年2月，村民陆续向当时的延安地区群众艺术馆送交28件龙山时代玉器，芦山峁遗址由此受到学界关注。

2014年开始的调查勘探，基本确认了遗址四至范围，掌握了遗址核心区及其附近区域的遗迹分布规律。2016年开始，对遗址的发掘工作主要集中在核心区的大营盘梁地点。发掘确认，大营盘梁人工台城及其顶部建筑始建年代为庙底沟二期晚段，

芦山峁遗址大营盘梁地点院落布局鸟瞰

大营盘梁台地上的三座院落俯视

陶器以斝、单耳罐、圜底瓮等器类为代表，属于庙底沟二期文化的一个区域类型。

大营盘梁1号院落的布局基本清晰，为四合院式两进院落。院落中部偏北分布着三座主建筑，坐北朝南，单个建筑面积均超过200平方米。1号院落南围墙外对称分布着两座独立的小型院落，每个小院落内分布着多座小型夯土房址，可能是负责警备安全的门塾区。大营盘梁最南端是一片小型广场，来自院落内外的道路再次汇集，通向遗址南部。

房址、院墙、广场的夯土中，多次发现用玉器奠基的现象，器类包括玉刀、玉璧、玉琮、玉环等。此外，还发现多例以猪下颌骨为房屋奠基的现象。在大型房址附近的堆积中，发现了一定数量的筒瓦及槽形板瓦，个体超过100件，是中国目前所知最早的瓦。

芦山峁遗址是继神木石峁遗址之后的又一重大考古发现，为认识龙山时代晋陕高原人群流动、社会变迁、中原与北方区域互动，乃至探索中国史前社会复杂化、文明起源和"早期国家"的形成提供了重要资料。遗址核心区的多座人工台城及其构建的规整院落，似可视为中国最早宫殿或宗庙建筑的雏形，对于研究中国聚落、都邑形态演变和早期礼制的发展具有重要作用。筒瓦和槽形板瓦的发现，将中国使用瓦的时间提前至庙底沟二期文化晚期。大量玉器的发现进一步证明其与周边地区普遍流行以玉为礼的现象，背后可能隐藏着精神思想层面上的价值认同。

大营盘梁地点主建筑与西厢房

山坡上的普通房址及其居址葬现象

房屋柱洞内的奠基猪下颌骨

营盘梁院落北门外祭祀坑出土大玉刀

槽形板瓦 　　　　　　　　　　　　筒瓦

单耳陶罐 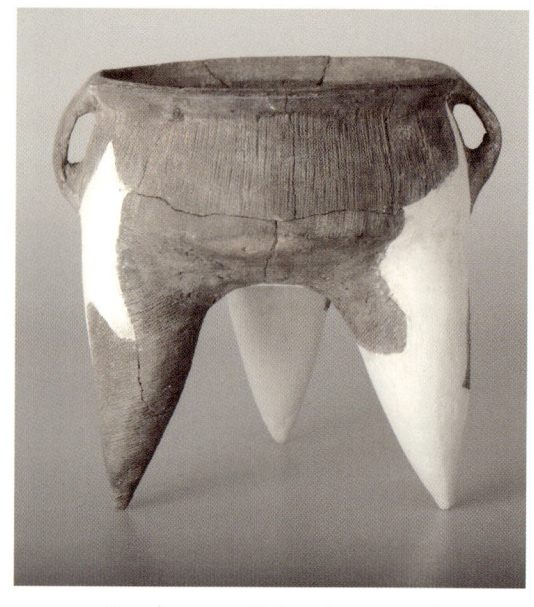　　　　　　　　　　　芦山峁1号院落房址内出土陶斝

石戈 　　　　　　　　　　　　　陶质泥抹子

山西兴县碧村遗址

入选"2022年度全国十大考古新发现"

发掘单位 山西省考古研究院、北京大学、山西大学
项目负责人 张光辉

碧村遗址位于山西省吕梁市兴县碧村村北,东距兴县县城20千米,西离陕西神木石峁遗址51千米。遗址主体年代相当于龙山时代晚期及二里头时代早期,绝对年代为公元前2200—前1700年。

近十年发掘研究工作表明,该遗址呈现从入黄河口处不断向东部主梁发展的趋势,但聚落核心始终是处于遗址中部的小玉梁地点。小玉梁地点出土遗物除了陶器,还有一部分稀有的玉石器、铜器,以及用于占卜的骨针等骨器。

龙山晚期之初(约公元前2200年),小玉梁地点兴建了一批南向房址及带墩台的多道门址。约公元前2100年,随着小玉

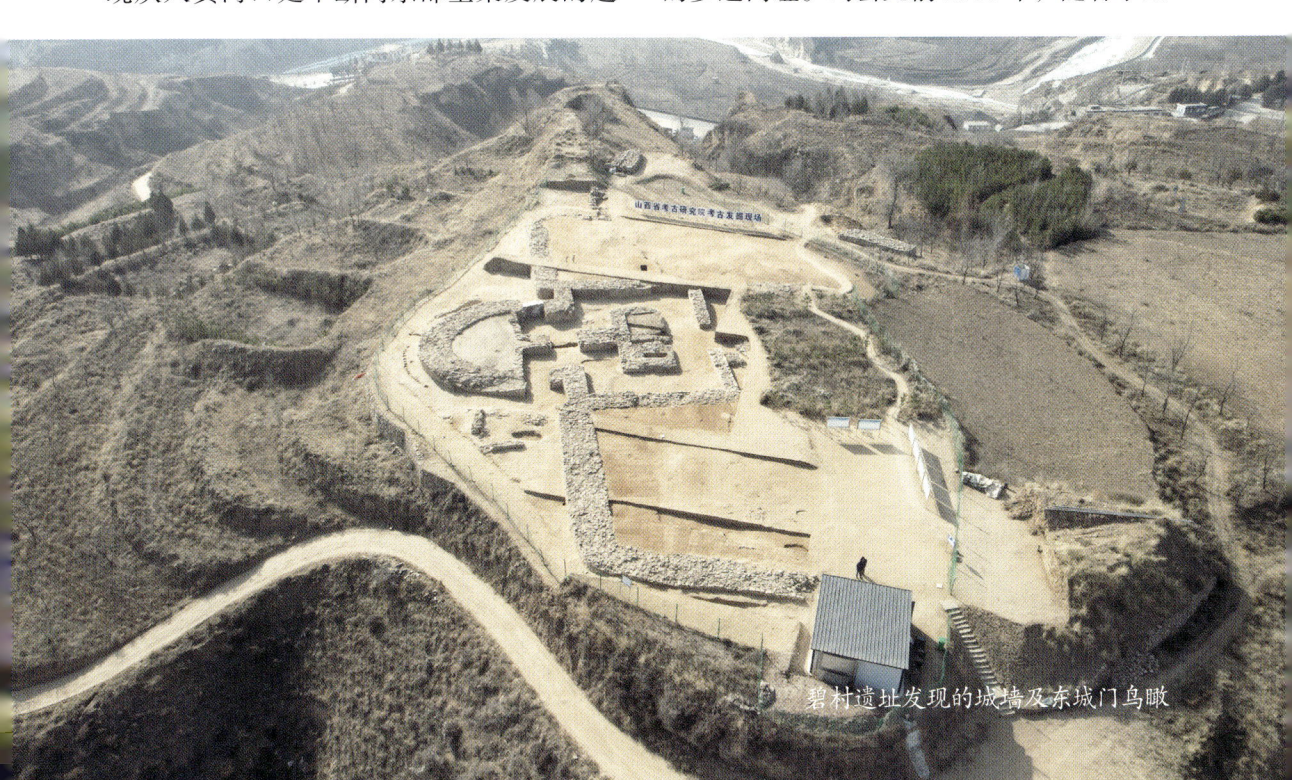

碧村遗址发现的城墙及东城门鸟瞰

梁南向房址调整为西向的带围墙建筑，并在距此约1千米的东部（城墙圪垛地点）建造了外城墙及东城门，该聚落也进入鼎盛时期，成为具有内外双重城垣、面积达75万平方米的大型石城聚落。东门址包括门塾、夹道、内外两重瓮城等部分，瓮城中心也已设置小型墩台及门塾。到公元前1900年左右，随着东门址城门功能的丧失，该石城进入衰落期。

在瓮城围墙夹角地面发现多处生活迹象，留有炊煮等生活用器，亦有盛储炊饮等成套陶器，个别围绕方形条石分布。

该遗址的发现首次系统揭示了龙山时期北方石城核心区建筑布局，展现了较为明确的中轴及对称设计理念。碧村东门址的双瓮城结构，是目前所见新石器时代布局最为规整、结构最为严密的一处，开创后世双瓮城设计的先河，也为早期城门复原研究提供了重要参考。

该遗址是晋陕大峡谷东岸发现的规模最大的一座史前城址，属于公元前2000年前后黄河东岸的区域中心之一，与同期盛极一时的石峁古国在时空上遥相呼应。城址层层设卡、处处把关、谨慎布防的结构，彰显了浓厚的防御色彩，展现了特殊的战略支点作用，为解读晋陕黄河两岸地区的政治结构和文明形态提供了关键材料。

小玉梁地点核心建筑

东城门夹墙土坯

被封堵的内瓮城南门（东城门）

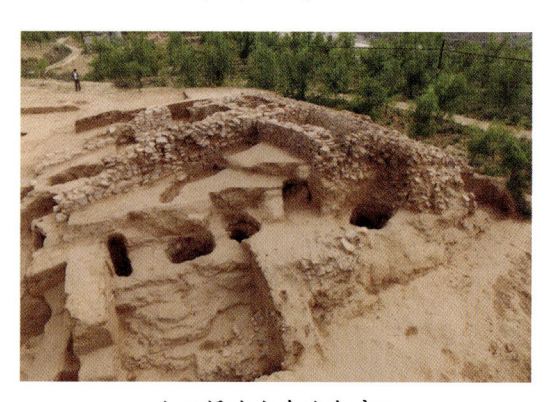

小玉梁地点东北角房址

东墩台

瓮城墙角的条石及周边器物组合

东城门瓮城内出土陶器

小玉梁地点 T117071 出土铜泡

小玉梁地点 H24 出土骨针

小玉梁地点 H24 出土卜骨

陕西神木石峁遗址

入选"2012年度全国十大考古新发现"

发掘单位 陕西省考古研究院、榆林市文物考古勘探工作队、神木县文体局
项目负责人 孙周勇

2011年，陕西省、榆林市、神木县（2017年撤销，设立县级神木市）三家单位组成联合考古队，对神木石峁遗址开展了区域系统考古调查，发现了保存较好的石砌城墙，以及城门和疑似马面、墩台、角楼等城防建筑。2012年的复查，确认了石峁城墙保存基本完整且大致可以闭合，并构成由"皇城台"、内城和外城三个层次组合

石峁城址外城东门址

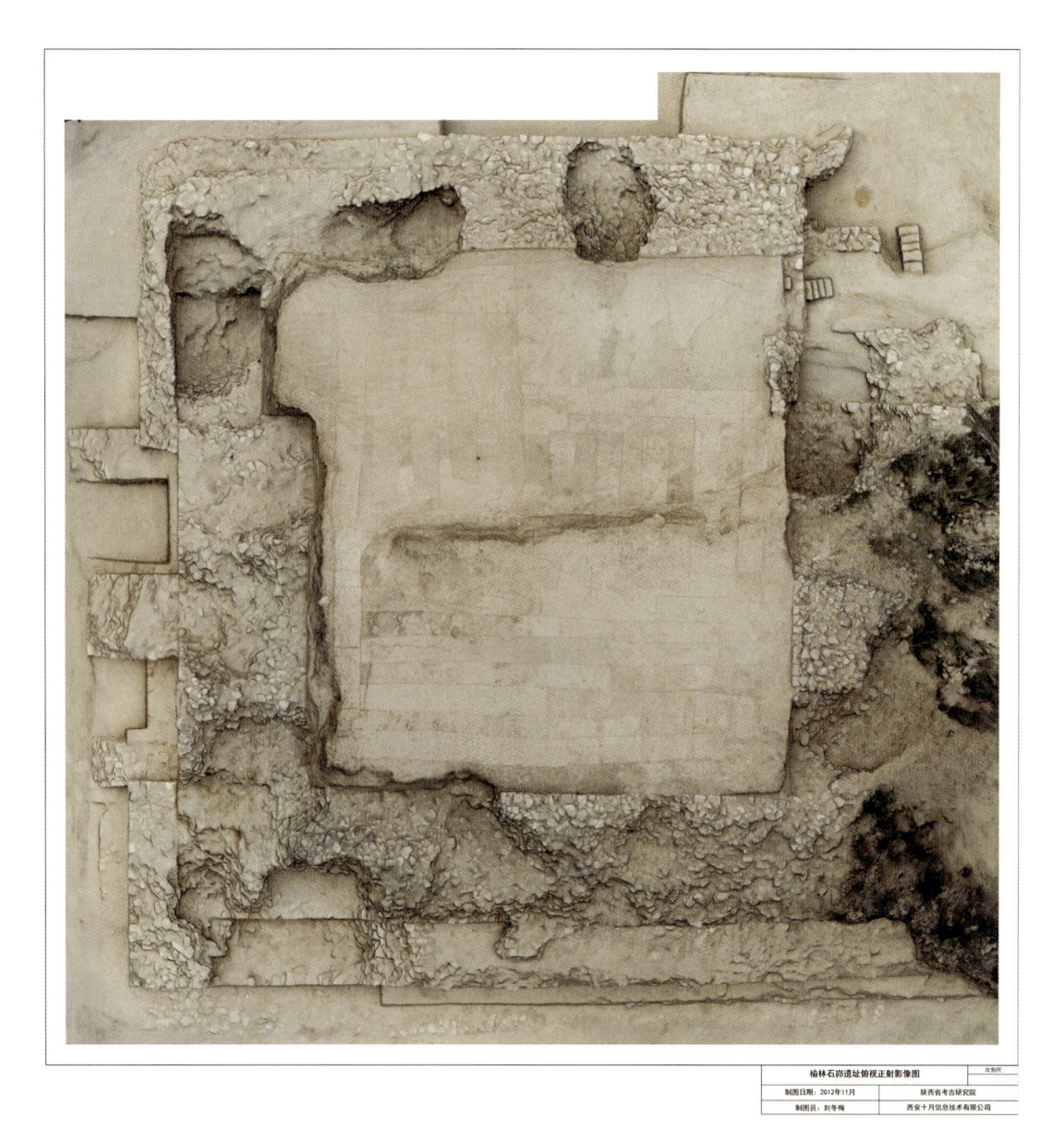

石峁遗址外城东门址北墩台俯视图

的石峁城址，城内面积在400万平方米以上。"皇城台"系当地俗称，位于内城偏西的中心部位，为一座四面包砌石墙的高阜台地，大致呈方形，石墙转角处为圆形，台顶面积8万余平方米。

2012年重点发掘了外城东门址，揭示出一座体量巨大、结构复杂、筑造技术先进的城门遗址，包含内外两重瓮城、砌石夯土墩台、门塾等设施，出土了玉铲、玉璜、壁画、石雕和陶器等龙山晚期至夏时期的重要遗物。从地势上来看，外城东门址位于遗址区域内最高处，地势开阔，位置险要。外瓮城平面呈U形。本次发掘所获玉铲和玉璜均出土于外瓮城早期石墙北端的倒塌

石峁遗址外城东门壁画（第2层局部）正射影像

墙体和倒塌堆积中。夯土墩台以门道为界，对称建于南北两侧。墩台朝向门道一侧的主墙上分别砌筑出3道平行分布的南北向短墙，隔出4间似为"门塾"的空间。外城城墙与墩台两端接缝相连。进入门道后，南墩台西北角接缝继续修筑石墙。石墙墙体宽约2.5米，保存最好处高出龙山晚期地面4米有余。这段墙体在门道内侧增修了一道宽约1.2米的石墙，两墙紧贴并行。结合门道内地层关系，增修石墙修建于晚期地面之上，当属于夏时期修补遗迹。在增修石墙墙根底部的地面上，发现了成层、成片分布的壁画残块100余块，部分壁画还附着在晚期石墙的墙面上。这些壁画以白灰面为底，以红、黄、黑、橙等颜色绘出几何形图案，最大的一块约30厘米见方。发现集中埋置人头骨的遗迹两处，分别位于外瓮城南北向长墙的外侧和门道入口处靠近北墩台的地方，可能与城墙修建时的奠基活动或祭祀活动有关。

石峁遗址系目前国内所见规模最大的龙山时期至夏阶段城址。它的发现，为研究中国文明起源形成的多元性和发展过程提供了全新的研究资料，对进一步理解"古文化、古城、古国"框架下的中国早期文明格局具有重要意义。

石峁遗址外城东门址外瓮城北端东侧石墙内玉铲出土情况

外城东门F7出土陶缸

呼家洼 F3 出土陶甗 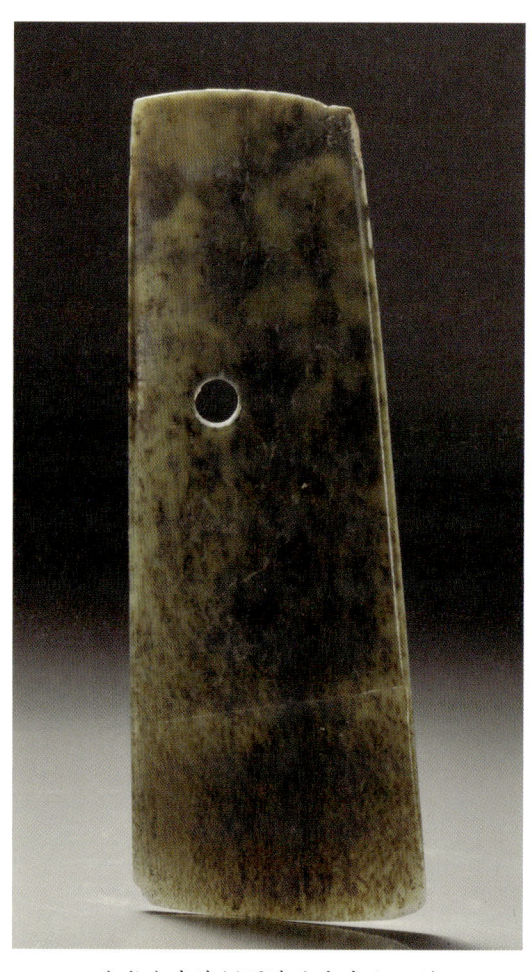　　　　　　　　北墩台城墙倒塌墙体内出土玉铲

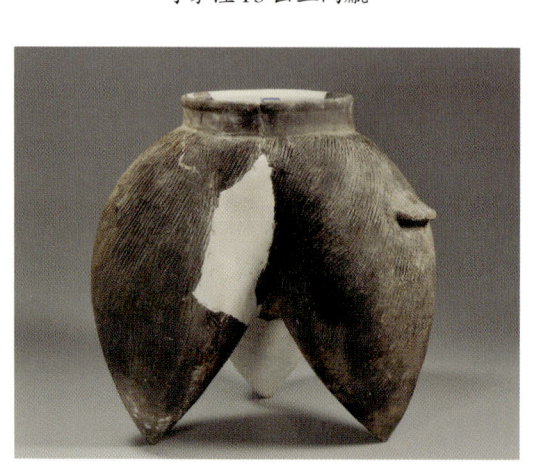

后阳湾 W2 出土陶鬲 　　　　　　　　北墩台散水上堆积内出土玉璜

陕西神木石峁遗址皇城台

入选"2019年度全国十大考古新发现"

发掘单位 陕西省考古研究院、榆林市文物考古勘探工作队、神木市石峁遗址管理处

项目负责人 孙周勇

石峁遗址位于陕西省神木市高家堡镇，地处黄土高原北部的黄河一级支流——秃尾河北岸的梁峁台塬之上，城内面积逾400万平方米。皇城台位于城址中部偏西，为一处四周包砌石砌护墙的高阜台地。作为石峁遗址的核心区，皇城台带给世人的新发现，不断刷新学术界的认识，改变了对中国早期文明发展高度的传统认知。

2016年皇城台考古工作启动，发掘地点分别位于东护墙北段上部、门址及台顶大型夯土高台建筑基址。东护墙北段上部的局部墙体有多次修葺增补的现象，部分

皇城台工作区域

墙面上密集分布着纴木。发掘之前，这一区域主要被来自皇城台顶部的弃置堆积覆压，弃置堆积内出土了陶、骨、石、玉、铜等各类标本4万余件，还有一些纺织品和漆皮残片。

门址位于皇城台东侧偏南，自下而上依次由广场、外瓮城、南北墩台、铺石坡道、内瓮城、主门道等组成。沿门址内的坡道向上攀登，可达皇城台台顶。台顶的大型高台建筑基址——大台基，上面分布着房址、石砌院墙、"池苑"等重要遗迹。大台基南护墙共发现了70件石雕，雕刻技法以减地浮雕为主，兼有少量阴刻和圆雕，图像内容可分为人物、动物、神兽、符号等。

在皇城台揭露出的中国史前时代的壮观建筑群，反映了石峁社会的高度复杂化和强大的组织能力。结构复杂的门址、规模巨大的台基、气势磅礴的石砌护墙、设计精巧的城防设施，以及石雕、陶鹰、卜骨、口簧、玉器等高等级遗物的出土，在中国早期城址中很少发现，也确认了皇城台宫城的性质。值得一提的是，大台基上新发现的石雕，其主题和艺术风格体现了石峁遗址与中国史前其他地区乃至更大地域范围的相互影响，反映了早期文化交流的复杂性和石峁先民的精神世界，对后世也影响深远。

皇城台门址结构图

东护墙北段上部墙体

大台基南护墙34号石雕

皇城台门址外瓮城出土玉钺

东护墙北段上部墙体外侧弃置堆积

大台基南护墙 11 号石雕细部

大台基南护墙及夹墙、夹道

大台基南护墙 11 号石雕

东护墙北段上部纴木洞

大台基南护墙 47 号石雕南侧面

东护墙北段上部弃置堆积内出土陶鹰

大台基南护墙 26 号石雕及拓片

东护墙北段上部弃置堆积内出土口簧

东护墙北段上部弃置堆积内出土骨针

东护墙北段上部弃置堆积内出土陶器

湖北天门石家河遗址

入选"2016年度全国十大考古新发现"

发掘单位 湖北省文物考古研究院、北京大学、天门市博物馆
项目负责人 孟华平

湖北天门石家河遗址位于天门市石家河镇,地处大洪山南麓、江汉平原北部的山前地带。遗址总面积约8平方千米,是长江中游地区发现面积最大、延续时间最长、等级最高的史前聚落群。2014—2016年,考古队对遗址核心区进行系统勘探,并重点发掘了谭家岭、印信台、三房湾、严家山等遗址,取得一批新成果。

新发现的谭家岭古城平面大体呈圆角方形,城垣内总面积17万平方米。其年代不晚于屈家岭文化早期,是同时期我国发现规模最大的史前城址,也是石家河古城形成的重要基础。印信台遗址揭示了人工堆筑的大型台基,沿台基边缘分布的瓮棺

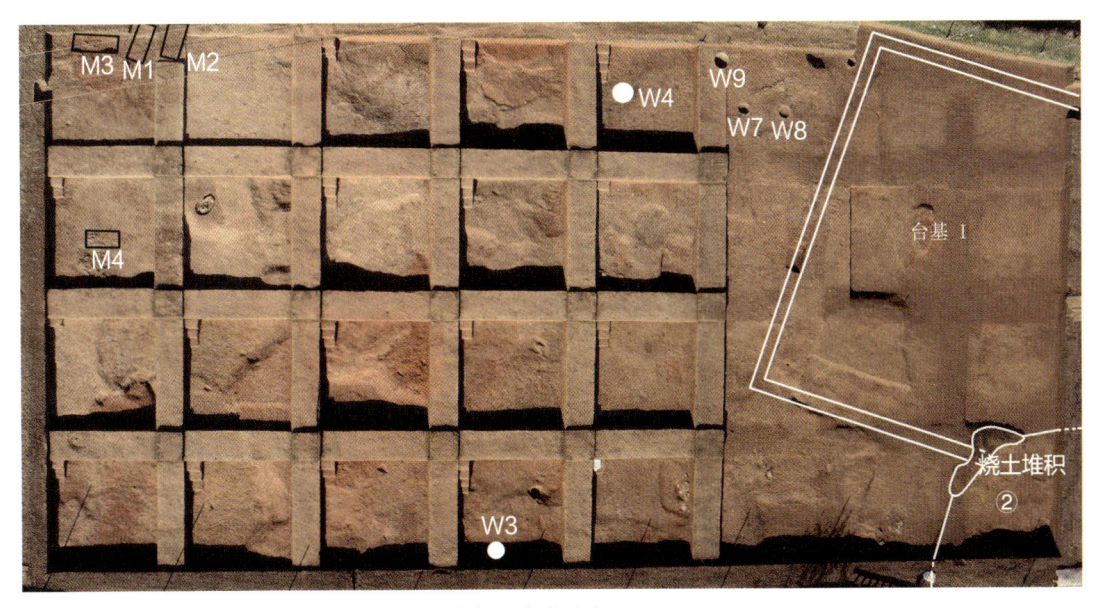

谭家岭东部发掘现场

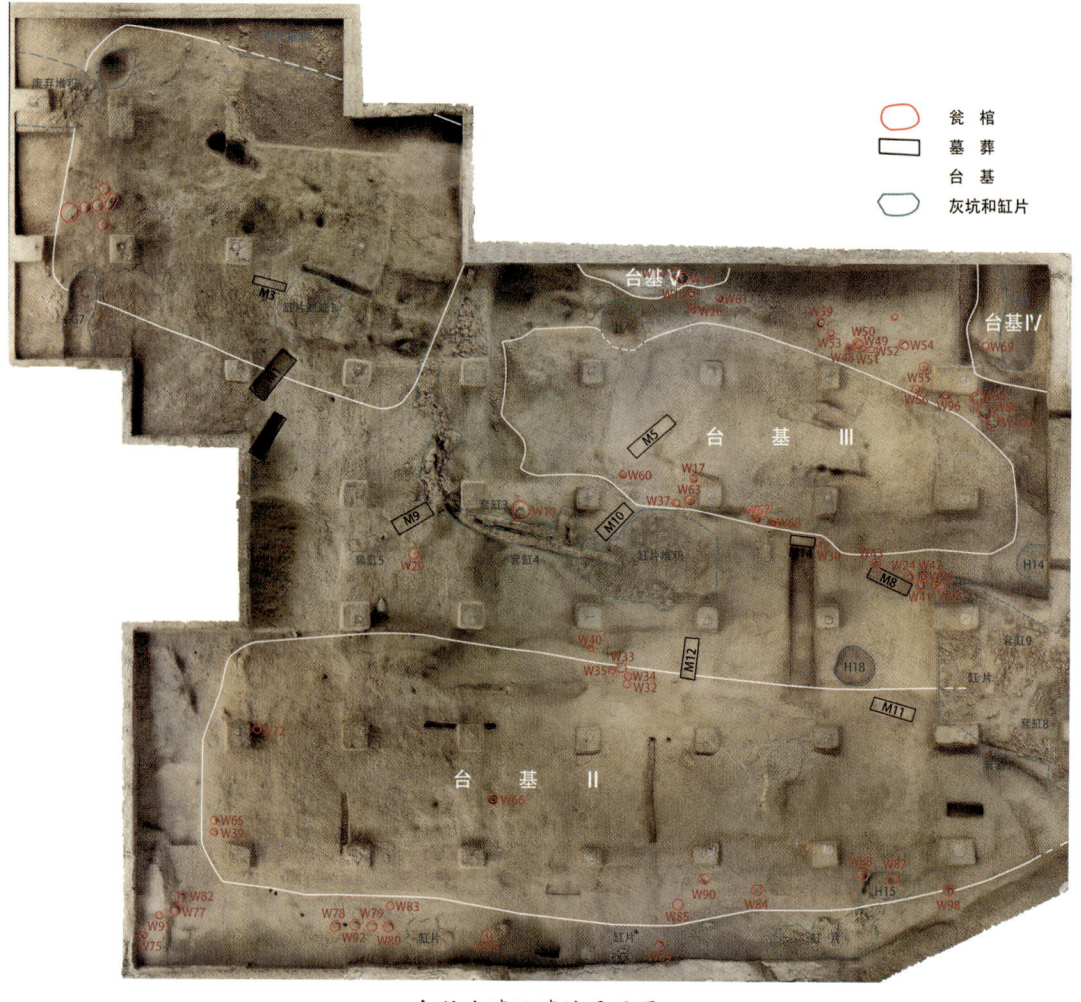

印信台遗址遗迹平面图

类遗存，台基之间填埋大量的排列有序、相互套接的套缸堆积等，表明这里是石家河文化晚期多次进行祭祀活动的特殊场所。它也是长江中游地区迄今发现规模最大的史前祭祀场所。三房湾遗址揭示了陶窑、黄土堆积、黄土坑、洗泥池、蓄水缸以及数以万计的红陶杯残件，具有典型的制陶作坊特征。发掘表明，三房湾遗址是一处石家河文化晚期至后石家河文化时期以烧制红陶杯为主的专业窑场。严家山遗址发现了石块堆积。根据堆积内出土的小型石器及石块加工痕迹推测，此处在石家河文化晚期应为制作石器的小型加工场所。这些发现丰富了石家河古城功能分区的内容。

谭家岭遗址 5 座瓮棺出土的 240 余件精美玉器，是后石家河文化时期石家河遗址玉器的又一次集中发现。新见的神人头像、双人连体头像玉玦、虎座双鹰玉饰、玉牌饰、虎形玉冠饰、玉虎、玉鹰等，不仅类型丰富、造型生动，而且技术精湛。其普遍使用的圆雕、透雕、减地阳刻等工艺，代表了史前中国玉器加工工艺的最高水平。

石家河谭家岭遗址的城垣与城壕

三房湾遗址废弃的大量红陶杯

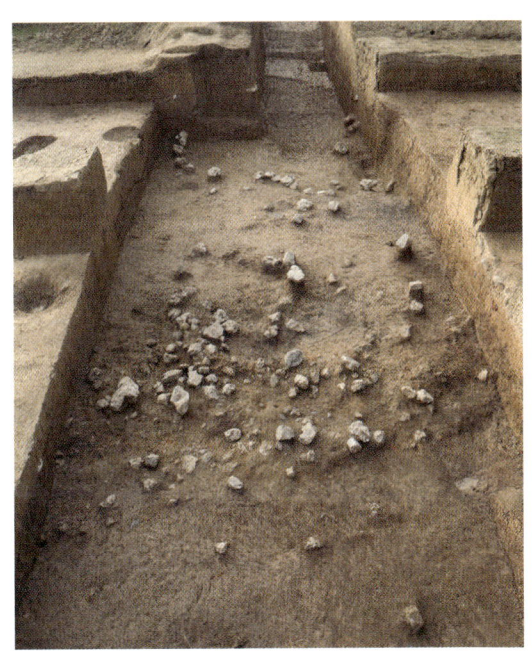

严家山遗址第 5 层下石块堆积

印信台遗址套缸 4 上的刻划符号

印信台遗址套缸 3、4、6

151

谭家岭 W8 出土扇形透雕玉器

谭家岭 W8 出土鹰纹圆玉牌

谭家岭 W8 出土玉人头像

谭家岭 W8 出土虎座双鹰玉饰

谭家岭 W9 出土玉虎头像

谭家岭 W9 出土玉鹰

谭家岭 W9 出土连体双人玉玦

谭家岭 W9 出土玉人头像

河南淮阳平粮台城址

入选"2019年度全国十大考古新发现"

发掘单位 河南省文物考古研究院、北京大学
项目负责人 秦岭、曹艳朋

平粮台城址位于河南省周口市淮阳区大连乡大朱庄村西南,1980年由河南省文物研究所发现并发掘,曾激发了中国考古学界关于早期城市与文明起源等问题的热烈讨论。2014—2019年对城址的系统调查、勘探与发掘,有不少新发现,后续研究也取得了丰硕成果。

系统的考古钻探和数字化记录分析结果显示,平粮台城址平面形状为正方形,城内长宽各185米。南、北各有一城门,

平粮台城址全景

数字化发掘与记录系统

基本居中，南、西、北城墙外侧中部还有土台（东门位置被晚期破坏，情况不明）。城内中轴位置发现一条南北向的干道，两端分别对应南、北城门。根据路面堆积层位可知，这条中轴干道从建城之初一直延续使用至龙山时期最晚阶段。

作为豫东地区重要的龙山时代区域中心，平粮台城址还出土了一批具有多元文化背景的重要遗物。南城门附近第二期道路垫土中发现的玉冠饰残片，形状和加工特征与后石家河文化、海岱龙山文化的同类器物近似。排房室外堆积中出土了一件可复原的龙山时期陶碗，表面刻有对称的复杂兽面纹，与长江流域玉器的纹饰在结构和表现方式上颇为接近。城内发现有四具完整的用于祭祀的黄牛。牛肩胛骨还被用于占卜。此外，使用牛骨制作骨器的现象也十分普遍。

河南淮阳平粮台城址是国内较早发现并确认的史前城址之一。此次发掘进一步确认了城址严整规划的方正格局，尤其是位于城址中轴线上的道路，是目前国内经考古发掘确认的最早的城市"中轴线"。城内的高台式排房建筑也以"中轴线"为依据进行规划设计。这些特点是中国古代城市规划思想的源头，在城市发展史上具有里程碑式的突出价值。排水管及纵横沟渠组成了迄今国内发现年代最早的、完整的早期城市排水系统。龙山时代道路上发现的我国最早的车辙，将车（可能是双轮车）的起源提早到龙山时代，并与大时代背景下的东西文化交流相吻合，意义重大。发掘与后续研究成果展现了中原龙山文化兼容并蓄的特质，揭示了龙山时代大背景下广泛的跨区域文化交流与融合的现象，有助于深入认识中原地区文明起源的特征，对认识国家与文明的起源也具有重大意义。

2019年发掘探方

城内排水系统

龙山时期道路及车辙痕迹

龙山时期排房F33

南城门附近排水设施

陶碗表面兽面纹

龙山时期祭祀黄牛

黄牛卜骨

龙山时期玉冠饰残片

夏商周

河南淮阳时庄遗址

河南偃师二里头都邑多网格式布局

河南郑州东赵遗址

新疆尼勒克吉仁台沟口遗址

新疆温泉阿敦乔鲁遗址与墓地

四川广汉三星堆遗址祭祀区袁家院

福建永春苦寨坑原始青瓷窑址

甘肃敦煌旱峡玉矿遗址

陕西清涧寨沟遗址

河南安阳殷墟商王陵及周边遗存

河南郑州商都书院街墓地

山西绛县西吴壁遗址

山西闻喜酒务头商代墓地

陕西旬邑西头遗址

陕西宝鸡石鼓山商周墓地

宁夏彭阳姚河塬西周遗址

陕西宝鸡周原遗址

陕西澄城刘家洼东周遗址

湖北大冶铜绿山四方塘遗址墓葬区

湖北枣阳郭家庙曾国墓地

山东沂水纪王崮春秋墓葬

湖北随州枣树林春秋曾国贵族墓地

湖北随州文峰塔东周曾国墓地

河南新郑郑韩故城遗址

河南伊川徐阳墓地

新时代夏商周考古,实证中华文明多元一体

雷兴山

夏商周是中国早期国家产生与发展的关键时期,三代考古一直是中国考古的重点。

河南偃师二里头遗址乃夏王朝都邑,最新大发现是确认了该都邑的多网格式布局。多网格功能区,很可能是目前所知中国最早的"里",延长了中国城市一脉相承的布局形态与管理制度的历史轴线。近期夏文化研究的重点是早期夏文化探索。河南淮阳时庄遗址是早期夏文化的粮仓之城,是目前国内发现的年代最早、布局最清晰、分布最集中的粮仓遗迹。郑州东赵遗址的新砦期城址,是嵩山以北发现的第一座新砦期城址。东赵遗址发现的二里头文化早期城址是目前发现的面积最大的二里头文化早期城址。

商代考古的重要课题之一是商王朝中心与边缘关系的研究。晚商都邑殷墟商王陵区陵墓隍壕的确认及祭祀坑群的新发现,推动了对先秦陵墓制度的深入研究。商前期都城郑州商都书院街贵族墓葬M2,是目前郑州商城出土青铜器最多、玉器最多、金器最多、殉狗坑最多的墓葬。商代方国考古发现同样引人注目。四川广汉三星堆遗址袁家院祭祀区发现6座祭祀坑和万余件文物,展现了古蜀文化的祭祀场景和祭祀体系,实证了古蜀文化是中华文明的重要组成部分。山西酒务头"匿"族墓地,填补了晋南地区晚商遗存的空白,揭示了商王朝对地方的管控方式。陕西清涧寨沟遗址为一处商代方国都邑聚落,11座甲字形大墓以及大量与殷墟物质文化相同的高等级器物,见证了黄土丘陵地区与商王朝之间的经济文化交流,初步揭示了商代西北方国政治地理结构。

西周聚落中,城墙、带墓道大墓、大型夯土建筑、青铜器、甲骨文、手工业作坊等核心遗存皆有发现,非常罕见。陕西旬邑西头遗址和宁夏彭阳姚河塬遗址,是新发现的西周地方都邑级聚落,上述西周重要遗存,在两处遗址中均有发现,这是西周考古的重大收获。吉金铸国史,陕西宝鸡石鼓山西周墓葬出土了大量精美青铜器,在近些年西周考古中实属罕见。周原遗址是周人都城之一,西周社石遗存、青铜器墓葬、大型宫殿、池渠水网系统等发现,继续彰显该遗址是西周文化的典型代表。

东周考古以往在三代考古中较为薄弱,新时代东周考古取得的成绩却十分显著,其中以曾国考古最为耀眼。曾国(即随国)文献记载不明,但湖北随州曾侯乙墓举世闻名。随州枣树林墓地、文峰塔墓地,枣阳郭家庙墓地,皆是以东周曾国国君墓为中心的墓地,大量随葬品书写了完整的曾国史。河南新郑郑韩故城北城门发掘,在中原东周王城中首次发现了瓮城,郑国三号车马坑出土车辆和马骨之多,在我国东周考古发现中名列前茅。山东沂水纪王崮春秋墓葬,墓室与车马坑共建于一个岩穴,是一种全新的埋葬类型。陕西澄城

刘家洼东周遗址发现的城墙、带墓道大墓及高级随葬品，证实这是一处新发现的芮国后期都城，是大臣采邑向诸侯国演变的典型例证。河南伊川徐阳墓地是东周陆浑戎遗存，其所表现出的文化融合与嬗变，是中原文明包容性的重要体现。

手工业考古和矿业考古近年来成为三代考古的热点。山西绛县西吴壁遗址，是一处夏商时期以冶炼纯铜为主的聚落，为研究早期冶铜生产体系与夏商王朝开发利用铜资源提供了珍贵资料。福建永春苦寨坑发现的夏商时期原始青瓷窑址，是我国目前已知最早烧造原始青瓷的窑址，对探讨我国原始青瓷起源有着重要意义。湖北大冶铜绿山四方塘遗址两周时期墓葬，是首次在中国矿冶遗址中发现的墓地，揭示了矿冶生产管理者和生产者的相关信息。甘肃敦煌旱峡玉矿遗址，是我国迄今发现年代最早的透闪石玉矿遗址，阐释了自公元前两千纪初至公元前后河西走廊西部地区的玉料开采状况。

边疆地区考古是国家重点规划的项目。新疆温泉阿敦乔鲁遗址居址与墓地的发现，填补了新疆青铜时代早期遗址的空白。新疆尼勒克吉仁台沟口遗址，是新疆青铜时代唯一一处有明确冶金证据链的遗址，也将人类使用燃煤的历史上推千余年。

上述考古新发现，皆可为三代文明的精神标志，是中华文明多元一体的生动体现。

河南淮阳时庄遗址

入选"2020年度全国十大考古新发现"

发 掘 单 位 河南省文物考古研究院、北京大学、周口市文物考古所
项目负责人 曹艳朋

时庄遗址位于河南省周口市淮阳区四通镇时庄村,北临太康县,遗址总面积约10万平方米。钻探和发掘表明,遗址的南部是一处夏代早期的粮仓城,仓储遗迹分布集中,形制多样。

遗址内发现许多仓储设施遗迹。这些仓储设施平面为圆形或近方形,建造时大多先平整垫高地面,然后以土坯建造土墩或墙体,外侧涂抹细泥。其建筑形制与文献记载、民族志记录、出土文物模型和现

时庄遗址及发掘探方

地上式粮仓建筑结构剖面

实中的各类粮仓均十分相似。在保存较好的仓储遗迹废弃堆积的底部检测出的植硅体组合较为单一,主要来自粟、黍类作物的颖壳和用于仓储建筑材料的芦竹类、茅草类植物的植硅体。建筑外侧涂抹细泥,台基垫土自下而上普遍铺垫粗颗粒黏土隔水层和细颗粒黏土防水层等,用于防潮,符合作为粮仓建筑的特定要求。综合以上因素,判断为粮仓遗迹。

粮仓遗迹所处的台地上发现东、西两个同时期的夯土围墙,极少见灰坑、房址和墓葬等其他类型的遗迹。两座具有居住功能的连间房居于台地中间,粮仓遗迹围绕在房屋外且均集中分布于夯土围墙保护范围之内。聚落整体是一处以储粮为主要功能的特殊围垣聚落。

时庄遗址内布局清晰、功能专一的围垣聚落,是夏代早期中原地区新出现的小型化、专门化聚落,是一种崭新的聚落形态。系统的考古工作表明,在时庄遗址周围150平方千米的范围内,还存在至少13处同时期的聚落,共同构成了庞大的区域性聚落群,是时庄遗址单一功能性聚落发展的重要支撑。这些发现对于重新认识夏代早期的社会组织结构、管理水平和国家治理能力等具有极其重要的价值。时庄遗址是我国目前发现的年代最早的粮仓城,为研究我国古代早期国家的粮食储备、统一管理和可能存在的贡赋制度等提供了绝佳的实物资料。

土坯垒砌的土墩结构

东夯土围墙南部剖面

地上式粮仓 F5

连间房 F1

地上式粮仓 F6

地面式圆角方形粮仓 F7　　　　　　　　　地面式圆形粮仓 F10

地面式方形粮仓 F24

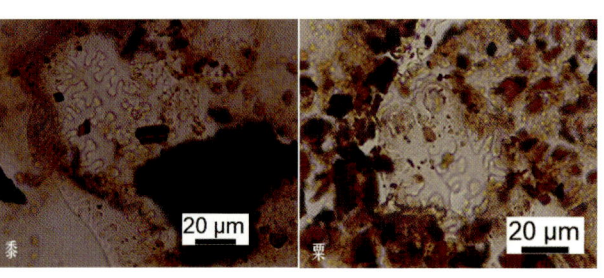

H13 出土陶罐　　　　　　　　检测到的黍、粟植硅体

河南偃师二里头都邑多网格式布局

入选"2022年度全国十大考古新发现"

发掘单位 中国社会科学院考古研究所
项目负责人 赵海涛

位于河南洛阳盆地中东部的二里头遗址，现存面积300万平方米。21世纪初遗址内发现的主干道路网络，把二里头都邑划分出多个区域，确定了大致的布局框架。为了进一步了解都邑的内涵、布局和演变情况等，2019年以来，考古人员展开新一轮发掘。在中心区新发现的主干道路及其两侧墙垣，揭示二里头都邑为多网格式布局。

宫殿区南、北两侧道路皆向西延伸440米以上，都超过宫殿区295米的东西宽度，道路两侧均有与宫城城墙平行或成一直线的墙垣，因此推测，作坊区、宫殿区、祭祀区以西的东西方向上至少各存在一个分区。宫殿区东、西侧道路各向北延伸200余米、300余米，道路两侧也均有与宫城城墙平行或成一直线的墙垣。在宫城北侧东西向道路北侧的墙垣以北330米左右处，发现南北宽逾10米的东西向道路。在宫城东墙以东270米左右处，发现东西宽逾10米的南北向道路及其两侧的墙垣，因此，作坊区、宫殿区、祭祀区以东的东西方向上，至少各存在两个分区。新发现的主干道路和它们两侧的墙垣，揭示二里头都邑为分层规划、宫城居中、显贵拱卫、分区而居、区外设墙、居葬合一的多网格式布局，这是二里头都邑布局考古中的一项重大突破。这样严谨、清晰、规整的布局，显示了明确的规划，表明当时的社会结构层次明显，等级有序，统治格局井然，暗示着成熟发达的统治制度和模式。这是判断二里头进入王朝国家的最重要标志。

首次发现疑似加工朱砂的作坊、较丰富的制陶遗存，以及骨器、角器加工作坊现场，填补了二里头都邑布局和手工业考古的空白。祭祀区以西网格中，发现有贵族居住的夯土建筑和多层级墓葬，再次证明了二里头文化盛行"居葬合一"的布局形态。二里头都邑严格方正的规划制度、"居葬合一"的布局形态，与其他制度共同体现了二里头文明在中国历史上划时代的开创、引领作用，也为先秦时期其他城址布局的探索提供了有益参考。

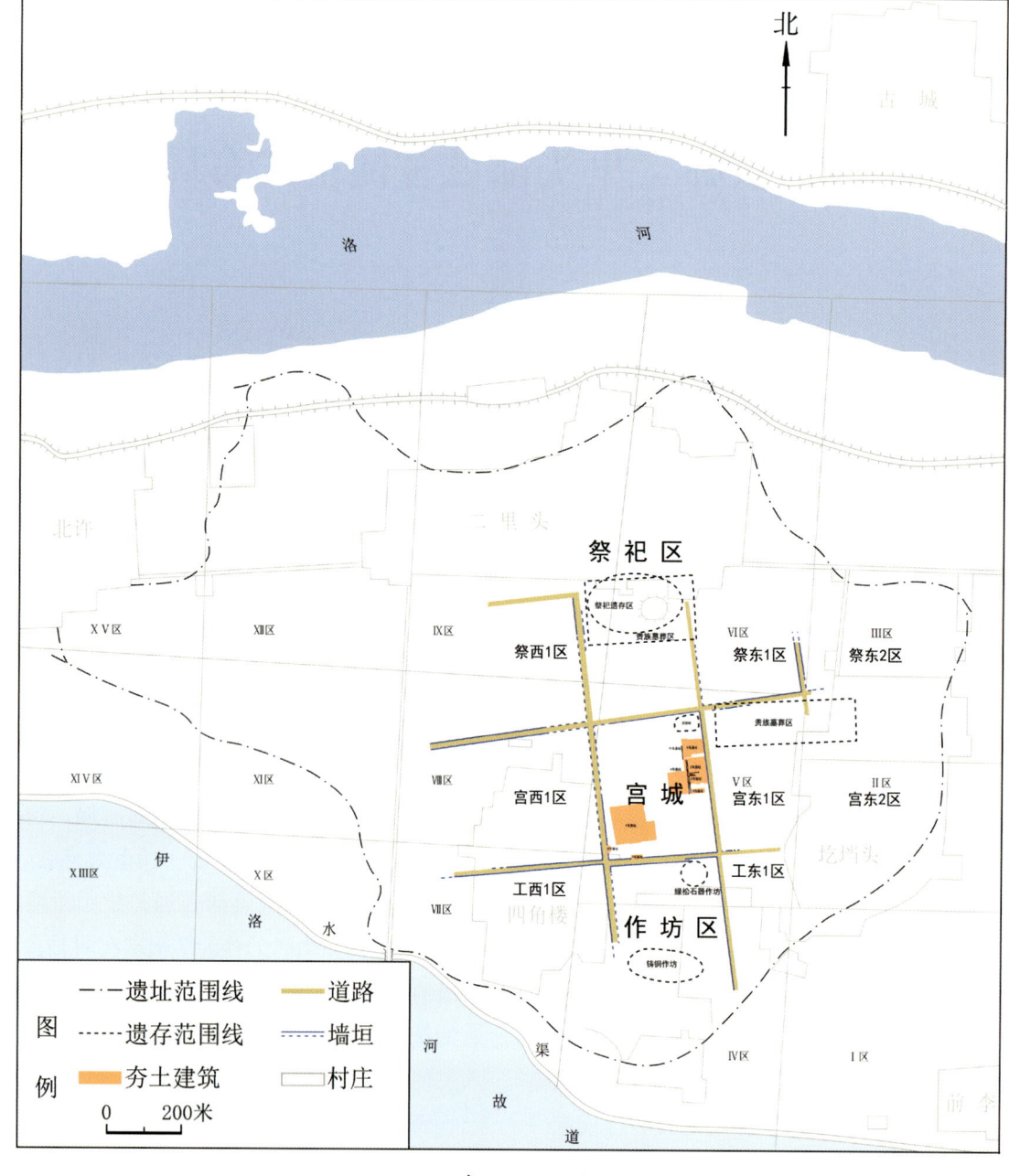

二里头都邑平面示意图

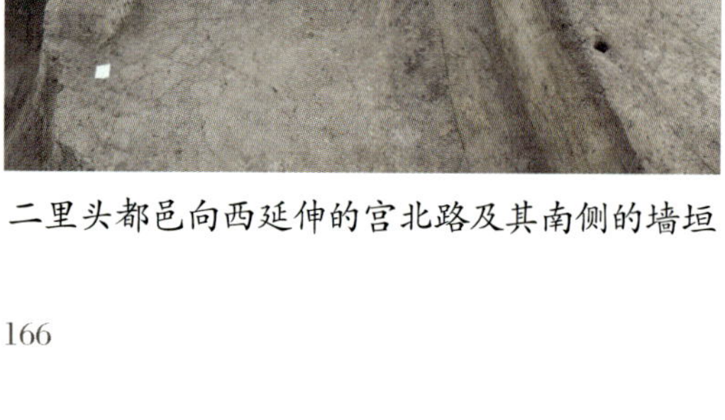

二里头都邑向西延伸的宫北路及其南侧的墙垣 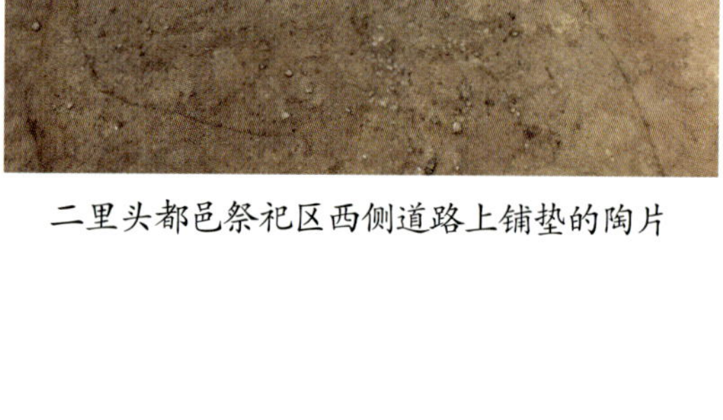　　二里头都邑祭祀区西侧道路上铺垫的陶片

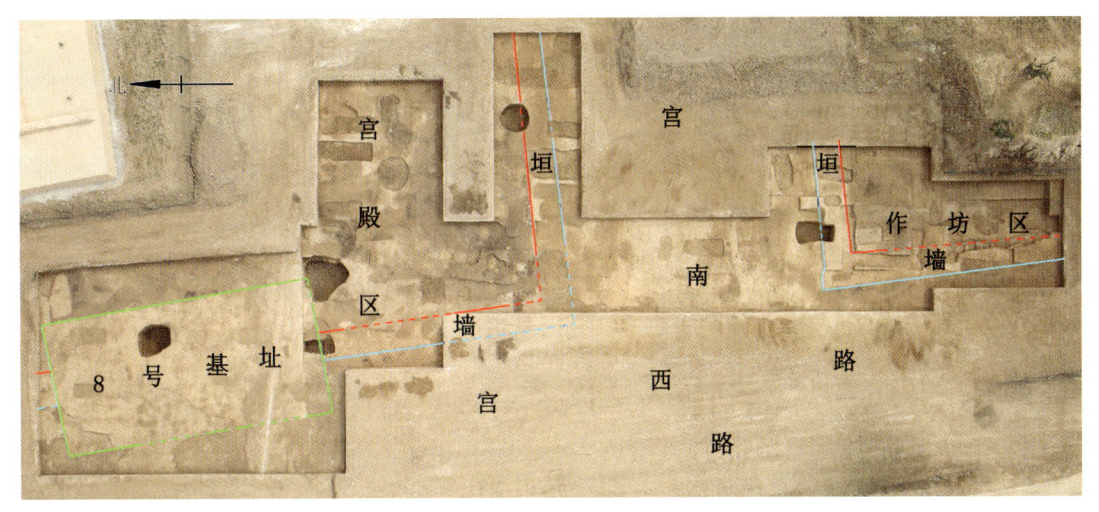

二里头都邑8号基址、宫城西南与作坊区西北部

二里头都邑中心区西南路口的新发现航拍示意

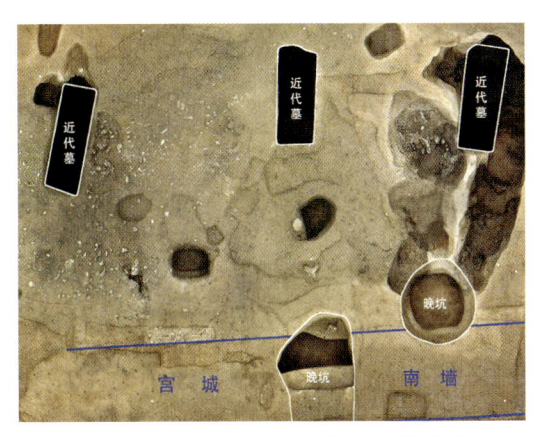

二里头都邑骨角器加工作坊整体平面

二里头都邑的陶窑

二里头都邑骨角器加工作坊局部

二里头都邑祭祀区西侧的道路和墙垣

二里头都邑西北部出土的带朱砂陶片

河南郑州东赵遗址

入选"2014年度全国十大考古新发现"

发掘单位 郑州市文物考古研究院、北京大学
项目负责人 顾万发

东赵遗址位于郑州市高新区沟赵乡赵村南与中原区须水镇董岗村西北之间。遗址面积约100万平方米，已发现龙山文化晚期、新砦期、二里头时期、早商二里岗期、两周时期等的文化遗存。

遗址内发现了一座新砦期城址，这是嵩山以北区域发现的第一座新砦期城址。经在城址东、北以及南墙三处解剖，发现城墙基槽底部出土龙山文化晚期和较多的新砦期早段陶片，三处解剖沟城墙基槽均被二里头一期壕沟打破，据此判定城址始建年代为新砦期早段，二里头一期时完全

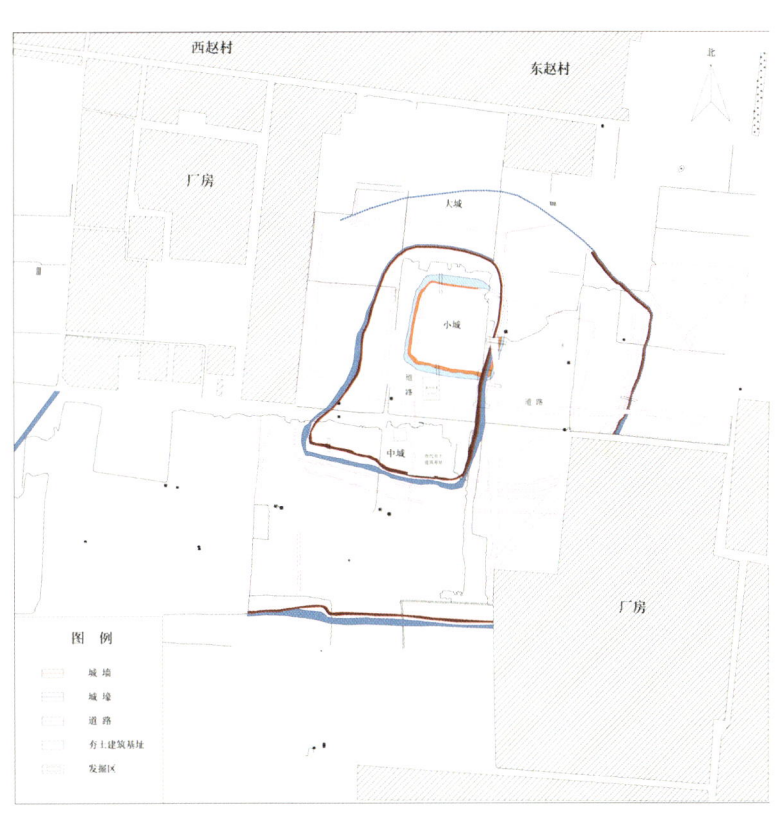

东赵遗址内发现的城址平面图

废弃。

遗址内发现了一座二里头文化早期城址，这是目前发现的面积最大的二里头文

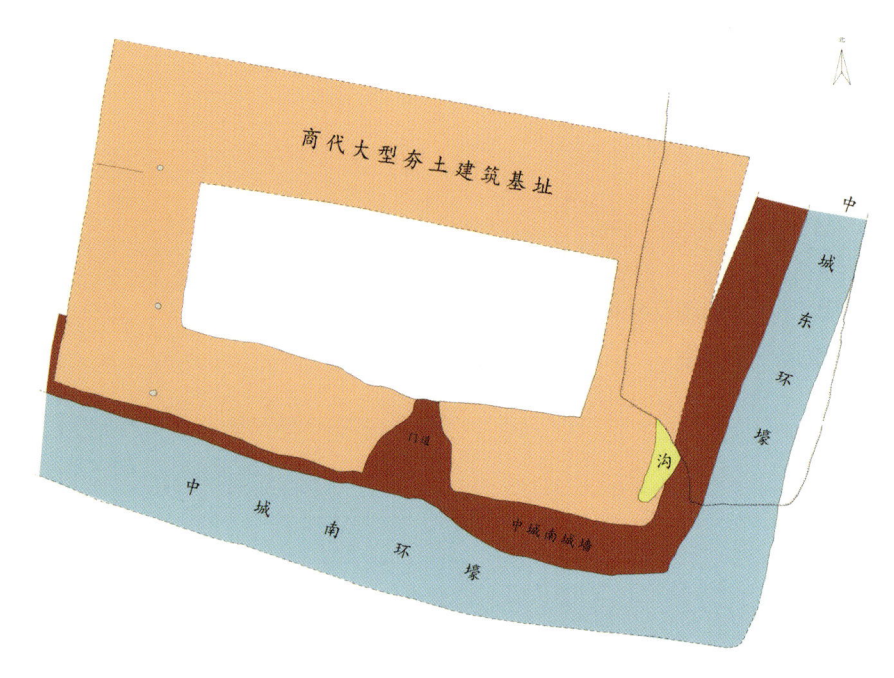

商代大型夯土基址平面

化早期城址。两处特殊文化遗存具有重要学术价值：其一，发现一座二里头文化二期的卜骨坑，卜骨均系牛肩胛骨，未去臼角与岗脊，只灼未钻，灼痕排列整齐。卜骨个体较大，大部分长30多厘米。应为完整放置，分属近20个个体。这是迄今发现的二里头时期单个遗迹出土卜骨最多的单位，对夏代乃至先秦时期占卜制度具有重要意义。其二，在二里头时期城墙基槽内发现一儿童骨架，应与祭祀活动相关，这一现象为迄今发现的同时期其他遗址所未见。

发现大型回字形二里岗期夯土建筑基址，面积超过3000平方米。这是目前发现的规模仅次于偃师商城的早商建筑基址，由此，该建筑等级之高、聚落性质之重要，得以彰显。

发现一座东周时期大型城址及丰富的西周、东周时期文化遗存，有助于对文献中记载的两周时期该区域诸多封国进行探索。

东赵遗址考古学文化延续时间长、文化序列连续完整，尤其是三座先秦时期城址集中发现，在中原地区同类遗址中甚为罕见。对遗址的发掘及研究，将进一步完善中原地区夏商周时期考古学文化分期体系与文化谱系，有助于解决中原地区夏商分界、商周分界等学术难题。

二里头时期卜骨遗存

新砦期城址（东赵小城）墙基剖面

二里头时期城址（东赵中城）
与新砦期城址（东赵小城）

新砦期城址（东赵小城）城壕

二里头时期城址（东赵中城）城墙剖面

商代二里岗期建筑基址剖面 　　龙山时期双腹盆

西周陶鬲 　　新砦期器盖

商代陶鬲 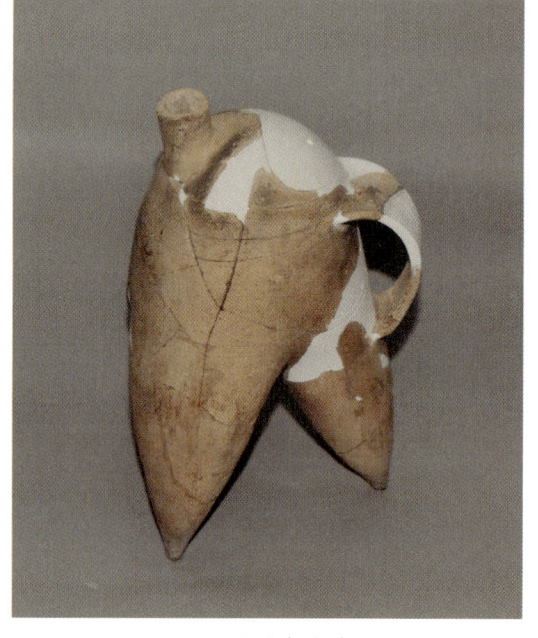　　二里头时期陶盉

新疆温泉阿敦乔鲁遗址与墓地

入选"2012年度全国十大考古新发现"

发掘单位 中国社会科学院考古研究所、博尔塔拉蒙古自治州博物馆、温泉县文物局

项目负责人 丛德新

阿敦乔鲁遗址与墓地位于新疆维吾尔自治区博尔塔拉蒙古自治州温泉县,地处距温泉县城西约41千米的博尔塔拉河北侧、阿拉套山南麓的浅山地带。2012年6—9月,项目组进行了大面积的发掘工作,发掘了3座相互连属的房址(F1—F3)和9座墓葬(石围墓、石板墓),获得了一批陶器、石器、石人(疑似)以及小件铜器、包金耳环等珍贵遗物。

F1的房址平面形状为长方形,由石块组成的双石围构成外墙,南部有向外突出的石砌门道。F2、F3则位于F1的北侧,

阿敦乔鲁墓地远眺

阿敦乔鲁墓地北区全景

形状为不规则的横方形和半圆形。

墓地位于整个遗址区的南部，与房址相距约1800米，可以辨识出60余座墓葬，并大致可以区分出南北两处相对集中的区域。SM4位于墓地北部，方形石围内中部有南北并列的两个墓穴，均为东西向。墓穴在墓口附近摆布小卵石作为标志。SM4-1位于石围内北部，长椭圆形竖穴，由经过人工修整的四块石板（材）构成四壁，无底板，盖板石则由大石块构成。底部保留经火烧过的人骨碎片。SM4-2位于石围内南部。墓穴略近长方形，石棺的盖板石为多块较薄的片石构成，片石表面还保留了厚1—3厘米的黄膏泥。石棺内保留了木质葬具，葬一青年男性（30岁左右），骨骼保存完好。侧身屈肢，头西面北。随葬有包金铜耳环、陶罐以及羊距骨等。其他墓葬内还发现有迁葬等葬俗。

阿敦乔鲁遗址与墓地是近年来新疆发现的重要的青铜时期遗存，其年代测定为公元前19—前17世纪，属于青铜时代早期，填补了新疆青铜时代早期遗址的空白，为揭示西天山地区青铜时代遗址的具体面貌提供了一批全新的、重要的材料。从遗迹的建筑规模、建筑特色及遗物特点，并结合民族学的调查资料分析，遗址很可能是博尔塔拉河流域具有游牧性质的青铜时代居址，以及举行重要仪式活动的场所，显示出游牧遗址的特点和很高的文明程度。

阿敦乔鲁考古工作的意义还在于首次在新疆确认了相互关联的早期青铜时代的遗址和墓地的共时性，为探索欧亚草原地带的古代社会发展阶段提供了重要的参考资料，显示了其在西天山乃至中亚地区早期青铜时代遗存研究中的重要位置，提升了对新疆及中亚地区青铜时代考古学文化深度和广度的认知。

F1、F2、F3全景

阿敦乔鲁SM4-2陶罐出土情况

SM4全景

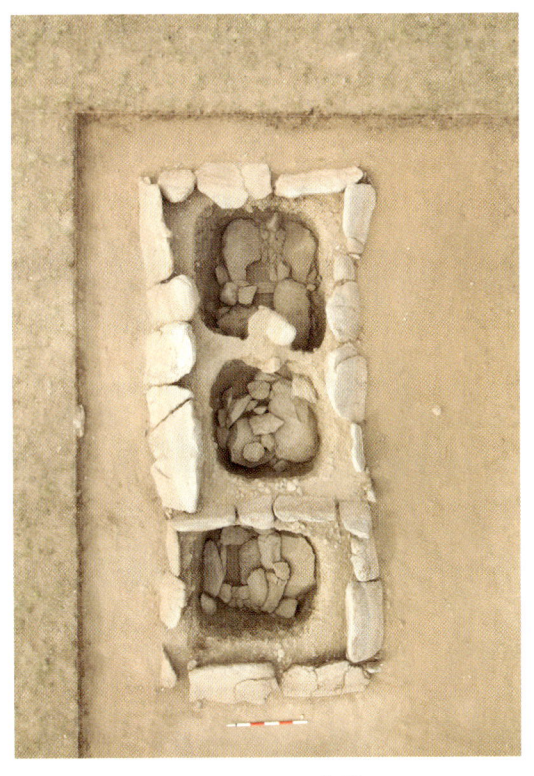

SM49、SM50全景

考古工作者对墓葬进行三维扫描

阿敦乔鲁 SM4-2 清理现场

阿敦乔鲁 SM4-2 出土包金铜耳环

新疆尼勒克吉仁台沟口遗址

入选"2018年度全国十大考古新发现"

发掘单位 新疆维吾尔自治区文物考古研究所、中国人民大学
项目负责人 阮秋荣

吉仁台沟口遗址位于新疆伊犁哈萨克自治州尼勒克县科蒙乡恰勒格尔村，2015年发现并发掘至今，2019年被国务院公布为全国重点文物保护单位。遗址主要由吉仁台沟口内侧的居址区和吉仁台沟口外侧的高台遗存组成。

居址区地处喀什河出山口处北岸三级台地上，面积约8万平方米，共清理房址37座。其中大型房址6座，面积100—400平方米，房址平面大致呈南北向长方形，

遗址地理位置与环境

居址区东部发掘区

建筑形制属于半地穴木框架式结构，门朝南，墙外有一周回廊式石垒护墙，居址中部为长方形石砌火塘，布局严谨匀称。小型房址面积20—60平方米，主要分布在居址区的东部，依山梁地形呈阶梯状错落分布，平面分为圆形和长方形，建筑形制有半地穴和地面起建两种。出土陶器以夹砂灰陶居多，少量夹砂红陶，器形有筒形罐、鼓腹罐、折肩罐、高领罐和小陶杯等，多为平底器，少量圜底器，纹饰主要有旋纹、内外戳刺的珍珠纹、指甲纹等。石器有磨盘、饼形石器、石球、石锄、石杵等。铜器有刀、锥、针、耳环等，以及较多与冶铸铜器相关的陶、石范。在F27发现12 105粒炭化黍种子，对于粟黍类作物的西传和早期作物全球化过程研究具有重要的意义。

高台遗存北距房址区约1千米，地处喀什河沟口要冲。高台本体120米见方，外周采用石块砌筑。高台内部见石构墙体和灰层，灰层内夹杂煤块，出土陶器、石器和兽骨等。从出土的遗物及测年数据看，高台遗存与居址区应属互有关联的同时期遗存。

碳十四测年结果显示，吉仁台沟口遗址年代约为公元前1600—前1000年。它是目前新疆伊犁河谷发现的年代最早、规模最大的以青铜时代为主体的聚落遗址，对于研究新疆史前时期的年代分期、文化谱系、聚落形态、社会状况以及中西文化交流等，都具有重大学术价值。

东墙　北墙

南墙　西墙

高台遗存四墙

大型房址 F2 　　大型房址 F25

大型房址 F6 　　大型房址 F32

窑址

高台遗存

煤块

F27 出土炭化黍种子

陶器

陶范、铜刀、石杵等

与冶铸活动有关的遗物（矿石、炭、风管、坩埚、炼渣、陶范等）

四川广汉三星堆遗址袁家院祭祀区

入选"2021年度全国十大考古新发现"

发掘单位 四川省文物考古研究院
项目负责人 雷雨

三星堆遗址位于四川省广汉市西郊,地处成都平原北部沱江流域,面积约12平方千米。袁家院祭祀区考古发掘是国家文物局"考古中国"重大项目"川渝地区

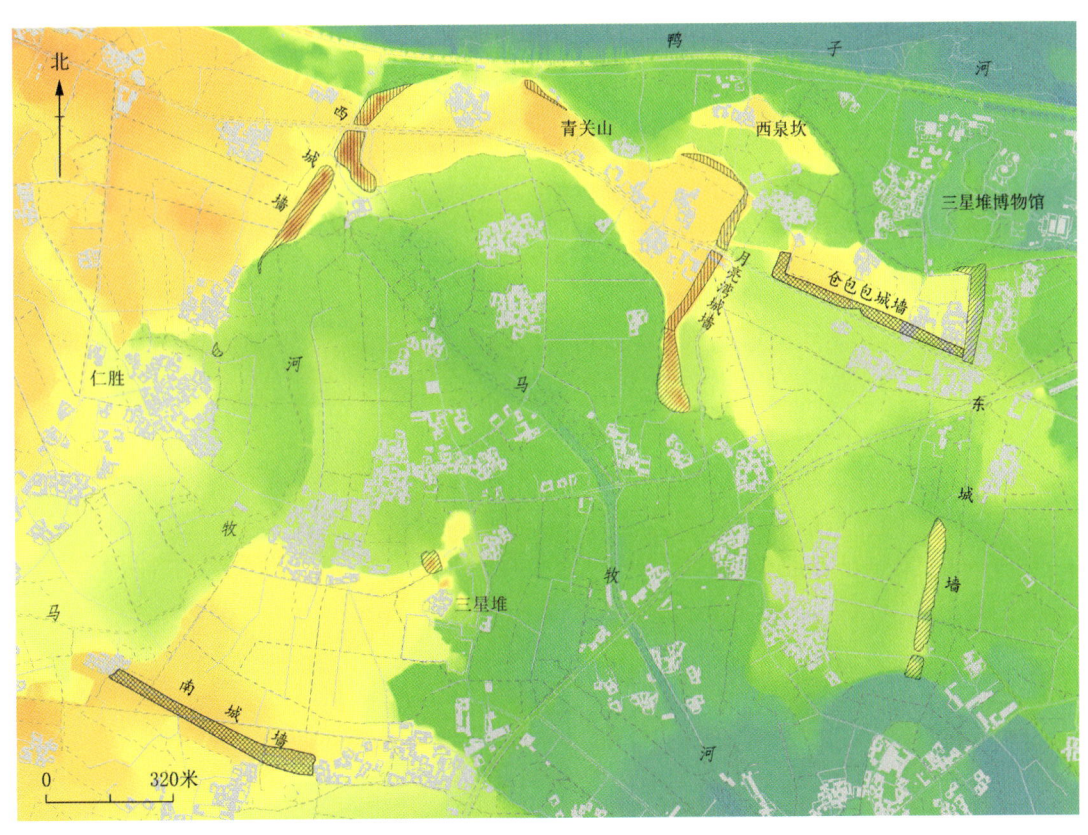

三星堆遗址平面图

三星堆遗址袁家院祭祀区分布示意图

遗迹和文物，进一步丰富了三星堆遗址的文化内涵，也将深化关于三星堆遗址及古蜀文化的祭祀场景和祭祀体系研究，弥补以往这方面研究的缺陷和空白。出土文物兼有古蜀文明、中原文明和国内其他地区文化因素，如K3出土的顶尊跪坐铜人像和铜圆口方尊，K4出土的扭头跪坐铜人像、玉琮和丝织品，K5出土的金面具和象牙雕刻，K7出土的龟背形网格状器，K8出土的铜神坛、铜顶尊鸟足曲身人像、铜神兽等，实证和阐释了"古蜀文明是中华文明重要组成部分"的基本认识。

巴蜀文明进程研究"的实施内容之一，从2020年3月启动发掘至2022年底，共计发掘面积1200余平方米，初步摸清了袁家院祭祀区的分布范围和内部布局。

发掘表明，袁家院祭祀区位于袁家院城墙外侧并与之平行，呈西北—东南走向的长方形。目前在祭祀区内发现8座长方形"祭祀坑"（含1986年发掘的K1和K2）、2座矩形沟槽、2座大型建筑等与祭祀活动有关的遗存。结合层位关系、出土器物以及碳十四测年结果初步判断，K3、K4、K7和K8的年代为距今3200—3000年，大致相当于晚商殷墟四期，K5和K6年代稍晚。6座"祭祀坑"出土编号文物1.7万余件（近完整器超过4800件），部分文物的造型和纹饰前所未见。

对四川广汉三星堆遗址袁家院祭祀区的考古发掘，意义重大而深远。新发现的

发掘区平面图

三号坑（K3）平面图

五号坑（K5）平面图

八号坑（K8）平面图

五号坑（K5）出土牙雕

八号坑（K8）出土丝织物

四号坑（K4）出土扭头跪坐铜人像

五号坑（K5）出土金面具

三号坑（K3）出土神树纹玉琮

六号坑（K6）出土玉刀

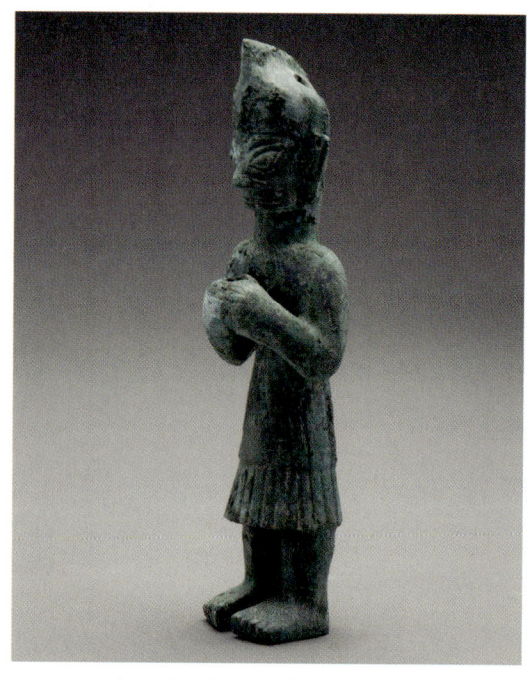

三号坑（K3）出土戴尖帽铜立人像

八号坑（K8）出土玉璋

陕西清涧寨沟遗址

入选"2023年度全国十大考古新发现"

发掘单位 陕西省考古研究院
项目负责人 孙战伟

寨沟遗址位于陕西省榆林市清涧县解家沟镇寨沟村。大面积夯土建筑基址、大型墓葬、小型墓地、铸铜遗存、一般居址点等不同功能的遗迹，密集分布在相邻的不同山峁上，面积约300万平方米，凸显了商代北方黄土梁峁地带方国中心聚落遗址"多峁一体"的分布特征。其遗存丰富、要素齐全，规模巨大，初步确定为一处商代方国都邑聚落遗址。遗址中，核心建筑区位于遗址中心一处名为"寨塬盖"的黄土塬盖上，大型贵族墓地位于寨塬盖核心区以东2.5千米的后刘家塔村长梁山顶部，

寨沟遗址寨塬盖核心区远眺

共4座墓葬。位于寨塬盖核心区以东500米处的鱼塔梁南坡分布有小型墓地和铸铜遗存（主要为陶范）。另于寨沟遗址以南的瓦窑沟塬也发现了类似后刘家塔M1的甲字形大墓。

目前已发掘出规模庞大、结构复杂的夯土建筑群，其镶崖包坡的台基修筑方式、回字形的整体布局、下沉式的空间结构、木地板和纴木等技术的应用，在中国早期高等级建筑中具有鲜明的地方特色。出土的陶范纹饰精细，工艺成熟，类型多样，显示出当地已具备发达的青铜铸造技术和能力。大量商代高等级贵族墓葬，尤其是11座甲字形大墓的集中发现，填补了殷商文化圈之外商代带墓道大墓的空白，部分墓葬的开口面积甚至超过了安阳西北冈王陵，远超学界以往的认知。贵族墓葬盛行墓室葬车，大量葬车遗存的发现为探索中国古代马车的起源和车马埋葬制度的形成提供了关键证据。遗址出土了国内年代最早的双辕车实物，或为文献记载中的"大车"或"牛车"，将我国双辕车的出现时间上推了约1000年。

寨沟遗址发掘出土的大量器物与殷墟高等级贵族墓葬的物质文化相同，反映了黄土丘陵地区与商王朝之间密切的经济、文化交流，以及商王朝对周边地区的强烈影响。遗址为探讨商代西北方国政治地理结构、了解殷墟时期中原与边陲地区文化交流与互动，提供了非常珍贵的资料。

鱼塔梁小型墓地M23

瓦窑沟M8墓室葬车

瓦窑沟M8车軎

后刘家塔贵族墓地 M1 正射影像

寨塬盖夯土建筑遗址

鱼塔梁墓地出土铜戈

鱼塔梁墓地出土项饰

瓦窑沟墓地出土象牙蝉雕

瓦窑沟墓地出土雕花象牙柄

鱼塔梁地点出土陶范

瓦窑沟墓地出土铜钺

后刘家塔墓地出土玉鹦鹉饰

后刘家塔墓地出土镶绿松石铜燕

甘肃敦煌旱峡玉矿遗址

入选"2019年度全国十大考古新发现"

发掘单位 甘肃省文物考古研究所
项目负责人 陈国科

近年来,甘肃省文物考古研究所联合多家单位持续开展了"河西走廊早期玉矿遗址考古调查、发掘与研究"项目,先后发现了马鬃山径保尔草场、寒窑子草场和旱峡三处玉矿遗址。

三处玉矿遗址均为由防御区、采矿区、选料区等组成的采玉聚落。矿坑多为顺山体开采形成的近圆形、椭圆形和不规则形的浅坑,口大底小,矿坑周边堆积大量石料。防御性岗哨位于山顶,房址、选料区多位于山体两侧近底部的缓坡上。遗址呈现山体"顶部岗哨—中部矿坑—底部房址和选

旱峡玉矿遗址第二地点东部岗哨、矿坑、选料区分布情况

马鬃山径保尔草场玉矿遗址发掘揭露房址航拍影像（2011—2017）

料区"的分布特征。所见半地穴式房屋平面多呈方形，有单间和套间两种，结构基本相似，多数房屋存在改变形制、多次使用的情况。

出土遗物主要有陶器、石器、铜器、铁器、玉料、石料、皮革、植物遗存、动物遗存等。玉料多为山料，有少量戈壁料，其中黄白玉和青玉比较常见，以颜色饱和度偏低的黄白玉为最显著特征。玉料主要矿物为透闪石，玉化好的样品透闪石含量在95%以上，品质好者透闪石含量更达99%以上。

旱峡玉矿遗址是我国迄今发现年代最早的透闪石玉矿遗址。其与马鬃山径保尔草场玉矿遗址、寒窑子草场玉矿遗址的发现，证实了自公元前两千纪初至公元前后河西走廊西部地区存在玉料开采活动，对了解中国西部乃至中原地区玉料来源、开采玉矿的族群、玉矿采集群体的聚落形态、不同时期玉矿开采者的生产组织和管理模式等都具有重要意义。上述发现也为深入认识早期"西玉东输"及"玉石之路"的形成，探讨中国古代西北地区与中原地区和周边地区的关系提供了新的重要资料。同时，这一发现也为寻找河西走廊北山及祁连山两地软玉成矿带提供了证据，为寻找可能存在的年代更早的玉矿遗址提供了线索。

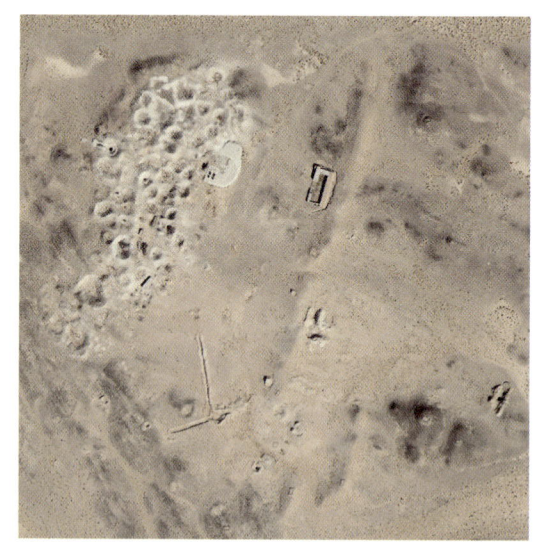

马鬃山径保尔草场玉矿遗址
岗哨、矿坑、选料区分布情况

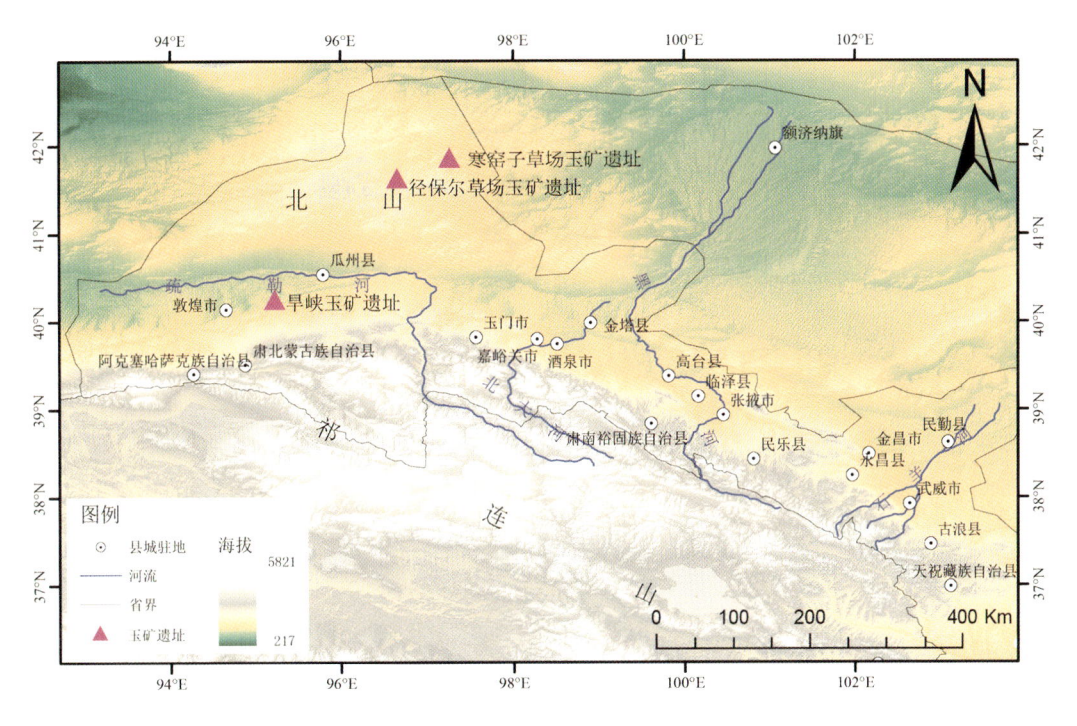

河西走廊已确定的3处玉矿遗址位置示意

马鬃山径保尔草场玉矿遗址F62—F75组房屋

旱峡玉矿遗址半地穴式房屋（F2三期形制）

旱峡玉矿遗址半地穴式房屋（F5、F6）

旱峡玉矿遗址矿坑（K2）

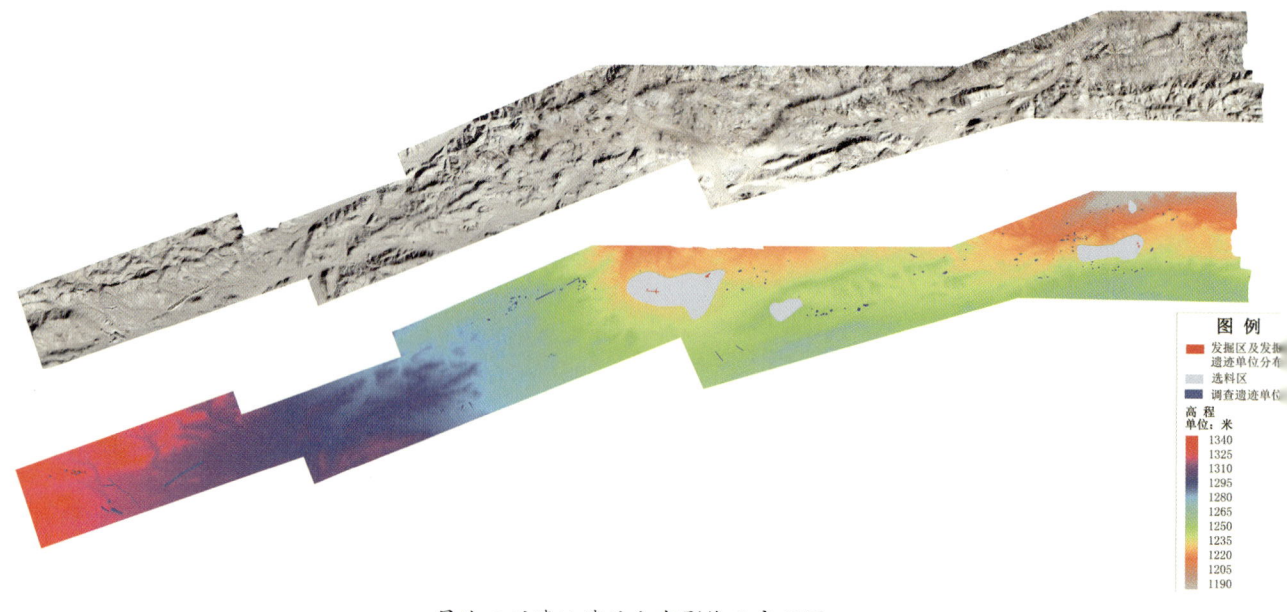

旱峡玉矿遗址遗迹分布影像及高程图

旱峡玉矿遗址出土西城驿文化、齐家文化陶片

马鬃山径保尔草场玉矿遗址出土玉料

旱峡玉矿遗址出土戈壁料

旱峡玉矿遗址 F3 地面出土山料

福建永春苦寨坑原始青瓷窑址

入选"2016年度全国十大考古新发现"

发掘单位 福建博物院、泉州市博物馆、永春县博物馆
项目负责人 羊泽林

窑址位于泉州市永春县介福乡紫美村西南面当地人称"苦寨坑"的一座山坡上，与德化县三班镇接壤，海拔约674米。窑址分布范围约1500平方米，发掘总面积约350平方米。共发现9条龙窑遗迹，均依山而建，编号为Y1—Y9。

遗址采集的标本经碳十四测定，年代为公元前18世纪中期至公元前14世纪末，相当于中原的夏代中期至商代中期。所测年代序列基本与窑炉叠压打破关系相符。根据窑炉遗迹开口层位以及叠压打破关系，可将遗存分为两期。第一期年代为公元前18世纪中期至公元前16世纪晚期，相当于中原夏代中期至商代初期。第一期产品印纹硬陶占比约70%，原始青瓷占比约20%，窑具（垫饼）占比约10%。器形以罐、尊、钵、壶等为主。原始青瓷釉层较薄，多器表施釉，内壁无釉。第二期年代为公

苦寨坑窑址远景

窑炉遗迹位置

元前16世纪晚期至公元前14世纪末。相当于商代早期至商代中期。原始青瓷占比上升，达30%，印纹硬陶占比则下降，占比约55%，窑具（垫饼）占比约15%。器形除罐、尊、钵、壶外，还出现豆等。原始青瓷器除器表施釉外，部分内壁、圈足内亦施釉。

窑址出土原始青瓷的装饰技法和纹饰与印纹陶相同。科技分析发现，苦寨坑窑址的产品原料是本地埋藏浅、易开采的瓷土，瓷片吸水率高，应与烧成温度偏低有关。

苦寨坑窑址是我国目前已知最早烧造原始青瓷的窑址，为研究夏商时期的窑业技术提供了宝贵资料，也填补了福建夏商时期陶瓷手工业遗存的空白。与浙江地区夏商时期的原始青瓷窑址相比，两者无论是窑业技术还是产品均有较大差别，应属两个窑业技术系统。因此，苦寨坑窑址对探讨我国原始青瓷与印纹硬陶的关系以及瓷器起源有着重要意义。

Y1 窑炉遗迹

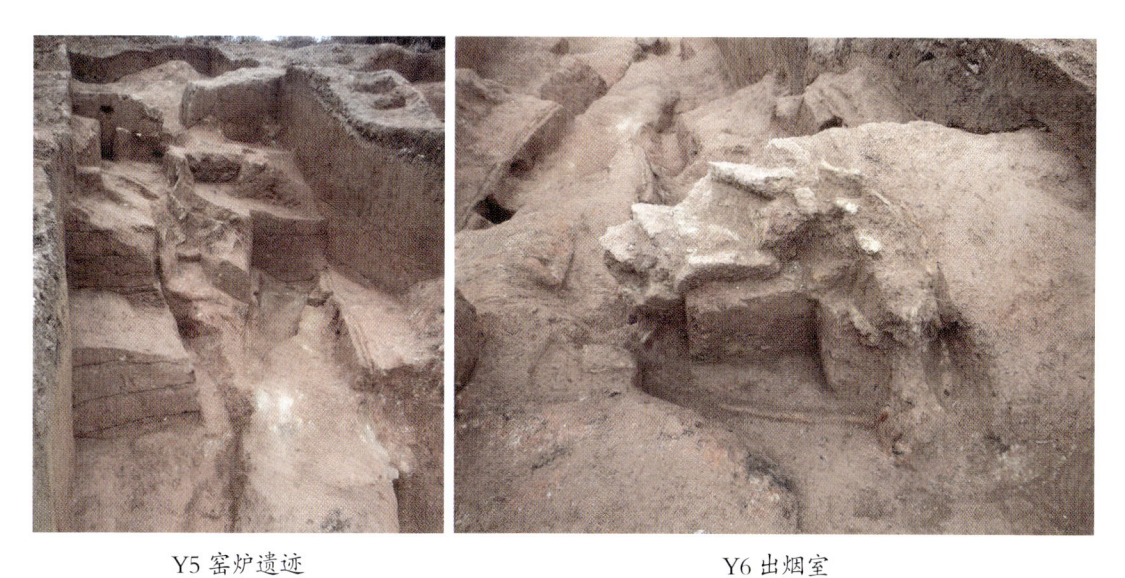

Y5 窑炉遗迹

Y6 出烟室

陶瓷片纹饰

Y2 出土陶罐残片

Y2 出土原始青瓷尊残片

Y2 出土陶罐残片

Y5 出土原始青瓷尊残片

山西绛县西吴壁遗址

入选"2019年度全国十大考古新发现"

发掘单位 中国国家博物馆、山西省考古研究院、运城市文物保护中心
项目负责人 戴向明

西吴壁遗址位于山西省绛县古绛镇西吴壁村南,地处涑水河北岸的黄土台地上,南距中条山约6千米。遗址地势东北高,西南低,总面积约110万平方米。2018年3月—2019年11月的发掘,揭露出龙山、二里头、二里岗及周、秦、汉、宋等时期的大量遗存。其中,二里头与二里岗文化时期的冶铜遗存丰富多样,最具特色。

二里头文化时期遗迹包括房址、灰坑、灰沟、木炭窑等。一座地穴式房址地面上

西吴壁遗址地貌

西吴壁遗址东部发掘区航拍

出土很多铜炼渣、残炉壁等，与冶铜活动存在直接关系。一座大型近椭圆形直壁坑内存在多层自南向北的倾斜堆积，其中包含大量铜矿石、残炉壁、铜炼渣、木炭，还有鼓风管，以及石锤、石砧等与冶铜相关的遗物。

二里岗文化时期的遗迹包括房址、灰坑、灰沟、冶铜炉残迹、水井等。一座地穴式房址带有多个被火灼烧过的壁龛，房内堆积中出土很多铜炼渣。灰坑形制多样，其中多数都发现有数量不等的铜炼渣或残炉壁等冶铜遗存。已确认两座残存底部的冶铜炉，在其中一座冶铜炉下发现了埋有人骨的奠基坑，应与铸炉炼铜的祭祀仪式相关。两个时期皆出土了少量残断的陶、石范，所铸应为一些小型工具。

通过科技检测可知，西吴壁遗址冶铜作坊的产品为纯铜，说明该遗址是一处以冶炼纯铜为主、兼可制作小型工具的聚落，填补了早期青铜器生产冶炼环节的空白。这是学界首次在邻近夏商王朝腹心地带的地方揭露出种类较齐全的丰富冶铜遗存，具有重要学术意义。二里头时期的木炭窑、二里岗下层冶铜炉，以及二里头和二里岗时期的其他冶铜遗物，和先前发现的冶铜遗存一起，丰富了西吴壁遗址的内涵。遗址内呈现的规模大、专业化程度高的冶铜作坊形态，为深入探索早期冶铜手工业技术及生产方式，乃至探索夏商王朝的崛起与控制、开发、利用铜这种战略资源之间的关系提供了珍贵的实物资料。

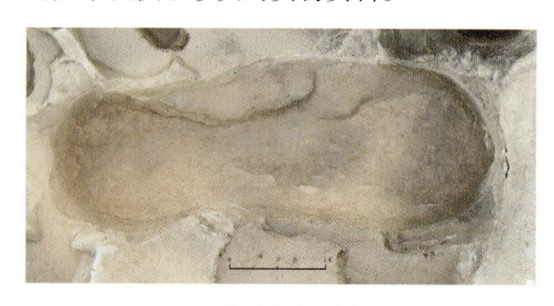

二里头时期大型灰坑

二里岗时期带有壁龛的房址

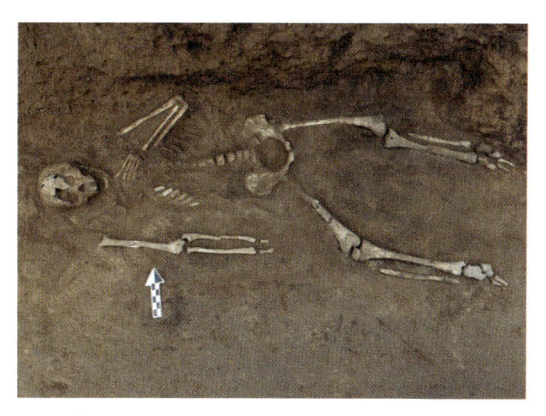

二里岗上层时期冶铜炉残迹 YL1 奠基坑内的人骨

二里头时期木炭窑

二里头时期方形房址

二里岗时期残炉壁

二里头时期房址出土铜炼渣

二里头时期灰坑出土铜矿石

二里头时期鼓风嘴　　石锤　　石锤　　鹿角锤

石砧　　石杵

冶铜工具

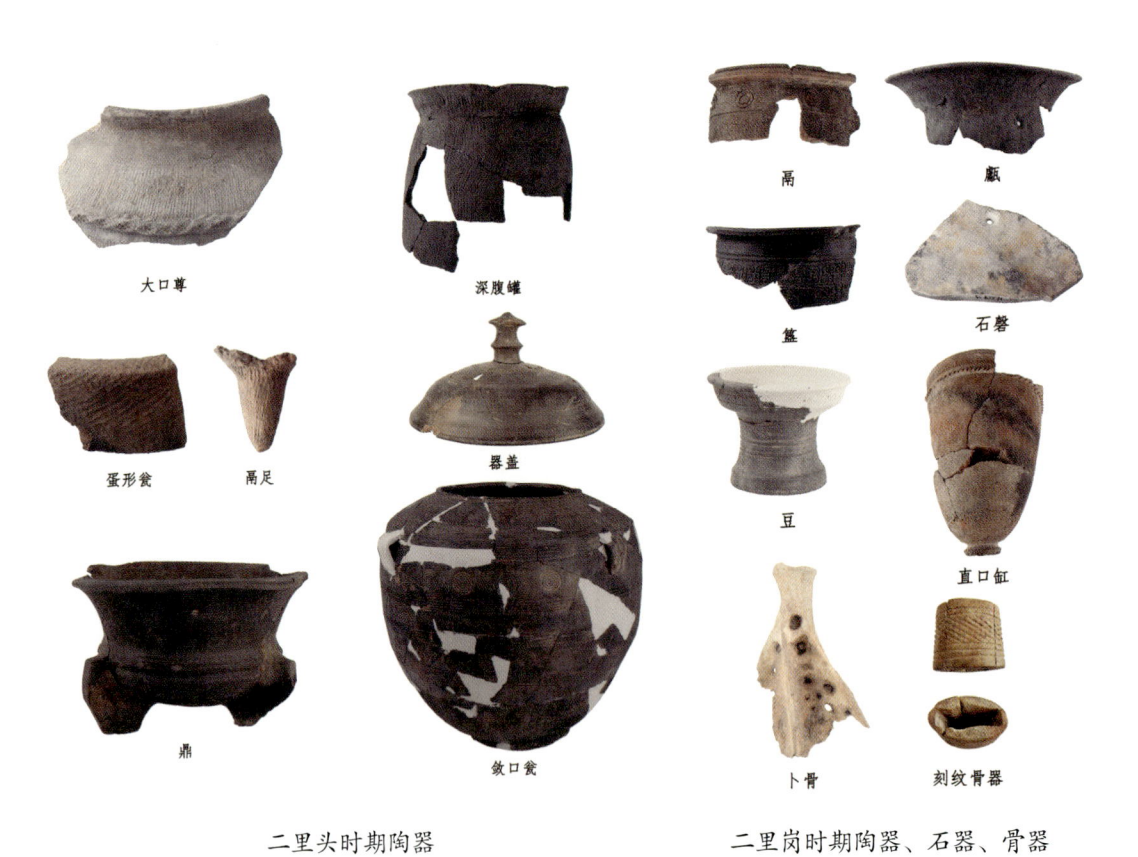

大口尊　　深腹罐　　鬲　　甑

蛋形瓮　　鬲足　　器盖　　簋　　石磬

鼎　　敛口瓮　　豆　　直口缸

卜骨　　刻纹骨器

二里头时期陶器　　　　二里岗时期陶器、石器、骨器

河南郑州商都书院街墓地

入选"2023年度全国十大考古新发现"

发 掘 单 位 郑州市文物考古研究院
项目负责人 黄富成

书院街墓地位于郑州商都内城东南，是一处结构与功能明确、具有整体系统性的商代白家庄期高等级贵族墓地。书院街墓地是继城垣、宫殿区、铜器窖藏坑之后，郑州商都又一重要考古新发现，填补了早商王都空间布局的空白。

墓地发现了目前国内时代最早的兆域，有近乎完整的兆沟、复杂的通道、高等级

商都遗址公园鸟瞰（东南城垣）

郑州商都书院街墓地兆沟内密集的祭祀遗存

的墓葬、类型多样的祭祀遗存，是殷墟西北岗王陵方形隍壕兆域的前身，将中国兆域的历史提前至早商时期。

发现了郑州商都早商时期等级最高的墓葬 M2。这是郑州商都遗址近 70 年来发现青铜器最多、玉器最多、金器最多、殉狗坑最多的墓葬。墓底多坑是商代高等级墓葬的一个重要文化特征。

兆域内发现了人牲、猪牲、狗牲以及密集的牛角坑等多类祭祀遗存，进一步丰富了早商祭祀文化、祭祀礼制的价值内涵。

出土类型丰富的成套青铜酒礼器，展现了迄今发现的早商时期最为完整的酒礼器组合，代表了早商礼仪制度和礼仪文化的最高规格。目前发现最早用于丧葬礼仪的金覆面，为三星堆黄金面具文化的来源提供了考古实证。发现的黄金绿松石牌饰，与二里头绿松石铜牌饰在镶嵌工艺等方面一脉相承，是二里头文化以来嵌片绿松石高等级礼器的一个巅峰。迄今发现的最早的镶嵌绿松石铜戈，开启了绿松石镶嵌高等级青铜兵器装饰的新方向。

郑州商都书院街墓地的考古新发现，展现了早商时期高等级贵族丧葬规制的文化面貌，标志着早商文明发展的新高度，彰显了商代王都丰富的文化内涵。墓地出土的文物，为探讨中原商文明与同时期其他地区文明的交流提供了崭新的视角。

M24 发掘全图

M2 出土罍 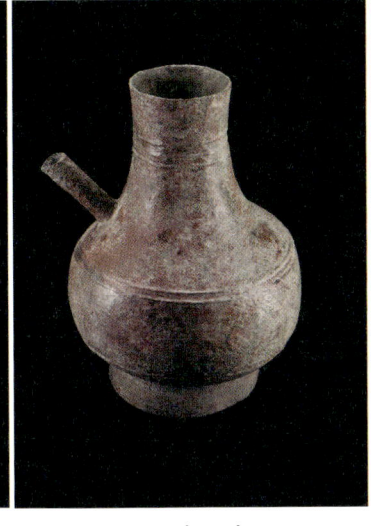　　　　　　　　M2 出土盉 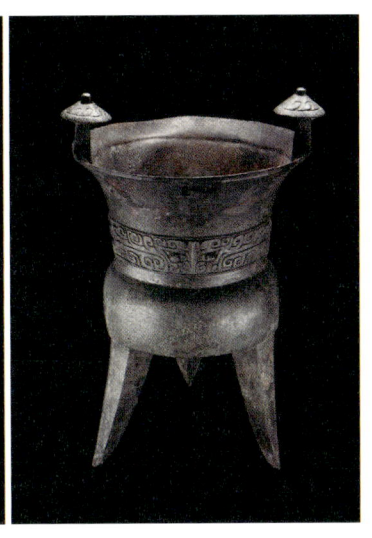　　　　　　　　M2 出土斝

M2 出土鬲 　　　　　　　　M2 出土爵 　　　　　　　　M2 出土觚

M2 出土玉柄形器

M2 出土玉戈

M24 出土玉璜

T1004 出土商代玉杖首

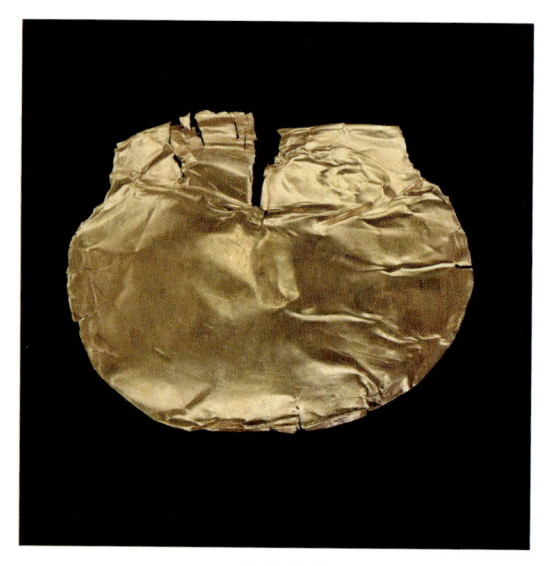

M2 出土金覆面

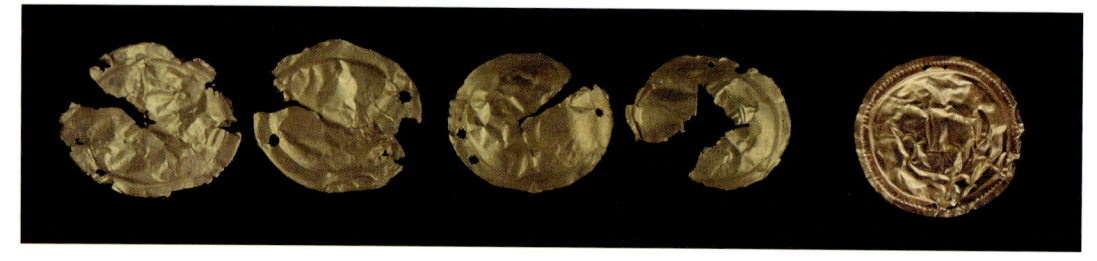

M2 出土金泡

H71 出土二里岗上层一期部分陶器

河南安阳殷墟商王陵及周边遗存

入选"2022年度全国十大考古新发现"

发掘单位 中国社会科学院考古研究所
项目负责人 牛世山

2021年启动的以商王陵为核心的洹河北岸地区考古，工作目的是通过大规模勘探，结合小面积发掘，寻找小屯宫殿区到王陵区之间的干道，并摸清商王陵区的范围，后续梳理明确洹河北岸地区的功能区划。

近两年的工作，取得的重要进展有：

（一）探明并确认两个东西并列、各自闭

2022年商王陵及周边考古发掘三地点鸟瞰

合的围沟，使商王陵区规模从原来的 10 万平方米扩展到 16 万平方米。围沟为商王陵园的隍壕。此前发掘的凤翔秦雍城南的春秋时期秦公陵园，在各组秦公大墓周围有隍壕，而殷墟王陵区陵墓隍壕的确认，将此规制上推到商代晚期，将推动对商代陵墓制度乃至商代史、商文化的研究，也为殷墟国家考古遗址公园的建设提供了新的重要资料。（二）勘探并经发掘确认武官东地到小营东地的商代晚期南北向干道的路沟及两个路口，为商代晚期的大邑商都的干道之一。（三）探明祭祀坑有新特点，大半为人与狗的组合坑，骨骼完整的多，部分坑埋藏器物，为以往少见，年代明确，为武丁时期。新发掘的祭祀坑为研究商代社会性质、商代祭祀活动及其形式等提供了新资料。（四）探明并确认王陵区西南部一带的西周遗址，面积超过 4 万平方米，这是殷墟范围内发现的面积最大的一处西周遗址，将推动对周人灭商以及周王国国家治理方式的研究。（五）发现王陵区东、南方向存在大面积空白区，王陵区以西探出巨型沙坑，在侯家庄南地宽达百米的沙土带，改变了殷墟遗址的景观。

殷墟王陵区东围沟 G1 南段第二地点探方西壁剖面，第 3 层以下为 G1 填土层

殷墟王陵区考古第三地点发掘现场

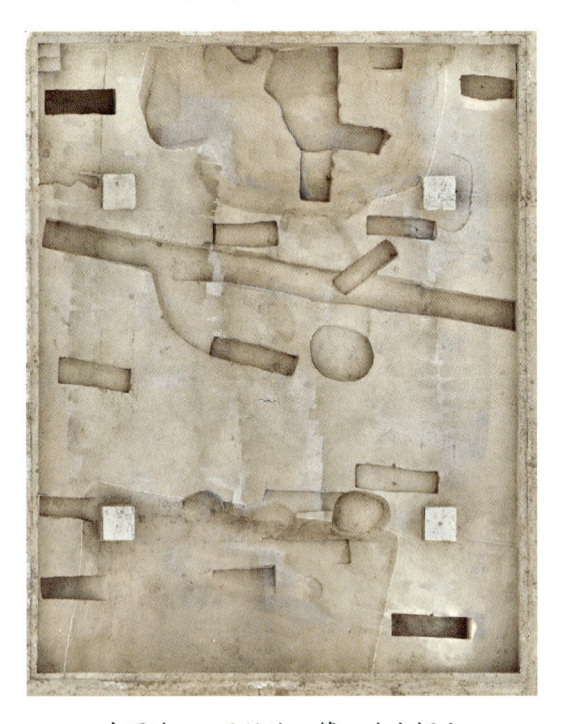

西围沟 G2 南段第一地点探方内 G2 与西周早期 F1、M1 的打破关系

东围沟 G1 西段缺口第三地点探方所见南北两侧沟口形状（正射影像）

第一地点打破西围沟 G2 南段的
西周早期土坑竖穴墓 M1

西围沟 G2 南段第一地点
西周早期房址 F1 的奠基坑

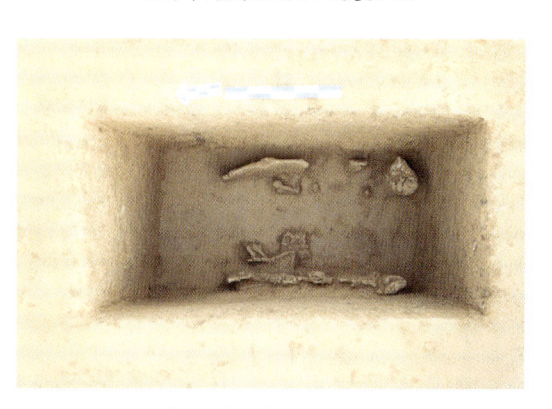

东围沟内祭祀坑 K17

东围沟内祭祀坑 K23（正射影像）

东围沟 G1 西段缺口处第三地点探方的
西周早期灰坑 H37

207

打破西围沟的西周早期墓葬 2022AHBM1 出土陶鬲

2022AWGH37 出土陶瓮

王陵区祭祀坑 2022AXXK23 出土铜爵

王陵区祭祀坑 2022AXXK23 出土铜尊

王陵区祭祀坑 2022AXXK23 出土铜觚

山西闻喜酒务头商代墓地

入选"2018年度全国十大考古新发现"

发掘单位 山西省考古研究院
项目负责人 马昇

酒务头商代墓地位于山西省运城市闻喜县河底镇酒务头村西北,北、东、南三面环山,北临沙渠河,南望汤王山。墓地处于垣曲盆地、运城盆地、临汾盆地接壤的要冲之地,是古代从河南进入山西的便捷通道,亦是考古学文化交融的关键地带。该墓地于2015年被盗而发现,经国家文物局批准,2017年6月—2018年12月进行了勘探和抢救性发掘。

在5500平方米墓地范围内,发现商代

酒务头墓地远景

①
②
③
④
⑤

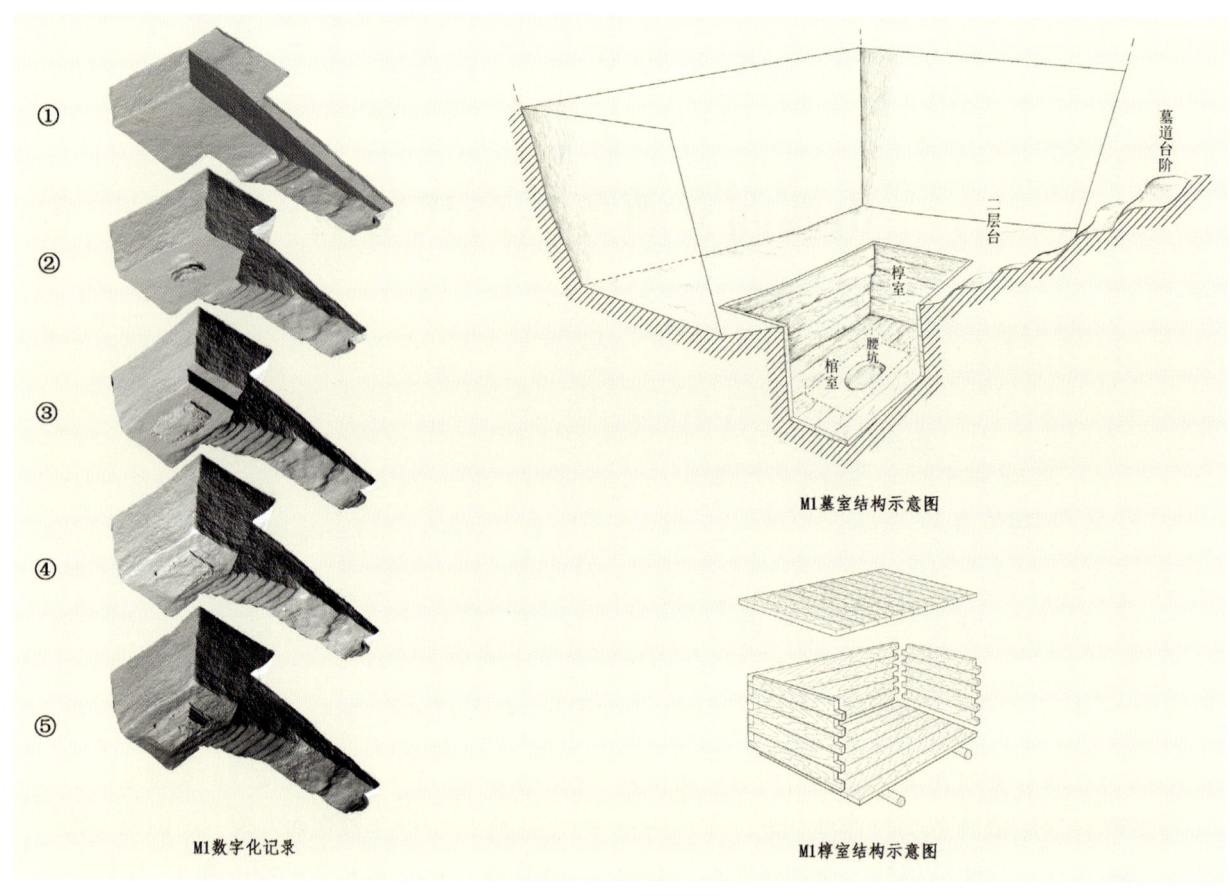

M1数字化记录

M1墓室结构示意图

M1椁室结构示意图

全程数字记录与虚拟复原

晚期墓葬12座、车马坑6座以及灰坑5个。12座墓葬中，5座为商代晚期甲字形方国大墓，墓葬西或西南多陪葬车马坑1—2座，7座为中小型竖穴土坑墓。共出土铜、玉、陶、骨等各类材质的文物500余件（套），以青铜器为主，并在青铜器上发现大量相同族氏铭文。加上正在陆续追回的被盗文物，该墓地随葬文物数量可能达数千件。

酒务头墓地是一处拥有带墓道大墓的大型晚商墓地，应为晚商高等级方国贵族墓，为商代墓葬的形制结构、葬俗、墓道功能与等级关系等方面的研究提供了极好的资料。从青铜器中两种族氏铭文的差异来看，此墓地应为"匿"族墓地。该墓地的发现与发掘是商代考古的一次重大突破，不仅为"匿"族青铜器找到了归属，也填补了晋南地区晚商遗存的空白。墓地出土的青铜器组合以及器形纹饰风格和大墓形制，体现了商文明演进过程的同一性与复杂性。另外，该墓地所处位置特殊，为我们认识晚商文化的区域类型，以及商王朝西部势力范围的变迁、中央对地方管控方式和国家政治地理结构等，提供了重要实例。

M1出土器物

M1、M4 出土编铙

M1 出土酒器、水器

M1 出土觚、爵

M1 出土玉器

M1 出土食器

出土兵器

族氏铭文

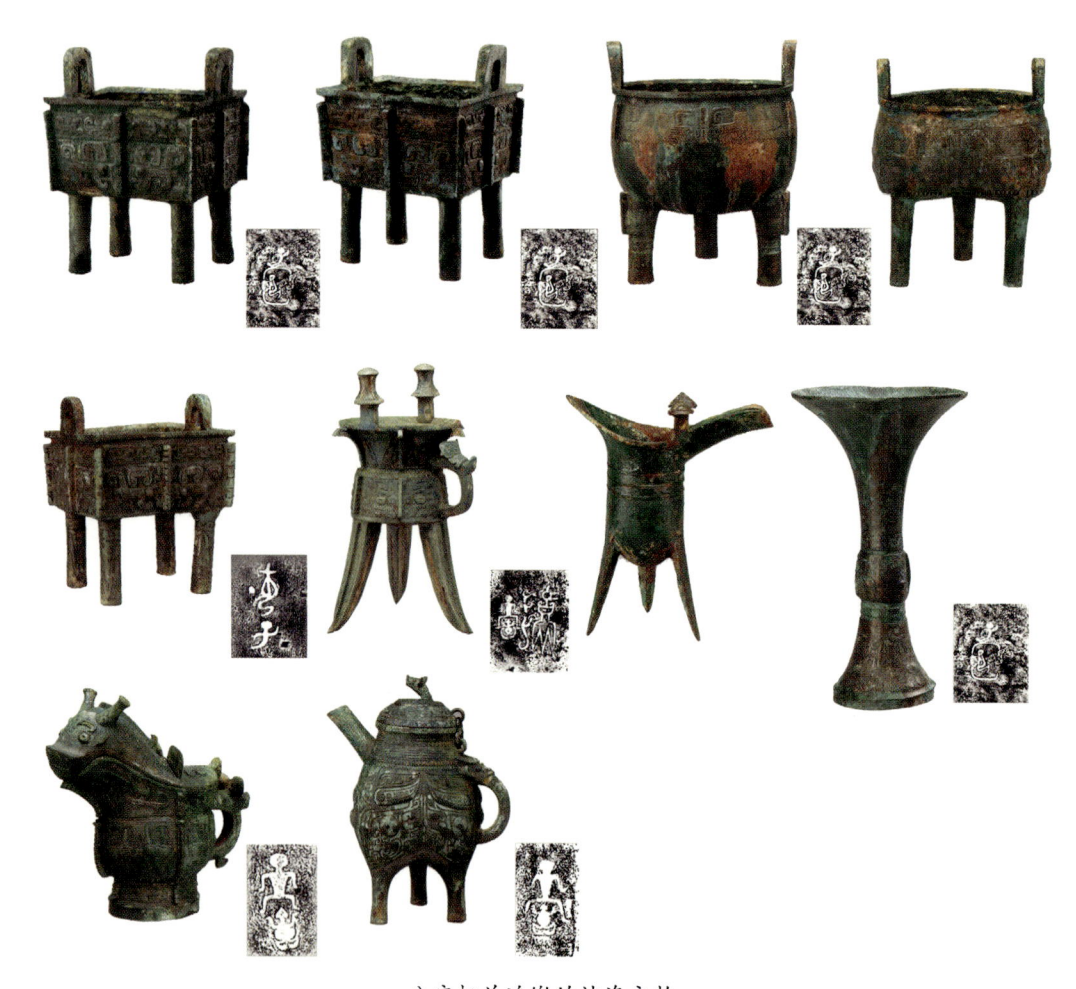

公安机关追缴的被盗文物

陕西旬邑西头遗址

入选"2022年度全国十大考古新发现"

发掘单位　西北大学、陕西省考古研究院、咸阳市文物考古研究所
项目负责人　豆海锋

陕西旬邑西头遗址位于咸阳市旬邑县张洪镇西头村，地处泾河东岸台塬边缘地带，距泾河约5千米，2018—2022年先后发掘南头、鱼嘴坡、尖子、上庙、斜圳五个地点，是近年来商周考古的重要突破。该遗址不仅发现了面积约80万平方米的西周城址，而且在城外发现围沟墓地及大型高等级墓群，目前已见甲字形墓葬超过20座，其等级之高、数量之多在国内均属罕见。

西头遗址所见西周城址功能结构完备，已发现的道路、储水设施、夯土建筑、冶铜遗存等揭示了聚落内的功能区分，特别

2022年西头遗址斜圳地点发掘全景

是冶铜遗存，在同时期其他遗址中不多见。发现大量西周时期陶瓦，充分显示聚落等级之高。城外发现储粮遗存，显示了聚落规模及社会分配特征。西周城址的发现对研究西周城邑及西周王朝对泾河流域的控制方式均具有重要意义。

遗址发现的闭合围沟墓地，以往少有见到，为商周墓葬制度增添了新材料。围沟内发现不同等级墓葬，其中大型墓和中型墓见有殉人、腰坑等商文化墓葬因素，特别是 M90 墓道分层，成排殉人 38 具，整个墓葬殉人 43 具，为西周墓葬少见。围沟内墓葬随葬品来源多元，是该区域多族群融合与发展的重要见证。围沟墓地外侧发现大型高等级墓葬群，并以小型围沟在空间上将甲字形大墓区分开来，这种特殊的"兆域"现象，为商周墓葬制度研究提供了十分难得的新材料。

商周时期的泾河中游是历史文献记载的豳地，周人早期在该地域有较长时间的活动。西头遗址的发现，为探寻豳地所在提供了研究基点，也为周文明起源与早期发展研究带来了新的契机。

上庙墓地马坑 MK1

M98 墓室二层台被盗后残留的车马器

M99 墓室正射影像

M90、M98、M99 三座带墓道大墓三维正射影像

M99 墓室石簋出土场景

上庙墓地已发掘墓葬场景

M99墓室出土金箔、玉器

2022年斜圳地点发现与冶铜相关遗迹K5

M99墓室骨梳出土情况

斜圳地点出土铜结块　　　　　　　斜圳地点出土熔铜炉壁残块

上庙墓地 M90 出土残铜器　　　　　上庙墓地 M90 出土玉韘

出土陶器刻符与陶文

上庙墓地 M90 墓室
出土带字卜骨残片

陕西宝鸡石鼓山商周墓地

入选"2013年度全国十大考古新发现"

发掘单位 陕西省考古研究院、宝鸡市考古研究所、宝鸡市渭滨区博物馆
项目负责人 王占奎

石鼓山墓地位于宝鸡市区正南,渭河南岸台地上,是2012年6月石鼓山村民建房时偶然发现的。之后,陕西省、宝鸡市、渭滨区三级考古文博单位组成联合考古队,在详细调查与全面钻探的基础上,连续两年进行发掘,共清理墓葬15座,均为竖穴土坑墓,年代属商末周初。

钻探表明,墓地南北长约800米,东西宽约300米。根据墓葬聚散程度,整个墓地可划分为北区和西南区,呈现"大稀疏、小聚集"的分布态势。墓葬按规模可分为中型和小型两类。葬式可辨者,墓主头朝地势较高的方位,即南部台地中脊,多为南向和东向。

共出土各类随葬品230余件(套),多置放于二层台或壁龛内。小型墓一般随葬一两件陶器。中型墓随葬品丰富,仅青铜礼器就多达92件,不仅数量庞大、种类多样,而且铸工精湛、装饰绮丽。随葬品的差异,显示出平民与高级贵族两个层级

M3三号龛卣、彝、禁等器物出土情况

M3二号瓮甗、簋、鼎等器物出土情况

的人群结构。另外，两类墓均随葬有高领袋足鬲，证实了以前此类鬲代表一支独立考古学文化的判断，同时改变了以往此类鬲不可能晚到西周的观点。

本次发掘最令人瞩目的是M3与M4出土的精彩青铜礼器。另外，青铜器上还发现"户""亚羌""史母庚"等铭文及族徽符号26组。总体而言，这批铜器具有商器的一些因素，但从组合上看，少酒器，多食器，体现出一种重食轻酒的文化特色，个别器物形制新颖，造型奇特，或罕见或首出，皆弥足珍贵。

M3四号瓮鼎、方座簋、高领袋足鬲等器物出土情况

M4 二号奁鼎、簋、罍等器物出土情况

M4 八号奁鼎、盆式簋、圆腹簋、簠等器物出土情况

M4 三号奁鼎、罍、甗等器物出土情况

M4 三号奁 303 号器物（子父丁鼎）铭文

M4 出土牺尊

M4 出土四耳簋

M4 出土簋

M3 出土铜禁

宁夏彭阳姚河塬西周遗址

入选"2017年度全国十大考古新发现"

发掘单位　宁夏回族自治区文物考古研究所、彭阳县文物管理所
项目负责人　马强

姚河塬遗址位于宁夏回族自治区彭阳县新集乡姚河村北部，地处陇山（六盘山）东麓泾河上游的红河流域。遗址面积92万余平方米，中部南北走向的墙体和壕沟将遗址分为内城（东城）和外城（西城）两个部分。内城面积52万余平方米，分布有高等级墓葬区、铸铜作坊区、制陶作坊区、宫殿宗庙区、道路、水网等。外城面积40万余平方米，分布有房址、窑址、灰坑、窖穴、道路、水网等遗迹。

姚河塬遗址航拍

刀把形马坑埋马 12 匹

城墙南北走向，可分为生土墙体和夯筑墙体两部分。构筑方式是从西侧向下掏挖生土，将生土翻上来用于夯筑墙体，下挖生土后的壕沟便是护城壕。墙体残高4米，残宽8米，集束夯筑。护城壕宽8.4米，深4米左右。

宫殿宗庙建筑属地面式夯土建筑群，已发掘清理出结构完整的房址7间，夯土墙宽0.5—0.8米，残存高度约0.6米，房址群的西侧发现有围墙。另有一面积500平方米的地坑院，深3.9米，结构完整，布局清晰，横向掏挖多孔窑洞式房屋。出土有青铜爵等。

铸铜作坊区面积6000平方米，从水渠、储水池、取土洗泥、醒泥坑、阴干设施、烘范窑、炉子、浇铸面到填埋废弃陶范的坑，一系列陶范生产浇铸的铸铜产业链被完整揭露，出土陶范1000余块，所铸造的产品包括青铜容礼器、车马器、兵器、工具等。

高等级墓葬区共有西周墓葬40座，其中甲字形墓葬2座，另有马坑、车马坑、祭祀坑等遗迹。

姚河塬遗址的年代从商代晚期延续到春秋早期，贯穿整个西周时期，是西北地区首次发现的西周分封的诸侯国"获国"的都邑城址（甲骨文刻辞"入戎于获侯"），是周王朝经略西北的军事前哨基地，对于实证周王朝对边远地区的管辖与治理，以及边远地区对周王朝的认同具有重大意义。

刀把形马坑和墓葬的特殊形制　　　　　　　　　　道路遗迹

祭祀坑上层完整羊骨　　　　　　　　　　车马坑（马匹压在车辆的下面）

兽面纹象牙杯残片　　　　　　　　　　带字甲骨

玉凤

饕餮纹鼎足（方鼎）

玛瑙珠

斝盖

玉璧

容器范

陕西宝鸡周原遗址

入选"2015年度全国十大考古新发现"

发掘单位　陕西省考古研究院、北京大学、中国社会科学院考古研究所
项目负责人　王占奎、雷兴山

2014年9月，周原遗址新一轮的考古工作启动。新一轮考古工作，基于对都邑性聚落的理解，在全面调查、重点区域钻探的基础上，一方面选定以凤雏建筑群为中心的贺家北区域，持续开展工作，管窥整个遗址的聚落结构，另一方面以厘清池渠类"框架性遗迹"为目标，宏观把握周原的聚落结构和功能分区。

凤雏三号基址全景

M11 墓葬形制

遵循这一思路，本轮工作取得了重要发现和收获：三号建筑基址的发现，丰富了凤雏建筑群的内涵。明确的层位关系，为解决1976年发掘的甲组建筑的年代、性质等关键问题提供了地层参考。院内的立石、铺石遗存是以往西周遗址中未曾发现的特殊遗迹，可能是西周时期的"社"，对于其用途和性质的解读，也有助于深入讨论整个凤雏建筑群和贺家北区域的性质。"居址—墓葬区"的发掘有西、东两个发掘点：西发掘点共清理西周时期具有相互叠压打破关系的遗迹149处，墓葬年代贯穿整个西周时期。其中，西周早中期之际的墓葬M11规模最大，保存最为完整，出土铜器21件。东发掘点共发掘西周墓葬4座、灰坑10座。殷遗民属性的"居址—墓葬区"有助于思考周原遗址的族属分布与居葬形态。

车马坑（CMK1）形制为长方形竖穴土坑，南北长4.3米，东西宽3.2米，内埋一车，推测驾四马。局部清理后发现车轮牙为青铜浇铸而成，由四节组成，其径约1.6米。车軎、车辖、衡饰上的纹饰皆为绿松石镶嵌而成，这种做法以往罕见。

在以往发现的基础上，周原水系考古工作又取得了新突破。以淤土堆积为线索，通过追踪勘探，新发现大面积淤土遗迹3处、沟渠13条，并对部分遗迹进行解剖发掘。周原遗址水网系统的发现与确认，进一步强化了以往所发现的诸多重要遗迹之间的有机联系，加深了对周原遗址聚落扩张过程与水源关系的认识。这一系列工作，尤其是以淤土堆积为线索的工作方法，为旨在探寻聚落结构的田野作业提供了一条比较切实可行的途径。

马坑形制

G9 剖面正射影像

镶嵌绿松石的铜辖軎

立石、铺石遗迹正射影像

青铜轮牙车轮

铜器组合

青铜容器内的动物骨骼

陕西澄城刘家洼东周遗址

入选"2018年度全国十大考古新发现"

发掘单位 陕西省考古研究院、渭南市博物馆、澄城县文体广电局
项目负责人 种建荣

刘家洼遗址位于陕西省澄城县王庄镇刘家洼村西北,分布于洛河支流长宁河上游的鲁家河两岸,2016年底发现有墓葬被盗。经申报国家文物局批准,我们对遗址进行勘探和抢救性发掘,取得了重要收获。

鲁家河穿遗址区中心而过,将遗址分为东、西两区。在遗址东区中部的位置,调查和勘探发现有一面积10余万平方米的

刘家洼东周遗址发掘现场

刘家洼遗址墓地地形

城址。城址西面邻鲁家河河道，南、北、东三面由夯土墙相围合，形成一个相对闭合的城址区，位置居中，地势险要。勘探发现墓葬共4处220余座，其中东区墓地3处，西区南部墓地1处。大墓和部分中型墓虽遭严重盗掘，但仍发掘清理出大量青铜器以及金器、玉器、铁器、陶器和漆木器等珍贵文物。出土的金首权杖、青铜鍑、铁矛等，以及部分中小型墓所出螺旋状金耳环、金手镯等饰物，充溢着浓厚的北方草原文化气息。

从居址和墓葬的特点来看，刘家洼遗址是一处芮国后期的都城遗址及墓地。芮国，这个历史上与周王室同姓的诸侯国，它的最后政治中心，经刘家洼遗址的考古发掘最终得以确认。这一发现填补了芮国后期历史的空白，也提供了周王室大臣采邑（地）向东周诸侯国发展演变的典型案例。不同文化传统、族系背景的居民共同使用同一墓地的现象，揭示了芮国后期民族、文化融合的真实图景，呈现出地缘国家的基本特征，是研究周代社会组织、人群结构的重要材料。大墓出土的乐器组合，为我国古代乐器发展史和音乐考古的研究提供了重要资料。出土的三栏木床遗存将我国使用床榻的历史提前到春秋早期。众多金器、铁器，是认识我国古代黄金及冶铁业发展的重要信息。

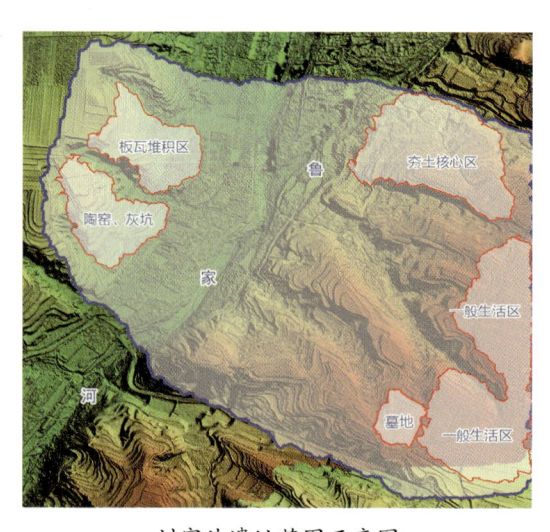

刘家洼遗址范围示意图

M6 墓室器物

玉琮　　　　　　　　　陶埙

金器　　　　　　　　　　鼎

簋　　　　　　　　　　石磬

棺环　　　　　　　　　　玉玦

湖北大冶铜绿山四方塘遗址墓葬区

入选"2015年度全国十大考古新发现"

发掘单位 湖北省文物考古研究院、大冶市铜绿山古铜矿遗址保护管理委员会、北京大学、北京科技大学

项目负责人 陈树祥

四方塘遗址墓葬区位于铜绿山Ⅶ号矿体所在大岩阴山北坡，面积约4500平方米，2014年11月—2017年10月进行了四次发掘。揭露面积3637平方米，清理夏商周时期墓葬246座。其中，夏代1座、商代2座、西周时期13座、东周时期230座，有91座有随葬品，共出土铜、陶、玉、铜铁矿石等质地文物298件。

四方塘遗址墓葬区航拍

7 号矿体铜矿产业链空间图

墓葬皆为长方形岩（土）坑竖穴墓，排列有序，少数墓葬有打破关系，是一处明显有别于两周时期家族墓地的公共墓地。多数墓呈西北—东南或东西向，仅少数为西南—东北向。56 座墓葬带壁龛。

这是铜绿山乃至中国矿冶考古首次在矿冶遗址中发现墓地，揭示了矿冶生产管理者和生产者的相关信息。一椁一棺墓和随葬青铜、玉器的宽边长方形小型墓，规格高于其他墓，墓主身份可能为矿区较高层次的生产管理者或中高等级矿师。根据随葬品情况推测，墓主人可能有分工。这些发现为研究夏商周时期铜绿山乃至中国古代矿冶生产中的人力分工和技术种类等问题提供了实物资料。四方塘遗址墓葬区与近几年在岩阴山脚遗址发现的洗选矿场、矿工脚印、冶铜场及采矿遗址等，共同组成了较为完整的同时代同地区矿冶产业链。

墓葬出土的青铜容器、兵器等，是第一次在铜绿山发现的除工具外的青铜器。对部分铜器和孔雀石进行的铅同位素示踪分析表明，这些铜器的原料多数来源于铜绿山。四方塘遗址冶炼场出土炉渣分两批次检测，含铜量平均为 0.49% 和 0.68%，说明炼铜技术已达到近现代冶铜技术的水平。

M1

M54 出土孔雀石

M88

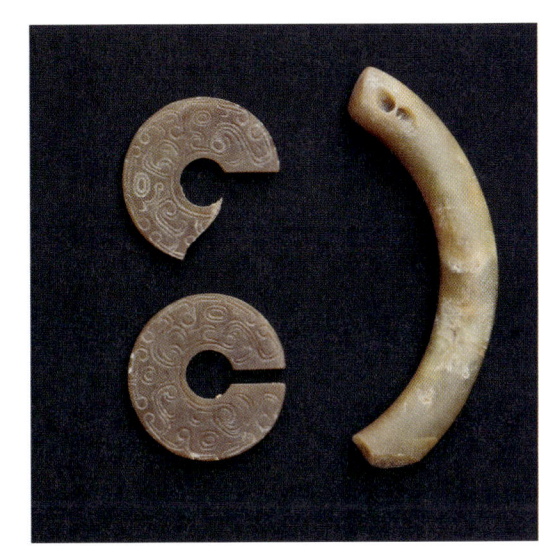

M1 出土玉器

M96 出土铜戈、铜铍、铜镞、铜凿、铜带勾、铜环等

M57 出土铁矿石

M88 出土铜戈、铜刮刀、铜凿、玉饰

M2 出土陶器组合（刻槽足鬲、盂、豆）

M143 出土铜斧、铜凿、铜削刀、铜刮刀、铜钺

M37 出土石砧

湖北枣阳郭家庙曾国墓地

入选"2014年度全国十大考古新发现"

发掘单位 湖北省文物考古研究院、荆州文物保护中心、襄阳市博物馆、枣阳市博物馆

项目负责人 方勤

郭家庙墓地位于湖北省枣阳市吴店镇东赵湖村，地处汉水支流滚河北岸，随枣走廊的入口处。墓葬分布在两个相对独立的山岗上，北岗为郭家庙墓区，南岗为曹门湾墓区，总面积在120万平方米以上。

墓地年代为西周晚期至春秋早期，以曹门湾曾国国君墓M1和陪葬的大型车坑、马坑为中心。M1出土文物700余件（套），以音乐文物最具特色，主要有钟、磬、鼓、瑟及钟架、磬架、建鼓架。瑟、建鼓以及钟、磬架是迄今发现最早的实物。M30出土10件钮钟，是商音最早出现在音列组合之中，

曹门湾墓区发掘全景

首次构成"宫、商、角、徵、羽"正五声音律系统新格局。墓内出土弓、矰矢、缴线轴的组合,是迄今所见最早的成套弋射用具。出土的一枚墨色块状物,经检测含碳12%—15%,可书写,为迄今最早的人工书写颜料。还发现大量金属饰件,如金银合金虎形饰(含金量约87%)、铜虎形饰等。M1陪葬的大型车坑,首次在车坑沿边发现柱洞遗迹,推测车坑填埋前其上建有类似为车棚的建筑。马坑葬马49匹以上,所有马头排列多见两个一组。此外,清理的部分中型墓葬,如M10、M13、M22,也有青铜器出土,且有"曾子寿"等字样的铭文。

从年代序列上看,郭家庙墓地是继随州叶家山、义地岗两处曾国国君墓地之后发现的又一处曾国国君墓地。填补了西周晚期至春秋早期曾国文化发展的缺环,为曾国文化分期、曾国族姓、曾随关系、曾曹关系的研究提供了重要资料。墓地出土金属制品材质多样,金、银、铜、铁、锡等均有,采用了多种制作工艺,如捶锻、模锻、冲孔、鎏金等,技术成熟,部分器物为迄今发现的这些工艺制作的最早实物,对研究古代金属器制作加工技术的发展具有重要意义。

M1俯视

M1椁室北部木瑟出土情况

车坑内柱洞

木瑟出土后

1号车坑	1号马坑全景
M1椁室北部出土凤跗（底座）	M1椁室东部出土黑色石墨
M1椁室北部出土圆柱形蟠螭纹建鼓杆局部	M1出土金银合金虎形饰
M1出土鎏金青铜虎形饰	M22出土铜器

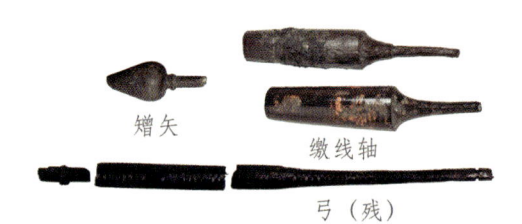

成套弋射用具 缯矢 缴线轴 弓（残）

编磬复原示意［M1出土编磬跗（底座）、筍（横梁）和虡（立柱）］

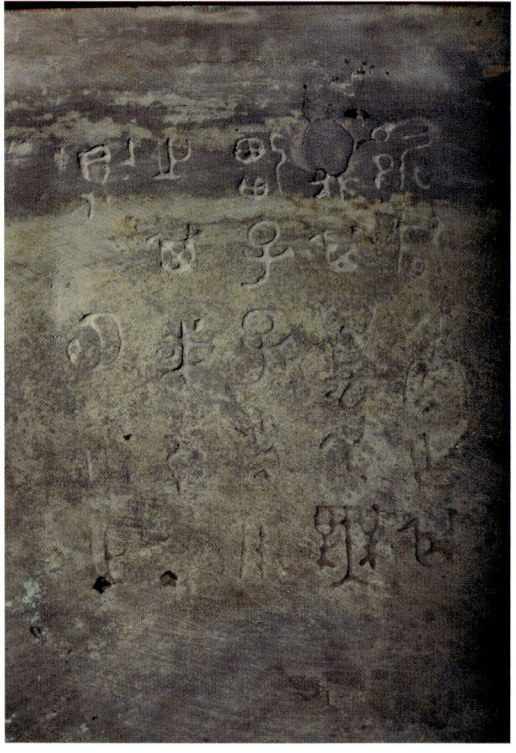

M22出土附耳蹄足垂鳞纹圆鼎及铭文

M10出土曾子鼎及铭文

山东沂水纪王崮春秋墓葬

入选"2013年度全国十大考古新发现"

发掘单位　山东省文物考古研究院、临沂市文化广电新闻出版局、沂水县博物馆

项目负责人　郝导华

　　墓葬位于沂水县城西北约40千米处的纪王崮山顶，隶属泉庄镇。"崮"是沂蒙山区特有的一种地貌景观，特点是顶部平展开阔，周围四壁如削，再向下坡度由陡至缓。纪王崮顶部面积约0.45平方千米。在纪王崮之上，自南向北有三个大的岩丘，分别称为"擂鼓台""万寿山""妃子墓"。墓葬位于擂鼓台的中北部。

纪王崮外景

一号墓为带一条墓道的岩坑竖穴木椁墓，由墓室、墓道及附属的车马坑组成，墓室与车马坑共凿建于一个长方形岩坑之中。外椁位于墓室中部，内有内椁、两个器物箱和三个殉人坑。三个殉人坑内皆有一棺，内殉一人。内椁内设重棺，棺内人骨已朽，其周围铺有厚厚的朱砂。棺椁下象征性的腰坑内殉犬一只。墓道东向，位于岩坑东南部，正对内椁室。车马坑位于岩坑北部，残存独辀车四辆，由南至北编为1—4号，每辆车由两匹马所驾，2号车内出土鼎、簠、敦三件青铜礼器。在棺室、器物箱、车马坑及殉人坑中共出土文物近200件（套），主要包括青铜器、玉器等。该墓年代为春秋中晚期，墓室与车马坑共建于一个岩穴，是一种全新的埋葬类型，为以后的考古学研究提供了新的线索。

二号墓是一座未完工的岩坑竖穴墓，分东、西两部分。西部为东西向坑状遗迹，平面略呈梯形。东部为带明显二层台的坑状遗迹，其北二层台的东部有柱坑5个。

纪王崮春秋墓规模大，规格高，结构特殊，出土遗物丰富，对研究该地区的墓葬制度、考古学文化等均具有重要的价值。

一号墓南器物箱

一号墓棺室

一号墓北器物箱

一号车马坑

铜鬲

铜敦

铜鼎

铜镈钟

铜錞于

陶罐

铜瓠壶

玉柱形饰

玉人

玉琮

湖北随州枣树林春秋曾国贵族墓地

入选"2019年度全国十大考古新发现"

发掘单位 湖北省文物考古研究院、北京大学、随州市博物馆、
曾都区考古队
项目负责人 郭长江

枣树林墓地位于湖北省随州市曾都区东城办事处文峰社区，与近年发掘的文峰塔墓地均属于义地岗墓群。

墓地按曾侯及其夫人墓、高等级贵族墓和低等级贵族墓可分为5座甲字形大墓、19座中型墓、62座小型墓，墓葬均为东西向。其中5座甲字形大墓分三组由北及南排列，三组大墓墓主分别为曾公求及夫人渔、曾侯宝及夫人芈加、曾侯得。每组北部为夫人墓，曾侯墓居中，南部东西两侧分别葬

M190（曾公求墓）椁室正射影像

CK5（曾公求车坑）正射影像

有马坑和车坑。中、小型墓葬分布在大墓外围。

曾侯墓葬至少应为七鼎六簋，夫人墓为五鼎四簋。墓地出土铜器2000余件，其中铜礼乐器近600件。发现铜礼器、乐器铭文近6000字，其中曾公求编钟铭文近1150字，单件镈钟完整叙事铭文226字，这是21世纪以来考古发现最大的一批春秋时期金文资料。墓地部分墓葬保存条件较好，在现场文物保护手段的支持下，较为完好地清理出棺椁、漆器及兵器杆柄等有机质文物。

曾公求、曾侯宝和曾侯得三组曾侯墓葬及其车坑、马坑，以及相关不同级别贵族墓的发掘，弥补了春秋中期曾国考古的缺环，以考古发掘构建了周代封国历史材料。枣树林墓地铜器铭文，涉及曾国族系、官职、音乐，以及昭王南行和东周时期诸侯国之间的政治关系，是了解春秋时期南方地区诸侯国政治、文化、科技的重要资料。曾国历史从传世文献记载不明，到考古揭示出清晰的国君世系、社会阶层、文化面貌，体现出考古写史的重要作用和意义。此外，墓地布局清晰，随葬品组合较为完整，对研究东周时期曾国的墓葬制度具有重要意义。出土的大量青铜礼乐器，为深入探讨周代的礼乐文化面貌及其变迁提供了重要资料。

M191（曾公求夫人渔墓）椁室正射影像

M169（曾侯宝夫人芈加墓）椁室正射影像

M168（曾侯宝墓）椁室正射影像

CK5 出土神人驭龙双通车构件

M169 出土铜盘铭文

M169 出土铜缶铭文

M168 出土编钟组合

M190 出土编钟组合

M191 出土铜鬲铭文

M190 出土铜礼器组合

M191 出土铜礼器组合

湖北随州文峰塔东周曾国墓地

入选"2013年度全国十大考古新发现"

发掘单位 湖北省文物考古研究院、随州市博物馆
项目负责人 黄凤春

随州文峰塔东周墓地位于随州市曾都区，现隶属文峰塔社区居委会二组。2012年8月—2013年1月，共发掘东周墓葬54座。

其中，最大的一座墓葬为M18。墓坑平面呈亚字形，一椁三棺，椁室分五室，棺室居中。该墓早年曾遭盗掘，唯东室未被盗，出土70余件铜礼器。另在墓坑的东、

M18 东室器物

北、西三面各有一器物葬坑。根据器物形制、打破关系、墓葬规模和出土铭文推断，墓葬的年代略晚于曾侯乙墓，属战国中期，应为一代曾侯墓葬，墓主为曾侯丙。

除墓葬外，本次还发掘出了2座车马坑和1座马坑，可能属于墓地的祭祀坑。

本次发掘出土铜、陶、玉石等各类质地的文物千余件（套），铜器占半数以上，大部分铜器上有铭文，铭文有"曾""曾子""曾公子""曾孙""曾大司马""曾大工尹"等。根据铭文可知，土坑墓葬大多为东周曾国墓葬。另发现少量战国晚期的楚墓。

文峰塔墓地是继叶家山西周曾侯墓地发掘后在随州发现的又一重要的东周墓地，学术意义重大。考古发掘首次在随州境内科学完整地揭示了一批春秋中晚期至战国早期的曾国墓葬，出土大批带有"曾"字铭文的铜器，是判定墓葬国属及墓主身份的重要文字学依据。发现的曾国车马坑，为认识和揭示春秋曾国车马殉葬制度提供了重要材料。曾侯丙墓刷新了已有的东周墓葬形制，也对完善曾国历史具有重大学术价值。M33出土春秋中晚期青铜盘上发现了蜡流痕，是失蜡铸造法的直接证据，这一发现使得迄今纷争不已的失蜡铸造法有了新的实物证明。M21出土了一件带有"随"字铭文的铜戈，是新中国成立以来经科学发掘出土的第一件随国铜器。随国铜器出自曾孙邵的墓葬中，为曾即随说增添了新的重要证据。

M33随葬器物

M18附坑

M18墓坑

2号车马坑（CHK2）

M61 平面

M33 出土青铜盘上的蜡流痕显微照

M30 出土青铜器上的蜡流痕显微照

M29 器物分布

M18 出土铜灯

随字铜器铭文

M18 出土方缶

M18 出土圆鉴缶

M18 附坑出土器物铭文拓片，
铭文为"曾侯丙之赴缶硖以为长事"

M21 出土随国铭文铜戈

河南新郑郑韩故城遗址

入选"2017年度全国十大考古新发现"

发掘单位 河南省文物考古研究院
项目负责人 樊温泉

郑韩故城是东周时期重要的都城遗址，位于新郑市市区及周围双洎河（古洧水）与黄水河（古溱水）交汇处。自西周末年桓公封于郑，至韩灭郑以后的一段时间里，新郑先后作为郑国和韩国后期政治、经济、文化中心长达539年。高耸的城墙、完整的都城形制以及宫殿区和青铜祭祀坑的发现，展现了郑韩故城在中国都城城市文明形成过程中的重要地位与作用。

2016—2017年，河南省文物考古研究

北城门遗址航拍

北城门遗址清理的主要道路关系

院在报请国家文物局批准后，对郑韩故城北城门遗址和郑国三号车马坑进行了主动发掘。这是历史上对郑韩故城城门进行的第一次科学发掘，不仅全面揭露了春秋战国时期都城城门的构造、春秋至明清时期道路的走向，而且探明了故城春秋时期北城门的结构为一陆门一水门，印证了史书上对"渠门"的记载。此外，瓮城在中原地区东周时期王城遗址中也是首次发现。

郑国三号车马坑作为陪葬坑，是继郑公大墓之后的又一惊世发现，共陪葬各种车辆至少48辆、马124匹以上。马骨几乎全呈头向西足向南的侧躺式摆放，东西向5列，南部坑边和东南角马骨叠压2—3层。南半部的马骨上残存有4辆拆车葬式的木车和5个卸掉的车轮痕迹，其中1号车为饰有青铜和骨器构件彩席顶棚、舆长约2.2米的大型安车，2号和3号车为舆宽1米左右的小型行车，另一辆车损毁严重。三号车马坑出土的车辆和马骨之多，在我国东周考古发现中名列前茅，为研究我国周代车马葬制、葬俗、马匹特征提供了重要材料，也为北城门遗址清理的带车辙的道路遗迹提供了有力的佐证。

北城门遗址宋代道路

北城门遗址中水渠与道路剖面

北城门遗址 T18 瓦砾层局部

北城门遗址清理的瓮城墙体局部

北城墙夯土剖面

北城门遗址清理的瓮城墙体范围

郑国三号车马坑全景

郑国三号车马坑一号大型安车

郑国三号车马坑一号安车顶上的彩绘席痕

河南伊川徐阳墓地

入选"2020年度全国十大考古新发现"

发掘单位 洛阳市考古研究院
项目负责人 吴业恒

徐阳墓地位于河南省洛阳市伊川县鸣皋镇徐阳村一带,伊河支流顺阳河自西向东穿过墓地。其西、北分别为陆西山、鹿蹄山,东、南为伊河西岸开阔谷地。根据考古调查分析,徐阳墓地已发现的600余座墓葬主要分布在四个区域,分别编号为A、B、C、D。贵族墓主要分布在A、C区,平民墓主要分布在B、D区。此外,在墓地西约1千米处还发现城址1座。城址隶属宜阳县白杨镇南留村,据《水经注》等文献记载,为两汉时期陆浑县县治所在。考古发掘表明,残存城墙始建年代不早于汉武帝时期,约在东汉末年废弃,城墙之下发现东周时期灰坑、窖穴等遗存。

墓地主体遗存为东周时

徐阳墓地大型墓葬15AM2及随葬遗物

大型墓葬 15CM1 含头蹄殉牲的陪葬车马坑

期墓葬及陪葬车马坑等。东周墓葬的葬制、墓葬排列、器物组合及葬俗具有典型的周文化风格，墓葬等级差别明显。大中型贵族墓中随葬品丰富，且普遍有车马坑，而平民墓中随葬品相对单一。在大中型贵族墓陪葬车马坑或部分中小型墓内还发现有放置马牛羊头蹄的殉牲现象，与春秋时期中国西北地区戎人葬俗相同。

从徐阳墓地的时间跨度及所处位置分析，它与"秦、晋迁陆浑之戎于伊川"的陆浑戎相吻合，应为陆浑戎遗存，其所在的顺阳河流域应为陆浑戎迁伊川后的聚居地和核心区域。徐阳墓地的发现证实了文献所载"戎人内迁伊洛"的历史事件，为研究春秋战国时期的民族迁徙与融合、文化交流与互动提供了重要资料，其所表现出的文化融合与嬗变，是中原文明的先进与包容性的重要体现。

殉羊坑

殉马坑

头蹄殉牲的中型墓葬 16CM8

大型墓葬 17AM15 及部分随葬遗物

大型墓葬 17AM15 局部

随葬单耳罐的小型墓葬 19AM18

祭祀遗存 19AMK1

小型墓葬器物组合

小型墓葬器物组合

小型墓葬器物组合

大型墓葬 15AM2 出土铜鼎

大型墓葬出土镈钟

大型墓葬出土编磬

秦汉

云南祥云大波那墓地

湖南益阳兔子山遗址

湖北云梦郑家湖墓地

陕西凤翔雍山血池秦汉祭祀遗址

甘肃礼县四角坪遗址

陕西西安秦汉栎阳城遗址

陕西西安江村大墓

江西南昌西汉海昏侯刘贺墓

四川成都老官山西汉木椁墓

陕西西安中渭桥遗址

河南洛阳新安汉函谷关遗址

北京通州汉代路县故城遗址

山东定陶灵圣湖汉墓

河南洛阳东汉帝陵考古调查与发掘

新疆奇台石城子遗址

江苏徐州土山二号墓

浙江上虞禁山早期越窑遗址

新时代秦汉考古，展示中华文明突出特性

白云翔

　　秦汉时期的考古发掘和研究，作为整个中国考古学的重要组成部分，新时代以来取得丰硕成果。2012 年以来"全国十大考古新发现"的 17 个入选项目，可谓这一时期秦汉考古成就的一个缩影。

　　城市和聚落考古，是秦汉考古的基本任务之一。新时代以来城市考古的进展，主要集中于郡县治城——中央政府管辖下的区域性政治、经济和文化中心。西安秦汉栎阳城三号古城内大型宫殿建筑基址，其年代为战国中期至西汉前期——文献所载的秦至汉初栎阳。北京通州汉代路县故城的发掘、战国楚至宋朝益阳县治所在的湖南益阳兔子山遗址的发掘及 1.5 万余枚战国楚至三国孙吴简牍的出土，从不同侧面揭示了它们作为县级区域中心的社会政治、经济、文化和日常生活的面貌。四川渠县城坝遗址的发掘以及"宕渠"文字瓦当等的出土，确认其郭家台城址是秦汉魏晋时期的宕渠郡（县）治所在；昆明河泊所遗址的发掘及 800 余枚封泥和 1000 余枚有字简牍等的出土，初步证明这里是汉代益州郡治所在。这些发现，为探讨秦汉王朝对西南地区的经略及其地方行政制度建设提供了实证。东汉所建之"疏勒城"故址——新疆奇台石城子遗址的发掘，将极大地推动汉王朝经营西域的战略措施及构建的军事防御体系的研究。

　　各种类型的墓葬，不仅是丧葬文化的物质遗存，而且是当时社会政治、经济和精神生活的物质表现。新时代以来秦汉墓葬考古的进展，尤以帝王陵墓考古为突出。西安江村大墓的全面勘探和外藏坑、陪葬墓的发掘，确认了江村大墓即汉文帝霸陵，纠正了长期以来关于霸陵在"凤凰嘴"一带的传统认识。东汉帝陵洛阳邙山陵区和洛南陵区的勘探表明，东汉帝陵墓冢以地上有圆形封土、地下为南向长斜坡墓道的甲字形明券埋葬设施为基本特征；考古发掘表明，邙山陵区朱仓 M722 东汉陵园遗址为汉顺帝宪陵，洛南陵区白草坡陵园遗址为汉桓帝宣陵。这些成果，极大地推动了汉代帝陵制度及其发展演变的研究。山东定陶灵圣湖汉墓，是迄今所见规模最大、结构最复杂、保存最完整的一座西汉黄肠题凑墓，墓主人可能是定陶王刘康妃、汉哀帝刘欣之母丁姬。江苏徐州土山二号墓，是保存较为完好并经科学发掘的一座东汉诸侯王墓。南昌西汉海昏侯刘贺墓，作为西汉列侯墓，其随葬品种类之多、数量之众、质量之高都令人叹为观止，显然与刘贺其人特殊的人生经历有关。秦汉官吏和平民墓葬的考古新发现为数众多，如云南祥云大波那墓地、湖北云梦郑家湖墓地、重庆关口 1 号西汉墓、四川成都老官山西汉墓、湖北荆州胡家草场西汉墓、山东青岛土山屯西汉墓、陕西泾阳大堡子西汉墓、广西合浦望牛岭西汉庸氏家族墓等，可谓

秦汉墓葬考古新发现的代表，都真实再现了当时不同社会阶层的丧葬礼俗。

"国之大事，在祀与戎。"古代的国家祭祀活动，在政治统治和国家治理中具有举足轻重的地位和作用。新时代以来秦汉时期国家祭祀遗存的发掘和研究，填补了秦汉考古的一大空白。甘肃礼县四角坪遗址整体平面布局呈回字形，是秦代与国家祭祀相关的礼制性建筑群。陕西凤翔雍山血池秦汉祭祀遗址是由坛、壝、场、建筑、祭祀坑等构成的功能结构完整的"畤"祭遗存。西汉初年，统治者以秦人的雍四畤为基础，增设北畤，最终形成雍五畤祭祀五帝系统，血池遗址是其中专门用于祭祀天地和黑帝的场所——北畤。雍五畤之一的下畤遗存——宝鸡陈仓吴山祭祀遗址、雍五畤之一的密畤遗存——宝鸡陈仓下站祭祀遗址的发掘，进一步深化了人们对秦汉雍五畤的认识。秦汉皇帝多次登临的青岛琅琊台遗址的发掘，也是秦汉国家祭祀考古的重要收获。

手工业考古作为秦汉考古的有机组成部分，新时代以来也取得积极进展。西安兆伦村汉代锺官铸钱遗址的勘探和发掘，初步揭示出汉武帝至新莽时期锺官（中央铸币官署和工场）的面貌、铸钱工艺技术及其演变过程。西安杜城秦汉手工业作坊遗址，集铁器铸造加工和陶制品烧造于一体，有助于都城附近县城城市形态、功能及其变迁的研究。浙江上虞禁山早期越窑遗址，堆积丰富，持续时间长，为认识青瓷在东汉起源后向三国两晋第一个高峰的发展提供了可靠的考古学依据。

秦汉时期与交通直接相关的桥梁和关隘遗存考古，也取得突破性进展。西安中渭桥遗址，由3组7座渭河桥组成，其中的厨城门一号桥是目前世界上发现的最大的木梁柱桥。河南洛阳新安汉函谷关遗址，基本究明了关城所在及其布局，填补了秦汉关隘考古的空白。

随着类型多样、数量众多的秦汉遗存的发掘，一大批精美文物随之面世，成为秦汉高度发达的物质文明、精神文明和科学技术发展水平的实物例证。譬如，云梦郑家湖战国末至汉初墓发现的葬具绘画，填补了秦汉绘画材质与类型的空白；成都老官山2号墓出土的木织机模型，是迄今国内发现的年代最早的多综多蹑织机；老官山3号墓出土的人体经穴髹漆人像，是我国传统医学研究弥足珍贵的实物资料。又如益阳兔子山遗址、昆明河泊所遗址、荆州胡家草场12号西汉墓、成都老官山西汉墓、青岛土山屯西汉墓、太原悦龙台6号西汉墓、徐州土山二号墓封土等出土的内容丰富的简牍和封泥等，都为秦汉时期社会政治、经济、科学技术和文化等的研究提供了珍贵的文字资料。

总之，新时代的秦汉考古新发现，为研究我国统一多民族国家、中华民族共同体和中华文明多元一体格局的形成和演进提供了更为丰富的实证资料，进一步展示了高度发达的秦汉文明，为中华文明的突出特性——连续性、创新性、统一性、包容性、和平性的考古学阐释做出了应有的贡献。

云南祥云大波那墓地

入选"2014年度全国十大考古新发现"

发掘单位 云南省文物考古研究所、大理州文物管理所、祥云县文物管理所
项目负责人 闵锐

祥云县位于云南省中部偏西,大理白族自治州东南部。县境处于金沙江水系与元江水系的分水岭上,海拔高于相邻各县。大波那墓地在祥云县云南驿坝东北部的刘厂镇大波那村东。

墓地分为东西两区。西区普遍分布有早期文化堆积,并且发现了房屋、柱洞、灰坑、灰沟等遗迹。部分柱洞排列整齐,推测原房屋应为干栏式建筑,这与干栏式房屋造型的铜棺及出土的房屋模型相吻合。

东区分为南北两个墓地。本次发掘区为北部墓地,发掘面积850平方米,清理墓葬25座。长度大于6米的大型墓葬6座,其余为中小型墓葬,墓葬开口层位基本相同。

大波那墓地东区墓葬航拍

根据出土器物初步分析,遗址与墓葬年代大致在战国、秦汉时期,可以填补这一区域距今2500—2000年时段的考古学文化空白,使我们对洱海区域战国至西汉这一时

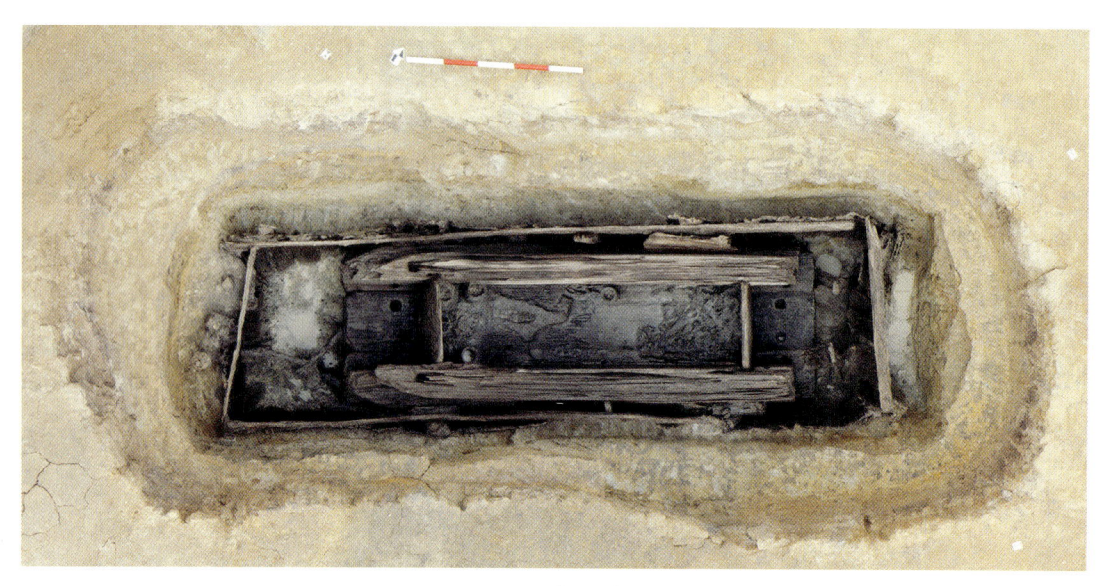

M12 正射影像

段考古学文化的认识逐渐清晰起来。

大波那墓地是滇西地区为数不多的高规格墓地，其中出土的很多器物与周边石棺墓出土的器物相似，葬式也多为多人二次合葬，只是葬具有差异。此地为"昆明"族的主要活动区域，本次发掘为探讨、研究云南洱海区域"昆明"族的文化和社会状况提供了重要的实物资料。发掘采用数字化技术手段收集、存储信息，为墓地的后期研究保护、展示利用奠定了基础。

M19 木棺、椁西端情况

M20 棺内人骨和随葬器物

器物出土情况

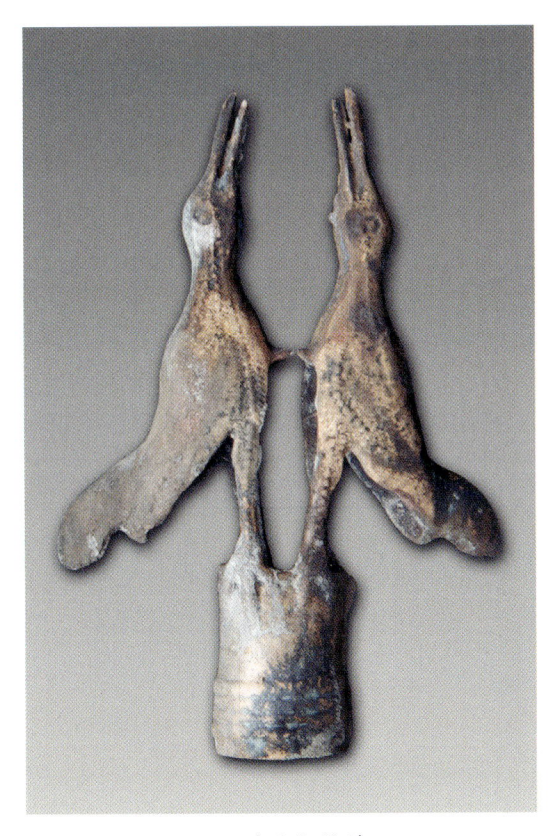

M12 出土铜卷经杆

M12 出土铜杖首

M12 出土铜钺

M12 出土铜剑 　　　M12 出土铜矛　　　M25 出土陶匜

M19 出土陶豆

M14 出土铜铃 　　　M19 出土铜杖首 　　　M13 出土锡器

湖南益阳兔子山遗址

入选"2013年度全国十大考古新发现"

发掘单位 湖南省文物考古研究院、益阳市文物处
项目负责人 张春龙

兔子山遗址位于益阳市赫山区三里桥铁铺岭社区。铁铺岭是兰溪河与资江交汇处一条东北—西南走向的山岗。因为历朝历代生产建设活动反复破坏，遗址保存情况不好，目前发现遗迹上百处，出土大量板瓦、筒瓦、瓦当、回纹空心砖、回纹小方砖、陶瓷器、漆木器、铁器、铜器、动植物标本、木质生产工具等不同材质文物。

遗迹中有古井16口，其中11口古井出土简牍1.5万余枚，时代为战国楚、秦、

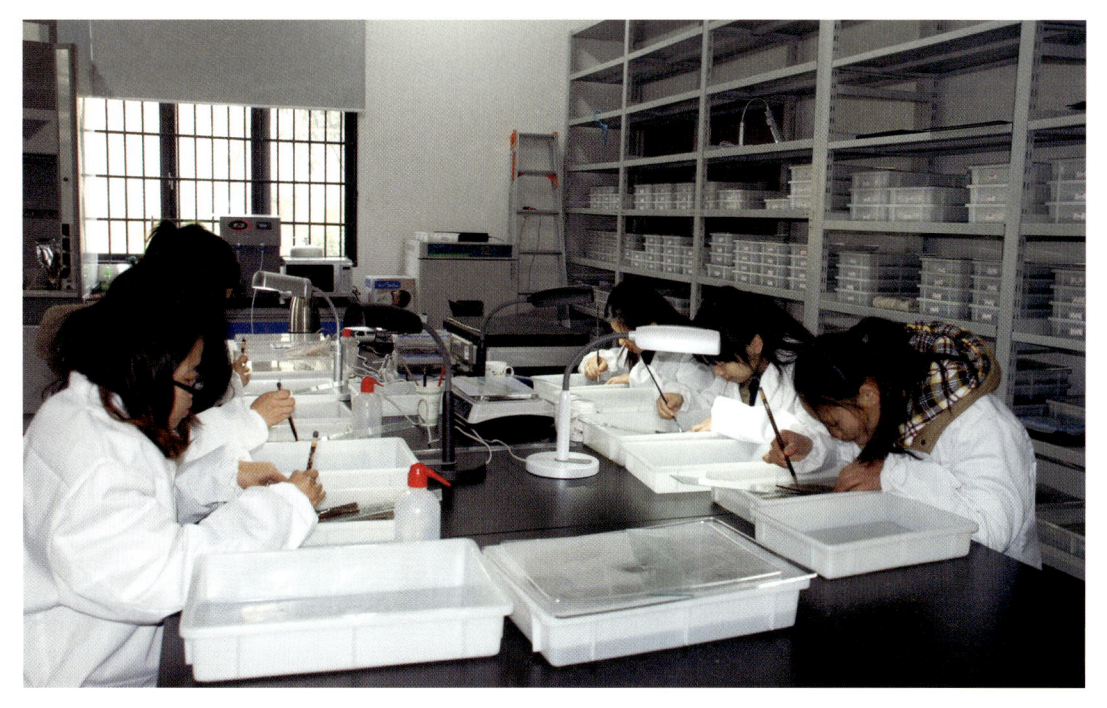

工作人员在实验室内清洗简牍

张楚、两汉到三国孙吴时期，内容为益阳县档案和公私书信。楚简出自四号井和九号井，九号井第三层一号简为秦二世继位后颁行的文告。"张楚之岁"觚出自八号井。出土西汉早期简牍的井有三座，分别为一号、五号和七号井，简牍内容为吴姓长沙国益阳县档案，包括人口、粮米物资登记及公文等，保留有一些古老的地名。西汉晚期简牍出土于三号井，简牍上多有具体年月日，内容是刘姓长沙国益阳县衙署档案，多为司法文书和吏员管理等。东汉晚期至孙吴简牍出土于六号井，同时出土的文物有青瓷器、铜镜等，简的内容为钱粮出入账目，可与《后汉书》等文献相互印证，详细研究当时的社会情态。

兔子山遗址是楚、秦、张楚、西汉、东汉、三国吴国直至宋朝的益阳县治所在，其延续时间之长，保存遗迹之丰富，出土文物之多，在南方地区考古工作中极为少见。古井出土的益阳简数量之大，时代跨度之长，内容之丰富，也非常罕见。简牍是楚至三国吴时期的地方档案文书，包括政治、经济、司法、户籍等诸方面，相当多的内容是传世文献所不具备的，是研究由楚制到秦制再到汉制非常重要的资料。

对简牍进行揭剥、绘图、编号

陶灯

回文空心砖

浮选出的植物种子

135　134　133　132　131　130

三号井出土简牍

三号井出土简牍

16　15　14　13　12　11　10　9

五号井第四层出土简牍

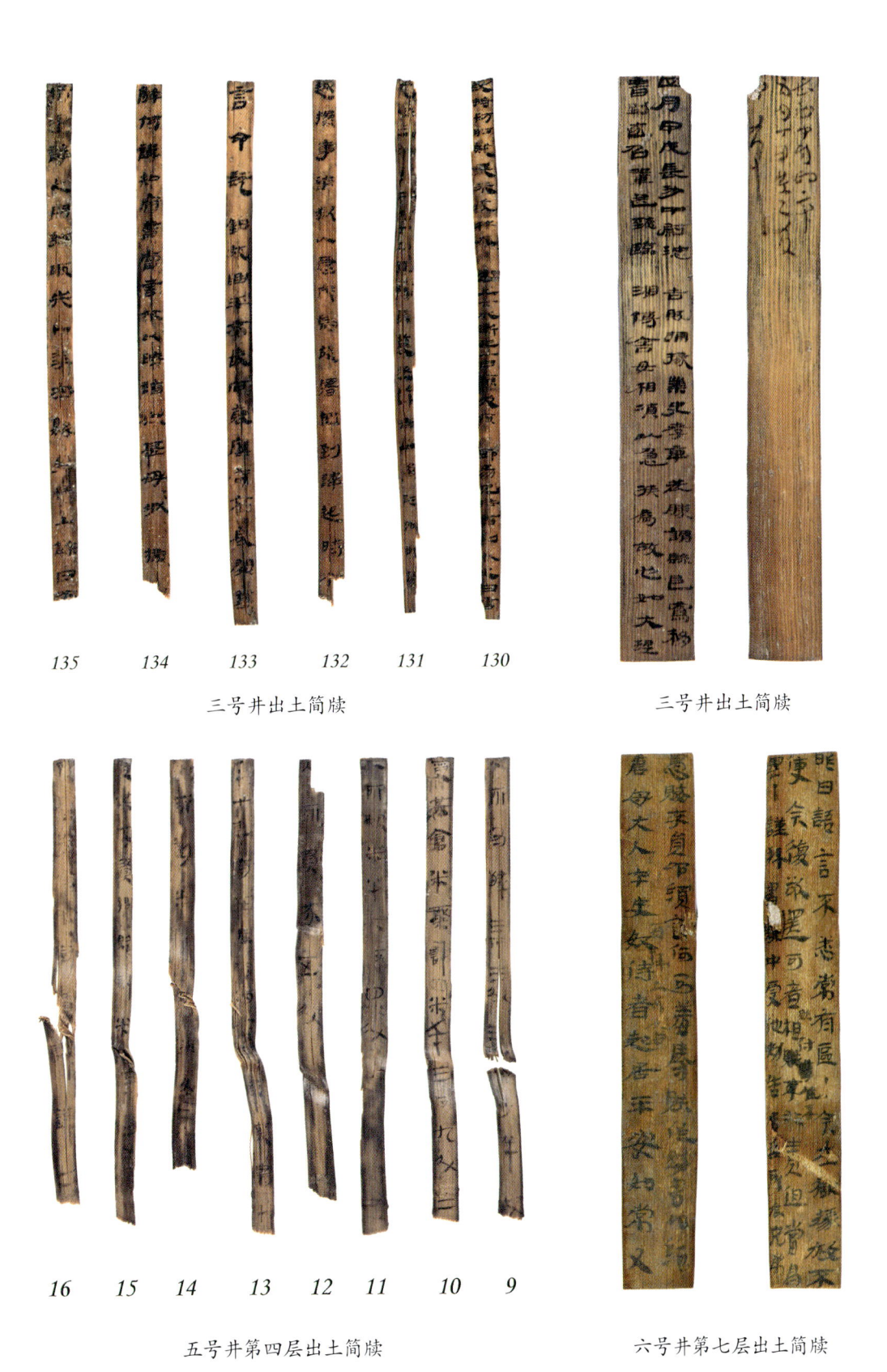

六号井第七层出土简牍

六号井第七层出土简牍

六号井第七层出土简牍

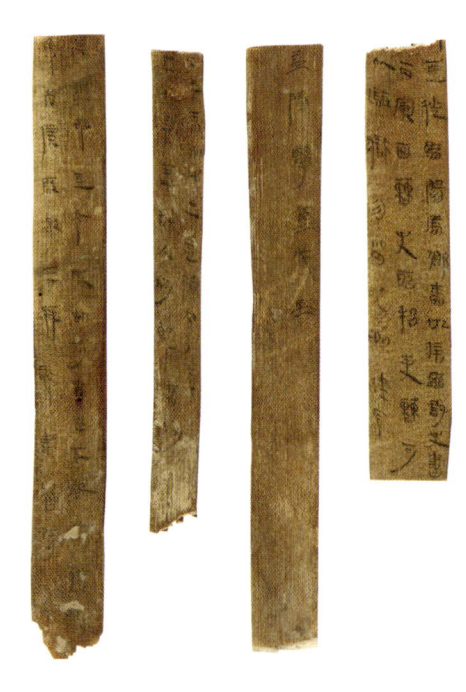

七号井第四层、第六层出土简牍（右一为第六层出土，其余为第四层）

九号井第七层出土简牍

湖北云梦郑家湖墓地

入选"2021年度全国十大考古新发现"

发掘单位 湖北省文物考古研究院、云梦县博物馆
项目负责人 罗运兵

郑家湖墓地位于云梦县城关镇，楚王城城址的东南郊，总面积约15万平方米，西距睡虎地墓地约3千米。云梦是秦人统一南方的战略要冲，郑家湖墓地与楚王城城址及其周围的睡虎地、龙岗、江郭、大坟头等墓地形成一个有机整体，年代均集中在白起拔郢至西汉初。

墓地发掘分为A、B、C三区。2020年

郑家湖墓地发掘现场

发掘 A、B 区墓葬共 196 座，均为战国晚期以来的楚文化小型墓葬。随葬品共 700 余件，陶器组合为鼎、敦/盒、壶和鬲、盂、豆、罐等，有少量铜、玉和漆木器等。

2021 年发掘 C 区墓葬 116 座，面积 1800 平方米。葬具分单棺和一椁一棺，其中 3 座棺室与头厢之间的板门上有绘画，1 座同时在边厢的楣板上有绘画。葬具木板画年代为战国末至秦代和秦汉之际，题材均为首见，填补了这一时期中国墓葬绘画材质与类型的历史空白，对追溯中国墓葬壁画的形成有重要意义，是中国艺术史与思想史上的重要发现。

随葬品共 1000 余件，其中漆木器 400 多件，另有少量玉器、料器、竹器和丝织品，还有一批珍贵的文字材料出土。除 M277 出土遣策及铜鼎铭文外，战国末期墓葬 M274 还出土了一件长文木觚（一种多棱体木牍），觚上墨书约 700 字，字体是典型的秦隶。觚文记载谋士筡游说秦王寝兵立义，体例和文风与《战国策》近似，但不见于传世文献记载。该觚是目前所见年代最早、文字最长的木觚，内涵丰富，涉及考古学、古文字学、古文献学、古代史等诸多领域，学术价值重大。觚文的发现为我们提供了一篇全新的策问类文献，丰富了战国后期政治史资料，是研究当时社会思想的珍贵文本。

M276 椁室与头厢特写

M234 葬具木板画

M257 出土虎头枕

M274 出土长文木觚

M346 出土漆奁、漆盂

A区 M58 出土器物组合

M257 出土铜器组合

甘肃礼县四角坪遗址

入选"2023年度全国十大考古新发现"

发掘单位 甘肃省文物考古研究所、复旦大学
项目负责人 侯红伟

四角坪遗址位于甘肃省陇南市礼县，是一处秦代大型礼制性建筑遗址。遗址外围依山势建有夯土围墙，墙内主体遗存由多处夯土建筑基址组成，现存总面积约2.8万平方米。

遗址中心为边长27.8米（合秦尺120尺）的方形夯土台基，四边各夯筑两组台阶，上置空心踏步砖。土台中心建造一边长6.5米（合秦尺28尺）的方形半地穴式空间，地面及四壁贴附素面砖，砖缝做填缝处理，空间中部地砖下有陶水管道向北横穿夯土高台。中心土台四边对应长方形附属建筑，

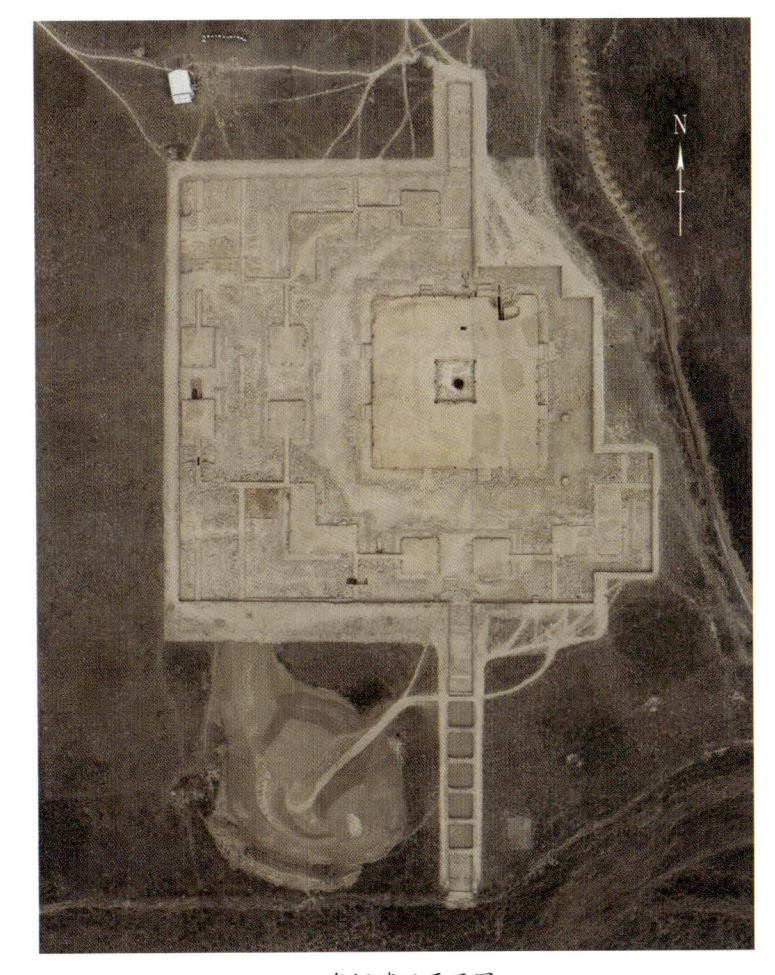

四角坪遗址平面图

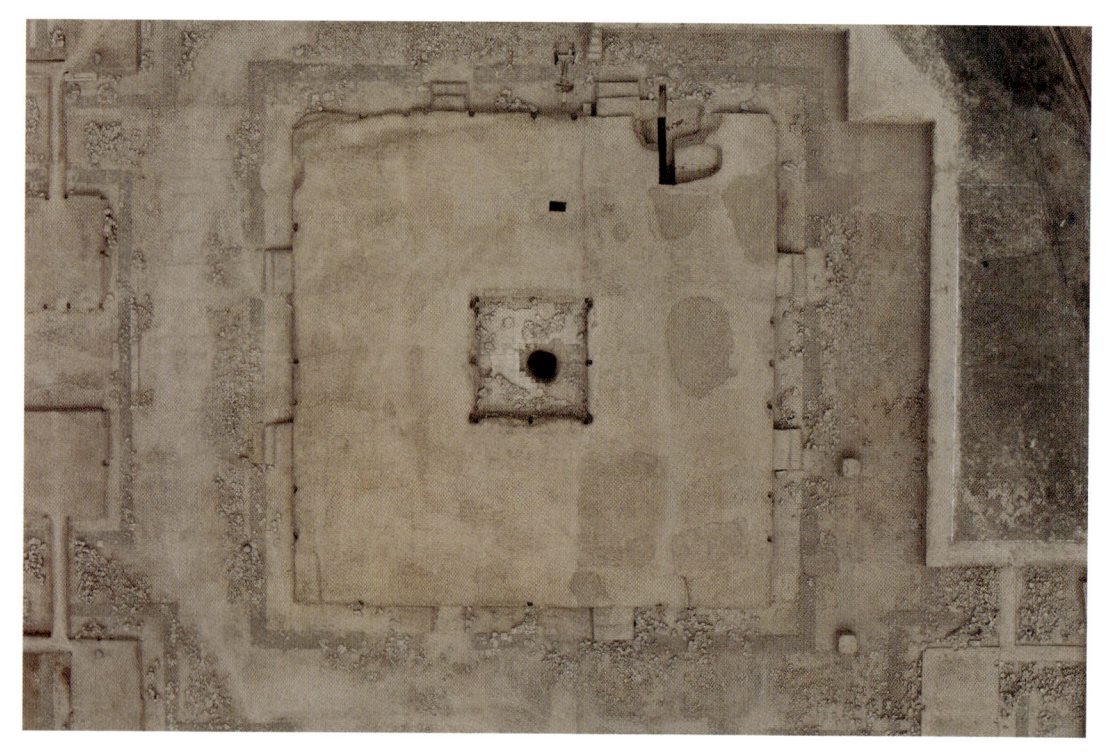

中心夯土台基

四角分布曲尺形附属建筑，附属建筑区域以夯土墙分隔出多个院落，夯土墙连接附属建筑，将中心土台围合。各夯土基址边缘均分布方形柱洞，外围均环绕鹅卵石散水。遗址以建筑遗存为主，出土大量建筑构件，有瓦当、板瓦、筒瓦、空心砖、地砖等，各类遗物规格、纹样统一。

中心夯土台柱洞

四角坪遗址是国内罕见的规模宏大、格局规整的秦代大型建筑群，是秦继宗庙建筑、畤祭建筑之外的又一种祭祀建筑形式。该建筑格局深刻影响了两汉时期德阳庙、王莽九庙甚至后期天坛、地坛等祭祀建筑的风貌，具有极强的礼仪性，是秦代国家意志的体现。四角坪遗址是国家祭祀变革与中国"大一统"历史进程的物质载体，体现了中国古代统一国家形成初期的风格和气魄。

半地穴式空间

陕西凤翔雍山血池秦汉祭祀遗址

入选"2016年度全国十大考古新发现"

发掘单位 陕西省考古研究院、中国国家博物馆、宝鸡市考古研究所、
凤翔县文物旅游局、凤翔县博物馆、宝鸡先秦陵园博物馆
项目负责人 田亚岐

雍山血池遗址位于陕西凤翔血池村，东南距秦雍城遗址约15千米，面积达470万平方米。近年随着持续的考古工作，人们逐步确认，该遗址系首次发现的由坛、墠、场、道路、建筑、祭祀坑等各类遗迹组合而成的"畤"祭文化遗存。这是与古文献记载吻合、时代最早、规模最大、性质明确、持续时间最长，且功能结构趋于完整的秦汉时期国家大型祭祀遗址。此次考古发现以实际文化内涵印证了秦汉时期国家在这里曾举行最高规格的祭天仪式，填补了既往在雍城遗址布局中唯缺郊外以畤祭天相

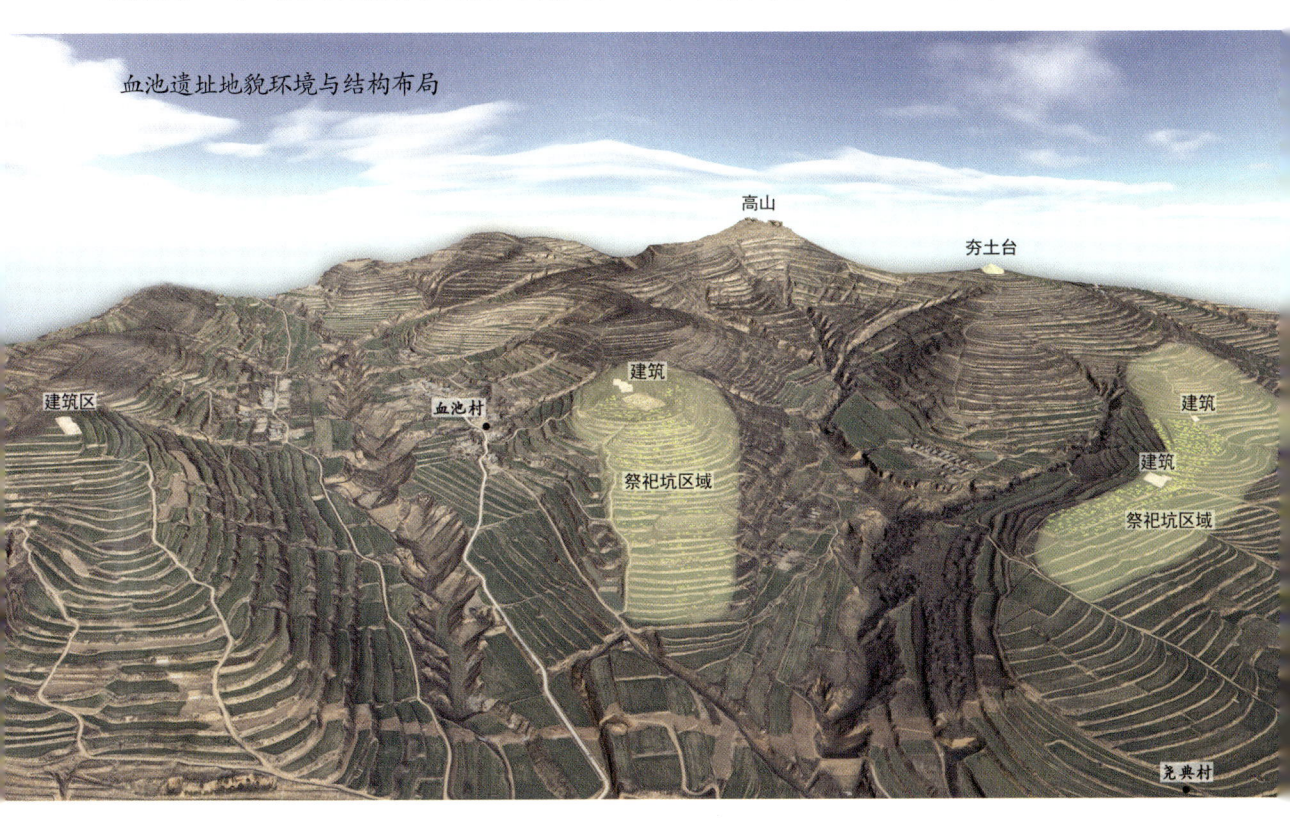

血池遗址地貌环境与结构布局

祭祀坑分布（局部）

关遗存的空白。秦汉时期于此创制的成套畤祭礼仪，不仅蕴含着政治理念、哲学思想、地形地貌相关知识等，而且对于古代祭祀制度演变也起到了承前启后的作用。

血池遗址数量最多的遗迹是排列密集的各类祭祀坑，目前已发掘出的可分三个大类。A类是"车马"祭祀坑，有三种不同形制：一是较大的长方形竖穴深坑，坑内有完整的四马和实用原大的车，或肢解后的二马与明器化大车；二是窄长的直筒竖穴坑，坑内为明器化的偶车和马牲肉；三是窄长竖穴坑头带有封门槽的洞龛，坑内仅有明器化小木车，或以马面装饰物做马的象征。上述三类车马坑存在相互打破关系，说明这里曾有持续的祭祀过程。坑内"车马"的明器特征逐渐突出，体现了祭祀时由真车马到偶车马的演变过程。B类坑绝大部分呈不规则形，坑内瘗埋物均为马、牛、羊三牲"献食"。C类则系极少数空坑。

出土器物主要有陶质建筑材料、玉器（男、女装束的玉人，玉珩，玉琮，玉璋，呈现组合关系），以及青铜车马器、兵器等。

血池遗址不仅系正史记载之佐证，而且成为自东周诸侯国到秦汉大一统国家祭祀活动的重要物质再现。从"透物见人"的角度来说，此次考古发掘出的实物资料，对于深化秦汉礼仪制度研究具有重要的学术价值。

经局部解剖发掘的"坛场"结构

长方形竖穴祭祀坑，内为明器化大车、二马　　　　　明器化偶车与马牲肉祭祀坑

长方形深竖穴祭祀坑，内为实用原大车、四马　　　　弩机、承弓器

马衔等车马器

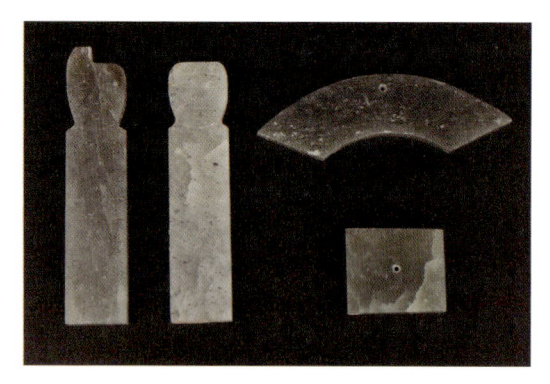

呈现规律的玉器"四组合"

玉人（男性装束）

玉琮

玉珩

陕西西安秦汉栎阳城遗址

入选"2017年度全国十大考古新发现"

发掘单位 中国社会科学院考古研究所、西安市文物保护考古研究院
项目负责人 刘瑞

栎阳城遗址位于今陕西省西安市阎良区。据文献记载，栎阳城是秦献公都城、秦孝公迁都咸阳之前都城、秦末楚汉相争之际塞王司马欣都城、"还定三秦"后汉王刘邦都城，及刘邦建立汉王朝后的第一座都城，是咸阳、长安外西安地区的第三座秦汉都城，对于认识和研究秦汉都城的形制、演变等均具有重要价值。

阿房宫与上林苑考古队2012年重启栎阳城考古后，先后确定了一号、二号、三号三座古城，其中三号古城的时代为战国中期至西汉前期，即文献记载中秦至汉初的栎阳所在。三号古城内发掘并确定了多座大型宫殿建筑。其中的半地下建筑、浴室、壁炉等设施，以及空心砖踏步、巨型筒瓦、瓦当等遗物，是目前为止最早的发现。出土器物上"栎阳""宫"的刻文和大量的"栎市"陶文，明确表明该遗址所在即为栎阳。据文献记载及出土遗物，三号古城的上限不早于战国中期，与文献所载秦献公、孝公建都于栎阳的时间吻合，为战国秦都栎阳。从城址延续到西汉前期判断，其亦当为塞王司马欣之都，为汉初刘邦所都栎阳。

栎阳城上承雍城，下启咸阳城，历史地位极

栎阳城遗址三号古城2017年发掘遗迹

其重要。发掘者以其丰厚的文献功底,梳理、评论、明晰与栎阳城有关的文献,为考古工作提供了丰富的思路和较为准确的路径,体现了历史时期考古的鲜明特征。

三号建筑遗址

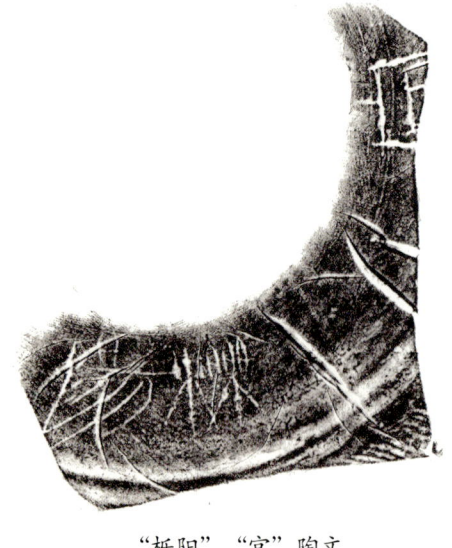

"栎阳""宫"陶文

三号建筑内地下室建筑

四号建筑内浴室

四号建筑北侧院落内大型灶址

四号建筑内 Z8 全景照

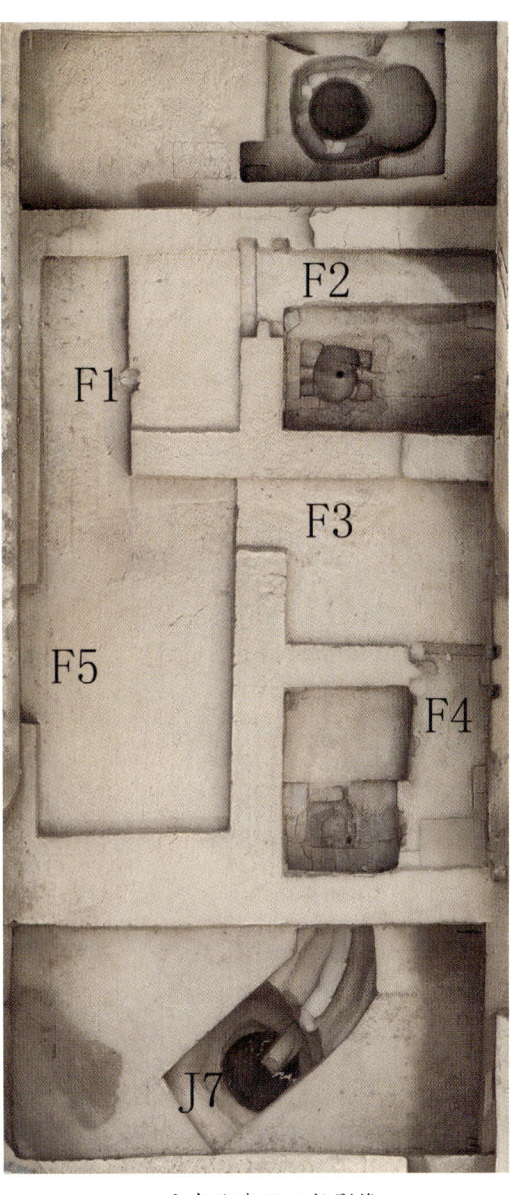

五号建筑遗址正射影像

五号建筑 F2 内地漏

五号建筑 F4 内浴室

三号古城内出土鸟纹半瓦当

巨型筒瓦

陕西西安江村大墓

入选"2021年度全国十大考古新发现"

发掘单位 陕西省考古研究院、西安市文物保护考古研究院
项目负责人 马永嬴

江村大墓位于西安市东郊白鹿原上。根据考古资料，其所在的汉文帝霸陵陵区范围近30平方千米。2006年以来，我们先后对霸陵陵区进行了多次调查、勘探和试掘，2017年开始，对江村大墓外藏坑、陶窑遗址、陪葬墓等进行了考古发掘。

江村大墓发掘了东北、西南区域的8座外藏坑，大多为带斜坡道的竖穴土圹形制，底部有木椁遗迹。坑内遗存主要有着衣陶俑（个别带有刑具）、陶器、铁器、铜器、漆木器（包括木车马）遗迹等，还清理出一批带有机构、官职名称的明器铜印。陶窑遗址共发掘17座。窑室内出土有汉代砖瓦和陶器等文物。

2018—2019年，为配合基本建设，我们发掘了江村大墓西南约3900米处的23座汉墓（栗家村汉墓），其中4座甲字形大墓，均为竖穴木椁结构。墓葬虽被盗严重，但仍清理出土玉衣片2000多枚，以及乐舞俑、陶编钟、编磬、铭文铜铟等珍贵文物。

霸陵陵区外景

江村大墓 K27 三维正视影像图

此外，我们还对毗邻的薄太后南陵做了一些考古工作。勘探发现南陵为亚字形墓葬，其墓室向东偏离封土，外围也以"石围界"形成陵园。发掘了封土西侧的3座外藏坑，出土塑衣彩绘陶俑、原大木车遗迹，以及大量带有草原文化风格的金、银饰品等。南陵封土西北分布有一组小型外藏坑，我们发掘了其中的39座，其底部有陶棺或砖栏，内有动物骨架、陶俑、陶器等，经鉴定，动物种类以金丝猴、丹顶鹤、陆龟等野生动物为主。

考古资料表明，江村大墓及其周边的遗迹形成了一个较为完整的陵区，与汉高祖长陵、汉景帝阳陵等形制要素相近，平面布局相似，整体规模相当，并有显而易见的发展演变轨迹。结合文献记载，可以确认江村大墓即为汉文帝霸陵。

对江村大墓的发掘，确定了汉文帝霸陵的准确位置，解决了西汉十一陵的名位问题，为西汉帝陵制度形成、发展、演变的研究提供了翔实的考古资料，为中国古代帝王陵墓制度的深入研究奠定了基础。霸陵的双重陵园、帝陵居中、象征官署机构的外藏坑围绕帝陵布局等，均为西汉帝陵中最早出现，表明了皇帝独尊、中央集权的西汉帝国政治理念的初步确立。出土印章、封泥及其他带字文物等，证实了"陵墓若都邑"、帝陵"模仿现实中西汉帝国"的建设理念。南陵外藏坑发现的带有草原风格的金银器是先秦两汉时期农牧文化交流与融合的直接证据，见证了中华文明由"多元"到"一体"的历史发展趋势。

考古发掘现场

江村大墓北侧石围界

江村大墓外藏坑着衣陶俑出土情况

南陵外藏坑塑衣彩绘陶俑出土情况

南陵外藏坑原大木车遗迹

栗家村汉墓M1出土文物

南陵小型外藏坑出土动物遗骸与陶器

汉代陶窑遗址

江村大墓外藏坑出土刑徒俑

江村大墓外藏坑出土铜器

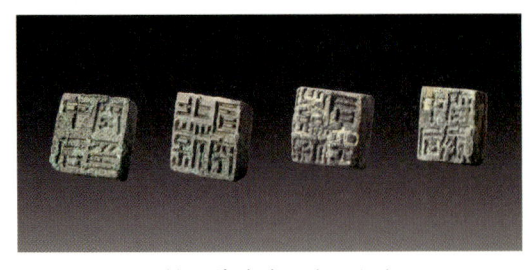

江村大墓外藏坑出土铜印

南陵外藏坑出土金器

四川成都老官山西汉木椁墓

入选"2013年度全国十大考古新发现"

发掘单位 成都文物考古研究院、荆州文物保护中心
项目负责人 谢涛

2012年7月—2013年8月，经国家文物局批准，当时的成都文物考古研究所（成都市文物考古工作队）和荆州文物保护中心组成联合考古队对位于成都市金牛区天回镇老官山地点一处西汉时期墓地进行了抢救发掘工作，共发掘了西汉时期土坑木

老官山西汉木椁墓M2北底箱器物出土情况

椁墓4座。墓葬分为有底箱和无底箱两类。无底箱墓为M1。有底箱墓为M2、M3、M4，即在椁室底部又分隔出一层，内部再分成若干箱，各箱内按类别置随葬品。

出土遗物620余件。重要收获有M1出土的50余版木牍、M2出土的玉质印章和4件竹木制织机模型、M3出土的930支竹简及人体经穴髹漆人像等。M1出土木牍书写内容为官府文书和巫术两类。M3竹简为医简，共《脉书·上经》《脉书·下经》《逆顺五色脉臓验精神》《犮理》《刺数》《治六十病和齐汤法》《疗马书》《经脉》八部医书。墓葬年代初步推测为西汉景帝、武帝时期。

出土文物具有重要价值。M1出土官府文书类木牍，涉及内容应与汉高祖时缴纳赋税的法令和汉武帝时"算缗钱"有关，为研究西汉时期赋税制度提供了重要资料。出土四部织机模型应是迄今国内发现的年代最早的多综多蹑织机，填补了中国乃至世界丝绸纺织技术研究的空白。与织机伴出有十多件彩绘木俑，从俑的不同身姿和身上不同铭文推测，可能为司职不同的织工，可能是汉代蜀锦纺织工场实景的模拟再现。首次在四川出土的医简是继马王堆之后出土的数量最多、规模最大的医简医学文物。出土的完整人体经穴髹漆人像，应是我国发现最早、最完整的经穴人体医学模型，可与墓葬出土经脉医书相对照。这些发现对中医发展史研究具有重要意义。

M1清理完成后情况

M2圹内夯土

M2底箱结构

M2北2底箱内竹简出土情况

M2 南底箱器物出土情况

M3 清理南 1 底箱彩绘陶鼎出土情况

M2 出土漆木马

M2 出土漆木耳杯

M2 出土彩绘木俑

M3 出土人体经穴髹漆人像

江西南昌西汉海昏侯刘贺墓

入选"2015年度全国十大考古新发现"

发掘单位 江西省文物考古研究院、南昌市博物馆、南昌市新建区博物馆
项目负责人 杨军

西汉海昏侯刘贺墓位于南昌市新建区大塘坪乡观西村老裘村民小组东北约500米的墩墩山上,由墓葬本体及其西侧的一个车马坑组成。车马坑为真车马陪葬坑。墓本体规模宏大,上有高达7米的覆斗形封土,下有坐北朝南的甲字形墓穴,墓穴内建有面积达400平方米的方形木结构椁室。椁室早年已坍塌,且有地下水,历次盗掘没有对墓葬造成大的破坏,遗物基本未被盗。

海昏侯墓出土了金器、青铜器、铁器、玉器、漆木器、纺织品、陶瓷器、竹简、木牍等珍贵文物1万余件,具有极高的历史、艺术、科学价值。其中数千枚竹简和近百版木牍,是我国简牍发现史上的又一次重大发现。出土的整套乐器,再现了西汉高级贵族的用乐制度。出土的5辆安车、大量偶车马,为西汉高等级贵族车舆、出

海昏侯刘贺墓内棺正射影像

编钟出土情况

行制度做了全新的诠释。诸多带有文字铭记的漆器和铜器,反映了西汉时期的籍田、酎金、食官等制度。大量的出土文物、完整的墓园结构、高等级的建筑遗迹、鲜明的墓葬特点、明确的墓地与都邑位置关系,组成了关于墓主身份的多重证据链,清楚表明墓主是西汉时期第一代海昏侯刘贺。南昌西汉海昏侯刘贺墓,墓园结构之完整、布局之清晰、保存之完好,为迄今所罕见,并拥有祭祀体系,对于研究西汉列侯墓园的园寝制度具有重大意义。

通过对海昏侯墓周边5平方千米区域的考古调查和勘探,我们还发现了以紫金城城址、历代海昏侯墓园、贵族和平民墓地等为核心的海昏侯国一系列重要遗存。它们共同构成了一个完整的大遗址单元,是我国目前发现的面积最大、保存最好的汉代侯国聚落遗址,具有重大研究和展示利用价值。

M1主椁室功能分区

内棺中部

钱库内五铢钱出土情况

金饼、麟趾金、金板出土情况

奏章出土情况

编钟

车马器纹饰展开图

奏章

墨书金饼  　　　　　"刘贺"玉印

河南洛阳新安汉函谷关遗址

入选"2013年度全国十大考古新发现"

发掘单位　洛阳市考古研究院、新安县文物管理局
项目负责人　严辉

汉函谷关遗址位于河南省洛阳市新安县东,建于西汉武帝元鼎三年(前114)。它是洛阳盆地周边防御体系的重要组成部分,一直到隋唐时期,都是一处重要的军事关隘。同时,它是丝绸之路的一个重要节点,是西行的第一关,见证了丝路贸易的繁荣兴盛。

2012—2013年的考古工作,勘探总面积约13.9万平方米,发掘面积共3325平方米,发现了城墙、道路和建筑遗址等重要遗迹。对关城的东墙和南墙进行了局部揭露。关城东墙气势宏伟,墙体宽度达22米。

函谷关遗址全景

建筑遗址区航拍影像

北部用夯土修筑，南部靠近皂涧河的位置用石头砌筑。关城南墙临河而建，平面略呈弧形。发现古道路两条，均为东西向。一条从西汉建关一直沿用到现代，另一条时代为东周至西汉初期，是建关前古道，建关后被关墙阻断而废弃。建筑遗址共发现两期，均属东汉时期。第一期建筑发现有通道、活动面、排水渠等遗迹。第二期建筑保存较差。

出土遗物以陶制建筑材料为主，包括瓦当、筒瓦、板瓦、空心砖、方砖、条砖等建筑构件。其中以板瓦居多，筒瓦次之。另有陶瓷器、铁器、钱币等出土。

遗址布局基本明晰，它是一处东西狭长的小型城邑，东墙与南北山上的夯土长墙相连，达到军事防御和控制交通的目的。遗址南部、皂涧河北岸是主要的生活区。中部有一条狭长的东西向通道。根据出土遗物和对遗迹的解剖，可以确定城墙、建筑和古道均为汉代修建。

秦汉时期是关隘体系全面发展的时期，但是关隘遗址的考古资料非常匮乏。汉函谷关作为汉代最为重要的一处内关，其考古发现具有非常重要的学术价值。此次发现，为关隘制度的研究提供了重要的参考资料，为函谷关遗址的保护提供了重要依据，也为丝绸之路的申遗工作提供了重要的支撑。

建筑遗址通道及活动面

关城东墙马道及排水渠

关城东墙（Q1）北部

关城东墙（Q1）南侧顶部现状

关城东墙（Q1）南部

关城东墙（Q1）台基东侧边缘

石砌护堤

建关前古道路（L2）

建关后古道路（L1）  关城南墙（Q2）局部

出土瓦当

"关"字款铭文砖  "永兴"款铭文砖

陕西西安中渭桥遗址

入选"2013年度全国十大考古新发现"

发掘单位 陕西省考古研究院、中国社会科学院考古研究所、西安市文物保护考古研究院
项目负责人 刘瑞

中渭桥遗址位于西安市北郊汉长安城遗址北侧，发掘前为鱼塘所在，2012年4月上旬，在鱼塘挖沙中暴露木桩，后经调查确认为古桥遗存。

渭桥考古队先后在汉长安城北侧、东北的渭河故道中发现3组7座渭河桥。其

中渭桥遗址与周围秦汉城址、陵墓

厨城门一号桥航拍

中厨城门一号桥为南北向木梁柱桥，东、西两侧桥桩外皮之间宽15.4米，经物探、铲探及试掘，桥南北长在880米左右。从发掘桥桩来看，该桥使用时间较长，经多次维修、续建。在一号桥发掘区还清理出土大量形状、规格不一的大型石构件。较多石构件上有刻字和少量墨书题记，内容多为编号、人名。

厨城门三号桥位于厨城门一号桥东约200米，为南北向木梁柱桥。对桥桩的科技鉴定表明，三号桥时代相当于唐代。

洛城门桥发掘区位于汉长安城北区东侧城门洛城门北750米左右，向北3500米左右为今渭河南岸大堤。发掘确定其亦为南北向木梁柱桥。科技鉴定显示，该桥年代大体相当于西汉晚期至东汉早期。

以厨城门一号桥为中心，在东西400米的范围内高密度发现大型古代渭河桥梁的情况，在考古学上尚属首次出现。在横门外经铲探、发掘和大范围调查，均未发现存在渭河桥。据文献记载，厨城门外古桥群、洛城门桥应是不同时期的"中渭桥"。

中渭桥遗址的发现和确定，不仅对中国古代桥梁史的研究有重要价值，而且对秦咸阳城、汉长安城的进一步研究也具重要意义。其不仅是同时期世界上发现的最大的木梁柱桥，也是丝绸之路从汉长安城出发后的第一座桥梁。厨城门一号桥在清理中出土"康熙通宝"等清代遗物，结合多学科分析，判断渭河河道西安段大规模北移的上限应不超过康熙年间，这一发现对渭河变迁史的研究有重要价值，对关中环境史的研究也同样重要。

厨城门一号桥

厨城门一号桥桥桩与石构件

厨城门一号桥局部

厨城门一号桥石构件上的刻字

厨城门一号桥出土五边形石构件

洛城门桥布方

厨城门三号桥以东河卵石与木桩

厨城门三号桥

厨城门三号桥出土麻绳

厨城门三号桥石头上的铁构件

北京通州汉代路县故城遗址

入选"2016年度全国十大考古新发现"

发掘单位 北京市文物研究所、通州区文化委员会
项目负责人 孙勐

汉代路县故城遗址包括故城城址和以城址为核心的墓葬两部分。城址位于北京市通州区潞城镇，平面呈近似方形，总面积约35万平方米。2016年开始，考古人员重点在潞城镇胡各庄村、后北营村、古城村等地开展考古调查、勘探和发掘，基本确定了城

胡各庄村墓葬群航拍全景

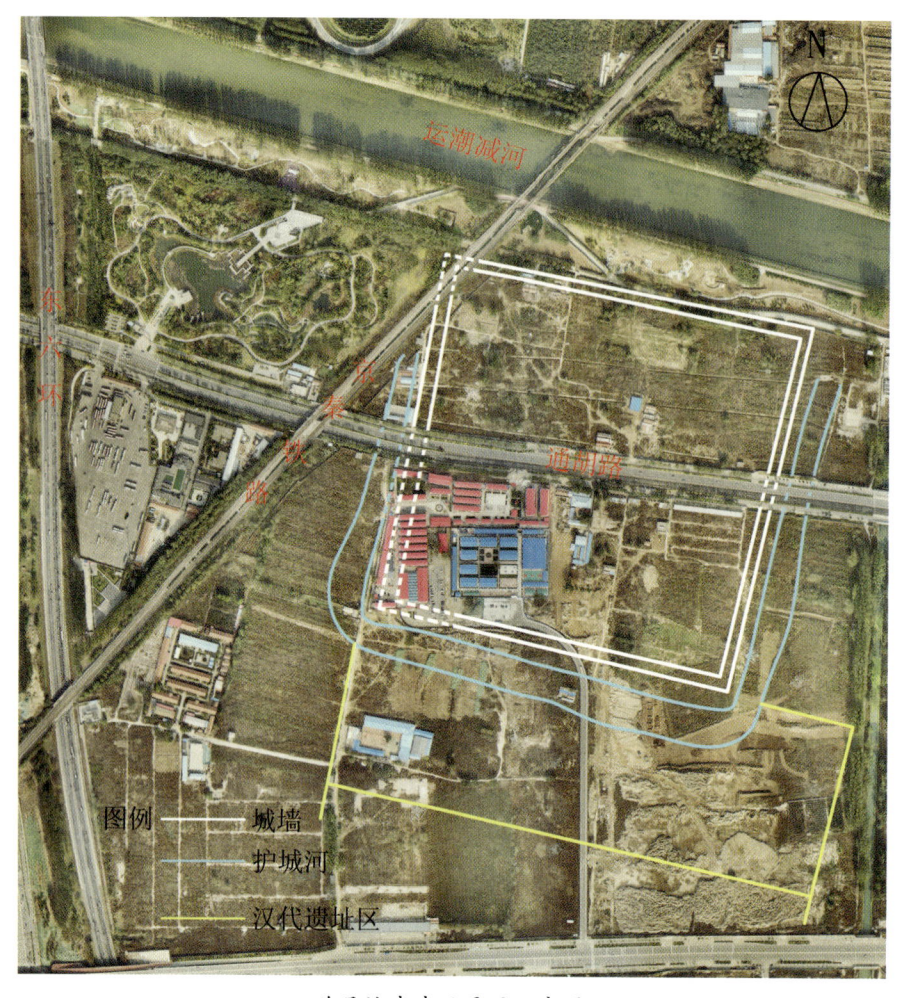

路县故城城址平面示意图

址的位置、范围和形制。在城址内北部清理出明清、辽金和汉代的道路遗存各一条，有明显的叠压关系，初步判断其为城内的南北向主干道。城墙基址外有城壕遗存，宽度约30米。在南城壕遗存外发现一处大面积的汉代文化遗存。在南城墙基址外的东部清理出城壕、沟渠、道路、房址、灶、灰坑和瓮棺等。据史料记载，该城址是两汉时期路（潞）县的治所。

以城址为中心，在约2千米的半径范围内，清理了战国至明清时期的墓葬1146座。其中，战国—西汉墓葬163座，东汉—魏晋墓葬724座。这些战国—魏晋时期的墓葬类型丰富，包括土坑墓、砖室墓、瓮棺葬、瓦室墓等。砖室墓的数量众多，形制多样，可分为单室、双室、多室墓等，规模最大的是双墓道八室墓。

汉代路县故城城址保存较为完整，其形制和大小符合黄河中下游地区汉代县城的规制，对探索汉代北方地区和幽蓟地区基层社会的主要架构、管理机制和组织形式等均具有重要的历史和考古价值，并填补了汉代县级城址考古的学术空白。以路县故城城址为中心呈环状分布的墓葬，数量众多，形制多样，时间延续性强。二者在时空关系和文化联系上，密切相关，互为支撑，可形成立体、完整的研究资料。

南城墙南侧剖面夯层 　　　　　　　　南城墙北侧剖面夯层

陶纺轮

瓦当 　　　　　　　　　　　　　　　小陶盏

铜镞 　　　　　　　　　　　　　　　陶饼

陶豆

铜印章

算筹

山东定陶灵圣湖汉墓

入选"2012年度全国十大考古新发现"

发掘单位 山东省文物考古研究院、菏泽市文物管理处、定陶县文物局
项目负责人 崔圣宽

该墓葬位于山东省定陶县马集镇大李家村西北约2千米,属于甲字形大型木椁墓。墓地原有3座大型封土墓葬,没被预埋的封土早年被平毁,近几年历经多次盗掘,给该墓的保护带来很大难度。

墓葬现存封土分两部分。核心部分位于墓室上部,呈三层台基式,逐级上收,平面基本呈方形,外围以斜坡式堆筑夯土封护。封土直径约150米。

墓室近方形,边长约23米。墓葬结构保存完好。木椁室包括黄肠题凑、回廊外12个侧室、回廊、前室、中室、后室,以

灵圣湖汉墓全景

墓葬开口、墓室上方防盗砂、墓坑四周柱洞

盗洞

墓室上方第一层枋木

及前、中、后三室的8个耳室、各室间甬道以及4个门道。前后室的耳室各有一壁龛。中室内有一漆木棺。整个墓室结构南北、东西对称。墓室外侧、各侧室壁，以及回廊内、中室四周均由黄肠木砌筑叠垒。黄肠木总计12 038组。椁室顶部及底部各垒砌5层宽窄不均、厚30—34厘米的枋木。木材总量2200余立方米。木质保存较好。墓室顶部及四周用青砖垒砌封护，绝大多数砖上有朱书、墨书或刻写文字以及符号、戳印纹等。文字内容绝大多数为人名，另有少量地名、数字。初步观察，砖上涉及的人名姓氏有30余种。在墓葬中室门道外地板下暗洞内，发现一保存完好的以丝织品包裹缠绕系结的竹笥。竹笥内叠放一件丝质汉袍，汉袍的颈背部系结一枚玉璧。

该墓葬建筑考究，规模宏大，结构独特。从墓室结构初步判断，墓葬年代属于西汉晚期。黄肠题凑的墓葬形制也是在山东首次发现。地上墓室的构筑方式，封土内墓坑外围柱洞、墓室外积砂内立柱等构成跨度约38米的柱洞群。回廊外侧室、回廊内多室以及侧室间隔壁皆为黄肠木横切叠垒的墓室结构，带文字的青砖封护墓室，这些特点在以往发现的大型墓葬中实属罕见。其复杂的墓葬结构、考究的建筑都反映了墓主人身份至少属于王一级，但其规格又明显高于以往发现的同时期的汉代诸侯王墓。这对于推断墓主人的身份和定陶王室与西汉王朝的关系具有重要价值。

2015年后，该墓葬改名为定陶王陵M2。

侧室　　　　　　　　　　　　　　　　　墓内西回廊

墓室内前室、中室门道

黄肠题凑　　　　　　　　　　　　　　　墓室内东侧南半部回廊

提取竹笥

竹笥内的汉袍及系结的玉璧

玉璧

朱书青砖

河南洛阳东汉帝陵考古调查与发掘

入选"2017年度全国十大考古新发现"

发掘单位 洛阳市考古研究院、郑州大学
项目负责人 严辉、张鸿亮

东汉王朝共有12座帝陵,其中11座帝陵均位于今河南洛阳境内,分布于邙山和洛南两个陵区。目前,我们已经对7座帝陵进行考古勘探工作,并对朱仓M722、白草坡村东汉帝陵陵园遗址进行了考古发掘,累计发掘面积约1.4万平方米,取得了重要收获。

朱仓M722东汉陵园遗址位于洛阳市孟津县朱仓村西部,地处邙山陵区内。遗址由内、外陵园构成,内陵园平面呈长方形,

朱仓M722陵园遗址1号台基东部及内陵园东门址

四周有夯土基槽环绕，包括帝陵封土、地宫、封土东侧的1号台基建筑单元与封土南侧的建筑单元。外陵园位于内陵园东侧偏北，主要包括2号、3号台基，1号、2号院落建筑单元。

白草坡村东汉帝陵属洛南陵区，位于伊滨区庞村镇白草坡村。墓冢封土已被夷平，原始封土直径约125米，墓道宽10米。首次发现陵园道路和疑似阙台遗迹。

东汉帝陵的具体位置和分布，长期以来是考古学的缺环。经过多年调查、勘探和局部发掘，人们终于明确了东汉帝陵的位置、布局及特征，这是秦汉考古的重大突破。目前基本掌握了东汉时期帝陵陵园的总体布局。东汉陵园采用内外陵园制度。内陵园以帝后合葬墓为中心，周边有周垣或道路环绕。外陵园以大面积夯土建筑基址为主，集中分布在内陵园的东北侧。东汉帝陵的若干形制要素（圆形封土、南向长斜坡墓道、甲字形砖石明券墓室，以及石殿、钟虡、寝殿、园省、园寺吏舍等）也得到明确。内外陵园的建筑遗址，除上

朱仓M722陵园遗址1号台基西阶道

朱仓M722陵园遗址1号台基全景

述主体建筑外，还附属有大量的廊房、天井、给水排水设施等。各建筑之间相对独立，但又有通道相连。东汉帝陵的调查和发掘，为研究东汉时期陵寝制度的内涵与演变提供了重要的参考资料。

东汉时期的陵寝制度是中国古代陵墓由"天下之中"到"南面称王"轨迹演变的关键节点，又是中国古代陵寝制度史研究中的薄弱环节。田野考古工作为此领域的研究突破奠定了基础，补充了缺失。

朱仓 M722 陵园遗址 2 号台基东门址与 3 号台基

朱仓 M722 夯土台基东侧院落

朱仓 M722 陵园遗址 1 号台基东侧排水沟

朱仓 M722 陵园遗址烧窑

朱仓 M722 陵园遗址出土瓦当与刻字板瓦（拓片）

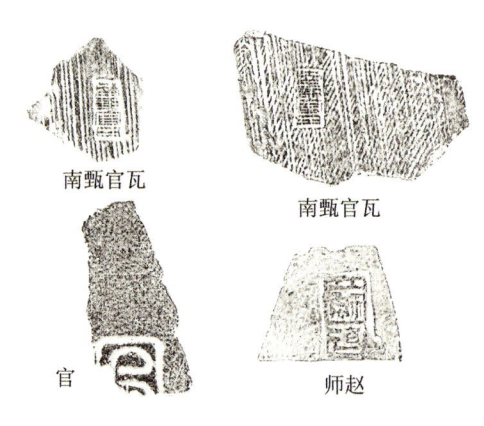

南甄官瓦　南甄官瓦
官　师赵

朱仓 M722 陵园遗址出土板瓦、筒瓦上的戳印、刻字（拓片）

朱仓 M722 陵园遗址祭祀坑牛骨

新疆奇台石城子遗址

入选"2019年度全国十大考古新发现"

发掘单位　新疆维吾尔自治区文物考古研究所
项目负责人　田小红

石城子遗址位于奇台县半截沟镇麻沟梁村。地处天山山脉北麓山前丘陵地带。经调查勘探确认，遗址由城址、手工业作坊和墓地三部分构成。

城址位于遗址东部一座突出的山嘴上，平面大致呈长方形，依山形水势而建，地形险峻，易守难攻。城墙西北角和东北角各有角楼1座，北墙上有马面2座。西墙

石城子遗址全景

城门门道及内侧遗迹俯视

外约10米处有护城壕。城门1座,位于西墙中部。城内西北筑子城1座。城内通过考古发掘清理出房屋37间,还见灶、灰坑、车辙、散水等遗迹。出土遗物以灰陶砖、瓦等建筑材料为主。生活类器物及兵器较少,质地有陶、铜、铁、石、骨角等,个别陶器刻有"马""宋直瓮"字样。钱币为五铢钱。

窑址类手工业作坊和墓地位于城西。现发现陶窑3座,墓葬10余座。窑室内出土建筑材料、陶器等与城内所出同类器物相同,表明其是采用中原传统技术和装饰母题在本地制作。

墓葬可分为竖穴土坑墓、竖穴二层台墓和竖穴偏室墓三类。出土遗物有束颈罐、绢、金箔、料珠、五铢钱及羊距骨等。

石城子遗址是新疆地区经考古发掘的文化特征鲜明的汉代城址,也是迄今新疆发掘面积最大的一处汉代军事要塞。结合历史文献,基本确定遗址为《后汉书》中记载的"疏勒城"。该遗址遗迹丰富,保存完好,时代特征鲜明,为研究两汉时期的边城规制提供了参考。遗址位于两汉时期中原王朝经略西域的战略孔道,是西域纳入汉帝国政治版图的实证。发掘成果和相关研究对于厘清汉帝国在西域军事防御体系的构建,深入研究两汉时期中原王朝对西域的管辖具有重要的学术价值和现实意义。

护城壕

城墙墙体上反复涂抹的草拌泥和白灰

子城内西北部居址

车辙

西北角楼及城墙

陶窑俯视

板瓦、筒瓦及瓦当的组合 　　　　刻有"马"字的陶器残片

柱础石 　　　　骨结具

铜镞

炭精虎饰

五铢钱

江苏徐州土山二号墓

入选"2020年度全国十大考古新发现"

发掘单位 徐州博物馆（徐州市文物考古研究所）
项目负责人 耿建军

土山汉墓位于江苏省徐州市区云龙山北麓，共发现三座墓葬，《水经注》等记载为"亚父冢"，俗称范增墓。土山二号墓1977年发现，历经三代考古人40余年的发掘。发掘工作从室外考古转为室内考古，从田野考古发掘转为发掘与保护、展示并重，是我国考古发掘工作理念转变的缩影和范例。

20世纪80年代土山外景

清理后墓葬全景

土山二号墓规模宏大,结构复杂。墓葬南向,前为墓道,后部有砖、石封门墙。墓室砌筑在墓坑内,由耳室、甬道、前室、后室、回廊构成。墓室为砖石结构,上有四层封石,外有一周黄肠石墙。整个墓葬大规模使用石料、木料和土方。石材上的"官工"姓名超过180人,初步判断石料来源于墓葬南边的云龙山。木材主要作为墓壁顶部施工平台及顶部装修、横梁、地板等。

二号墓共出土各类遗物5600余件(套),其中封土内封泥4890枚、器物160余件(套),墓室内遗物540余件(套)。各墓室按照功能放置不同的陪葬品。前室出土的一件石案上覆盖有纵横各17道墨线的绢质围棋盘,上置椭圆形黄铜质棋子,东回廊漆木棺内也发现琉璃棋子。由此,汉代围棋对弈双方棋子的形状、质地、颜色得以确认。

金属陪葬品也极具特色。一件铁镜X光图像显示有精美的错金银纹饰,另有一件环首铁刀上有错金银鸟纹及"长乐未央宜子孙"铭文。东回廊棺内发现了金叶、珍珠等步摇饰件,将步摇的出现时间提前到东汉。

发掘厘清了东汉早期诸侯王陵墓的营建过程、建筑结构及建造方法等诸多问题,证实东汉诸侯王与王后并穴合葬的形式,并首次发现较为完整的东汉诸侯王彩绘漆棺,明确东汉诸侯王(后)使用双层套棺的棺椁制度。东汉墓葬的封土中发现大量西汉封泥,全国罕见,是一批重要的封泥文字资料。综合判断墓葬的时代为东汉早中期,墓主以刘英可能性最大。

东回廊漆木棺内出土琉璃棋子

前室—东徽道

清理后的东回廊和北回廊

后室玉衣片出土情况

封石

后室漆木棺清理前俯视

金饰件

玉石耳杯、盘、勺

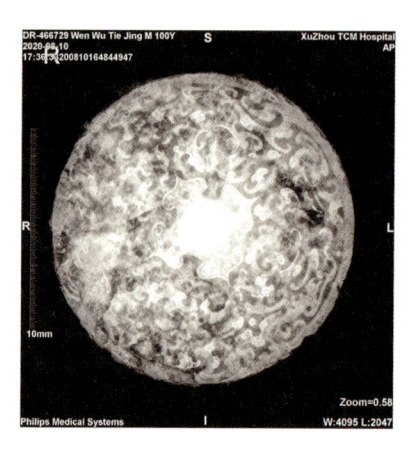

铁镜、铁刀 X 光图像

石材刻铭

墓室券砖上的"徼道""前堂""官（宫）室"等文字

浙江上虞禁山早期越窑遗址

入选"2014年度全国十大考古新发现"

发掘单位 浙江省文物考古研究所、上虞博物馆、上虞越窑青瓷发展研究中心
项目负责人 郑建明

禁山早期越窑遗址位于绍兴市上虞区上浦镇大善村。这里地处曹娥江流域,位于宁绍平原中部,是汉六朝时期窑业的生产中心,代表着当时最高的制瓷技术,并引领着中国成熟青瓷制瓷业的发展。该窑址群对于探索中国成熟青瓷的起源及其早期发展,早期越窑技术的扩张及周边地区窑业的兴起,汉六朝时期江南地区社会、经济与文化的发展,中国南北方文化的交融等方面均具有重要的意义。

禁山窑址是汉六朝时期曹娥江流域窑址的代表。历年的考古发掘,揭露了包括

禁山窑址全景

从东汉到西晋的堆积层

窑炉、灰坑、灰沟等在内的丰富遗迹，并出土了大量高质量成熟青瓷器。窑场入口处开阔而平坦，遗迹丰富，为作坊区；烧成区域位于两侧山坡上，保存了较为完整的窑炉；窑炉群之间，山谷的最深处，是废品与窑业废渣的倾倒处。窑场的整体布局科学合理。出土产品标本均为成熟青瓷器，种类丰富，包括樽、簋、洗、盆、灯、罐等近30种器形，胎釉质量高，装饰华丽，制作与装烧工艺成熟而高超。不同时期的窑炉、窑具等遗迹、遗物之间存在区别，也能体现出窑业技术随时间推移而不断提高的发展过程。

禁山窑址代表了从东汉到三国西晋时期成熟青瓷发展的第一个高峰，尤其是东汉全新成熟青瓷类型及东汉至三国、西晋时期完整窑炉发展序列的发现，更在陶瓷发展史上具有重要意义。一系列的考古工作，再次证明了上虞的曹娥江流域是中国成熟青瓷的起源地与第一个烧造中心。

龙窑窑炉

不同间隔具的叠烧方式	人形灯
各种标本	各种窑具
唾壶	堆贴工艺
樽	鸡首壶

罐　　　　　　　　　　　　铺首

虎头形流　　　　　　　　　蛙形器

胡俑　　　　　　　　　　　狮形器

三国至隋唐

- 河南洛阳汉魏洛阳城太极殿遗址
- 西藏札达桑达隆果墓地
- 贵州贵安新区大松山墓群
- 陕西西安少陵原十六国大墓
- 内蒙古正镶白旗伊和淖尔墓群
- 河北内丘邢窑遗址
- 江苏扬州曹庄隋唐墓（隋炀帝墓）
- 西藏阿里故如甲木墓地和曲踏墓地
- 河南隋代回洛仓与黎阳仓粮食仓储遗址
- 吉林珲春古城村寺庙址
- 甘肃武威唐代吐谷浑王族墓葬群
- 江西景德镇南窑唐代窑址
- 青海都兰热水墓群2018血渭一号墓
- 青海乌兰泉沟吐蕃时期壁画墓
- 四川石渠吐蕃时代石刻
- 新疆尉犁克亚克库都克烽燧遗址
- 浙江慈溪上林湖后司岙唐五代秘色瓷窑址
- 上海青浦青龙镇遗址
- 江苏张家港黄泗浦遗址

新时代三国至隋唐考古，聚焦多元一体和交流互鉴

沈睿文

该时段重要的考古发现主要集中于墓葬、瓷窑以及港口遗址。其中，陕、甘、宁、青、新等地的新发现极大地丰富了相关认识，不仅体现了不同地区乃至中外之间的文化交流，而且反映了多元一体的政治文化格局，具有重要的学术价值和现实意义。

城市考古以洛阳地区的发现最为突出。汉魏洛阳城太极殿遗址的发掘，证实了曹魏新建的洛阳宫是最早的一座居北居中"建中立极"的单一宫城，这是曹魏在一统皇权之后，扬弃曹魏邺城骈列制布局的经验而创制的。回洛仓是隋都洛阳城具有战略储备功能的大型官仓，黎阳仓则具有中转性质。这两处官仓遗址的发掘不仅有助于复原当时的地下储粮技术，而且能帮助人们理解洛阳在国家交通运输网络中的重要地位。

吉林珲春古城村寺庙址是高句丽和渤海国佛寺考古的重要发现。其中1号寺是我国境内发现的第一处高句丽佛寺，填补了图们江流域高句丽考古遗存发现的空白。2号寺是首次全面揭露的渤海国高等级佛寺，为辨识本地区渤海国早期建筑遗存提供了标尺。

墓葬的发掘，从帝王陵寝到平民公墓都有重要收获。江苏扬州曹庄隋唐墓葬确认为隋炀帝墓、萧后墓，印证了历史文献的记载，随葬的编钟、编磬与白玉璋表明该墓以王礼葬，为研究隋唐高等级墓葬形制提供了实证资料。

贵州贵安新区大松山墓群是贵州已发掘的规模最大、延续时间最长的一处公共墓地。墓群布局有序，首次建立起黔中地区两晋至明代墓葬发展序列，反映了黔中地区古代文化进程，是中央政府在贵州实行"土流并治"的缩影。

民族考古取得的成果尤为突出。陕西西安少陵原发掘的三座十六国时期高等级墓葬，结构完整，规格高，属王陵一级，推动了对十六国墓葬的甄辨和研究。

内蒙古正镶白旗伊和淖尔墓群是目前所见纬度最高的北魏鲜卑贵族墓群。所出文物既有鲜卑文化特点，又有异域特色，是北魏时期草原丝绸之路存在的物证。

甘肃武威唐代吐谷浑王族墓葬群的基本布局得以廓清。吐谷浑喜王慕容智墓是目前发现唯一保存完整的吐谷浑王族墓葬，体现了墓主遵守唐制的基本原则以及对本族葬俗的保留，随葬品皆为国内同时期相关文物首次或罕见的发现，体现了墓主对唐朝的国家认同和族群认同。随葬铠甲体现了游牧文化中葬以生前器用服玩的习俗，如同阿史那忠墓以及阙特勤墓园所见。此风亦见于青海乌兰泉沟吐蕃时期壁画墓，该墓内首见设置密封的暗格，内置木箱，中放墓主生前所用鎏金王冠和錾指金杯。

西藏札达桑达隆果墓地和阿里故如甲木墓地、曲踏墓地的发现，为探讨当时的社会结

构、生业模式提供了重要资料。上述三地所出金、银面饰形制相类，反映了三地与喜马拉雅山脉南麓、新疆、中原以及西藏其他区域的交流。

青海都兰热水墓群 2018 血渭一号墓为热水墓群发现的结构最完整、体系最清晰、墓室最复杂的高等级墓葬，根据所出印章可知墓主是吐谷浑王阿柴王，对研究唐（吐蕃）时期热水地区墓葬的归属、葬制葬俗及唐蕃关系等具有重要价值。

四川甘孜州石渠吐蕃时代石刻所见古藏文题记可准确断代，为研究吐蕃时期佛教考古，以及青藏高原东部唐蕃古道走向或文成公主进藏路线的考证提供了重要的新资料。

新疆尉犁克亚克库都克烽燧遗址的发掘，是国内首次对唐代烽燧遗址进行的主动性考古发掘。它的重要性通过两个"完整"体现出来。第一，系统完整地揭露出唐代烽燧遗址结构，明确了该遗址是唐代安西四镇焉耆镇下的"沙堆烽"故址。第二，出土了相对完整的烽燧文书群。这两个"完整"共同活化了唐代戍边生活的场景，证明唐王朝对西域的稳定治理和对丝绸之路路政建置的持续维护。

窑址发掘仍以聚落考古的方式揭露作坊的平面布局，对其始烧年代、技术特征以及销售都有新认识。滨海港口遗址的发掘，展现了较为完整的产运销链条。

2014 年，河北内丘城关邢窑遗址中心窑场的发掘，将该区域制瓷窑炉的历史上溯至北朝时期，为研究邢窑早期窑炉的结构、布局和产品提供重要资料。浙江慈溪上林湖后司岙唐五代秘色瓷窑址的发掘，首次摸清以后司岙窑址为代表的唐宋越窑高端青瓷窑场的基本格局，揭示了秘色瓷的产地和唐五代宫廷用瓷的来源与生产管理状况。

江西景德镇南窑的发掘填补了该地区唐代瓷窑遗存的空白。在生产销售方面，该窑呈现出将利润最大化的"背后地"生产模式，将市场需要的不同地区的制瓷工艺融汇到南窑生产中。背后地的生产模式通过水道连接便利的港口输出销售，是当时包括制瓷在内的手工业追逐市场利益最大化的一种主要模式，客观上也推动了不同窑业技术的融合和创新。

港口遗址的发掘为进一步探讨背后地模式及其与海内外贸易的关系提供了可能。上海青浦青龙镇遗址是唐宋时期海上丝绸之路的重要贸易港口，其发掘可重构青龙镇发展、繁荣、衰落的过程，以及唐宋市场对南方窑口需求的转变，在唐宋市镇考古中具有典范意义。隆平寺塔基是北宋民间建造佛塔的典型代表，在当时具有航标塔的功能。江苏张家港黄泗浦遗址的发掘证实了该遗址是长江下游一处重要的港口集镇，实证了鉴真从黄泗浦东渡启航的史料记载。

河南洛阳汉魏洛阳城太极殿遗址

入选"2015年度全国十大考古新发现"

发掘单位　中国社会科学院考古研究所
项目负责人　钱国祥

2012—2015年,结合文化遗产保护的需要,汉魏洛阳城启动了以太极殿为中心的宫城中枢区考古勘察。发掘面积1.2万平方米,考察取得重大收获。

太极殿遗址位于北魏宫城中部偏西,北距洛阳市孟津区平乐镇金村约1千米,南距宫城正门阊阖门遗址约460米。勘察表明,太极殿由位于北魏宫城主要建筑轴

汉魏洛阳城遗址都城轴线

线中部、东西向分布的三座大型夯土台基建筑为主体构成，结合文献记载，当分别是太极殿主殿和太极东堂、西堂遗址。主体建筑周围还围合有廊庑、宫门等附属建筑，形成东西约340米、南北约310米的大型宫院，前面的三号宫门为太极殿宫院正门。

太极殿建筑群的建筑时代主要分为三个时期，其主体建筑始建于曹魏时期，北魏时期重修沿用，北周时期改建未成。在殿基内解剖发现的早期大规模夯土，殿基北面的早期大面积铺砖地面、拦边条石、大型础石等遗迹，规模体量大，建筑规格高，显然与文献记载的曹魏明帝"大治洛阳宫，起昭阳、太极诸殿"有关。此次考古勘察，确定了该宫城墙垣的四至范围与时代序列，进一步揭露了该宫城中枢区轴线建筑的空间布局，对太极殿宫殿建筑群的布局结构有了崭新认识，证实了文献记载曹魏新建的洛阳宫是一座居北居中的单一宫城，由此也确认了中国古代由汉代多宫制到以后各代居北居中单一宫城形制的转变时间，由以前认为的南北朝时期提早到三国曹魏时期，这是都城发展史上具有重要意义的崭新认识。

北魏宫城中枢轴线主要建筑遗址

太极殿主殿北侧早期遗迹

太极殿主殿台基解剖夯土遗迹

太极殿主殿台基东侧门址与阁道础石

太极东堂遗址

太极东堂北侧铺砖道路

太极东堂北侧院落

太极东堂北侧院落墙皮及红彩

太极东堂北侧早期遗迹

西藏札达桑达隆果墓地

入选"2020年度全国十大考古新发现"

发掘单位 西藏自治区文物保护研究所
项目负责人 何伟

桑达隆果墓地位于西藏自治区阿里地区札达县桑达沟沟口,地处喜马拉雅山脉西段北麓,海拔3700米,地势北高南低,属山地半荒漠与荒漠地带。

墓地东西长2000余米,南北宽500余米,以桑达沟为界分为东、西两区,至2022年共发掘墓葬48座。其中土洞墓32座,竖穴土坑墓2座,石堆墓1座,竖穴土坑石室墓1座。葬具分石板、草编器、木板和箱式木棺四类。

桑达隆果墓地东区发掘总平面航拍

桑达隆果墓地西区航拍

经墓葬打破关系、出土遗物型式分析和碳十四测年数据综合分析得知，桑达隆果墓地的使用年代为公元前400—公元750年，时间长达一千多年，是目前所见探索西藏西部早期丧葬习俗最系统的墓葬材料。墓地表现出了不同时段的考古学文化特征，大致可分为三期四段。第一期为公元前500—前200年，这一时期出现了明显的贫富分化，处于复杂社会的初兴时期。第二期为公元前200—公元500年，且可再细分为两段：早段墓葬年代为公元前200—公元1年；晚段墓葬年代为公元1—500年，这一时期在富有阶层里出现了一小部分身份地位特殊的人群，可能是政治实体形成初期。第三期为公元500—750年，考古学文化特征基本继承上一期，但在遗迹、遗物数量、种类上都有明显减少，初步推测是洪水泛滥造成人群大规模搬迁。

发掘表明当时先民们有同时随葬明器、实用器两类器物的传统，以及随葬食物和毁器的习俗。墓地出土的木俑是青藏高原地区的首次发现，其形制特征与新疆吐鲁番一带墓葬出土的木俑相同。

桑达隆果墓地墓葬分布密集，打破关系复杂。多样的墓葬形制和大量的出土器物，呈现出西藏西部早期的考古学文化特征，为探讨当时社会结构、生业模式，以及与其他区域的交流情况提供了重要资料。

ZM4

ZM26 出土合金串饰

ZM26 出土金面饰

WM3 出土合金挂饰及燧石珠

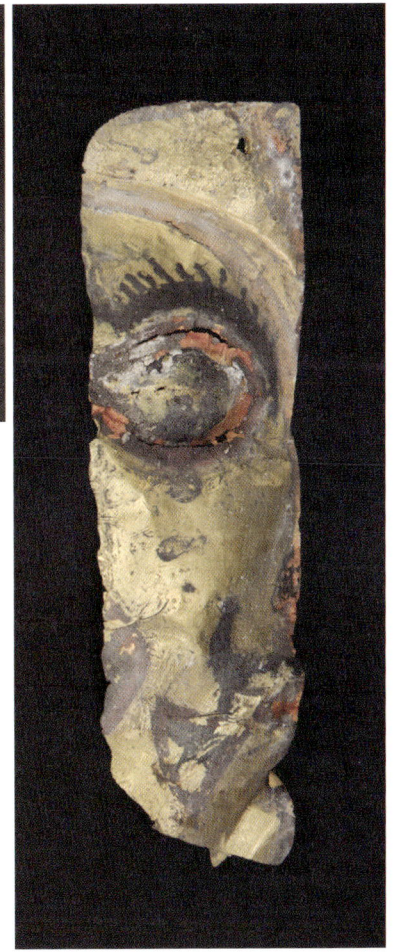

ZM26 出土金面饰

WM3 出土草编器

EM21 出土双耳斜流壶

EM26 出土扣器木碗

EM26 出土木俑

WM3 出土木案

贵州贵安新区大松山墓群

入选"2022年度全国十大考古新发现"

发掘单位 贵州省文物考古研究所
项目负责人 周必素

大松山墓群位于贵州省贵安新区马场镇。墓群共清理发掘两晋南朝至明代墓葬2192座。其中，两晋南朝至隋唐时期墓葬共155座，以石室墓为主，隋唐时期出现土坑墓，分布分散，三两成群，墓向不一，为小聚集家族墓地。宋元明时期墓葬共2037座，包括土坑墓和石室墓两类，主要密集分布于坟坝顶，为公共大墓地。出土各类文物4000余件（套），材质和种类均丰富，有着独特的地域文化特征。

价值意义：（一）大松山墓群是贵州已发掘规模最大、延续时间最长的一处墓

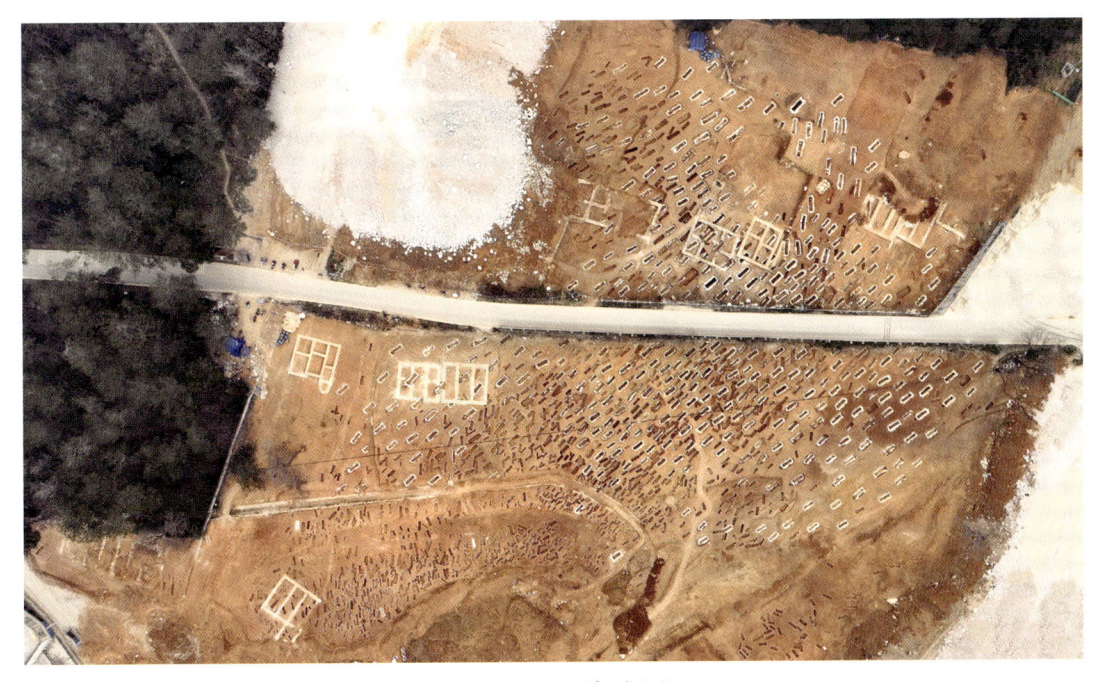

大松山坟坝顶墓群航拍

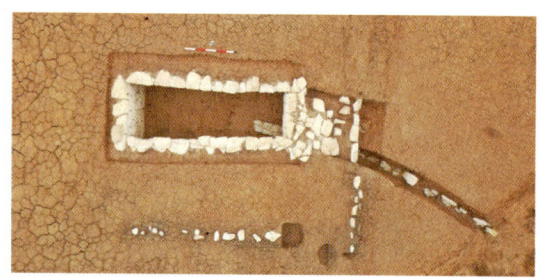

两晋南朝

唐

唐

宋

明

明

各时期墓葬形制

地,首次完整建立起黔中地区两晋南朝至明代的墓葬发展序列,为贵州历史时期考古学研究树立了年代标尺。(二)各时期丰富的出土器物,反映了该地区不同时期的生活、商贸、信仰、丧葬等文化面貌,描绘了西南边疆古代民族近1400年的历史画卷。(三)考古发现见证了汉晋至明代黔中地区社会文化中心逐渐转移至贵阳周边的进程,以及明代贵州建省前后社会经济的剧烈变化。(四)墓群中的南朝墓葬是云贵地区已发现规模最大、出土器物最丰富、文化因素最复杂的南朝时期墓葬,反映了该时期"汉夷边界"东移到了黔中地区一带。(五)从早期家族墓地到晚期公共墓地的发展及其独特地域文化的稳定传承,反映了中央对该区域进行郡县制、羁縻土司制度的有效管理,见证了中华民族共同体的形成过程。(六)地域特色浓郁,可以同时见到中原、长江中下游、四川盆地、两广、域外等文化因素,反映了该地区的对外交往、交流、交融。大松山墓群是中华文明多元一体格局形成发展的生动案例。

张家坟 M4 出土两晋四系罐 　　　　　　马坡 M22 出土南朝铜鍪

洋沟土 M4 部分器物出土情况

洋沟土 M4 出土隋唐六系罐

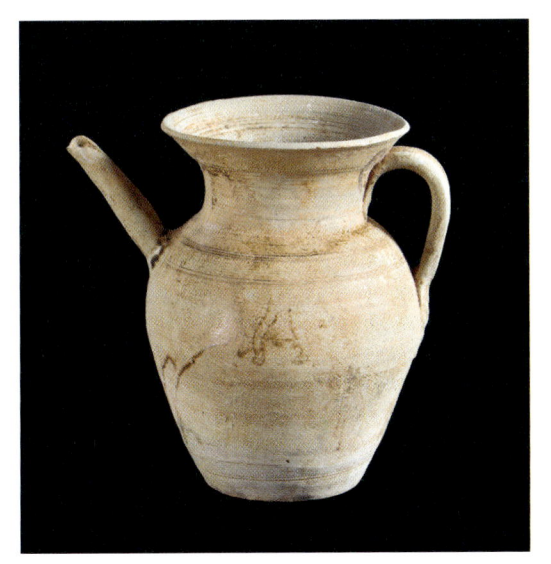

宋代青瓷执壶 　　　　　　明代铜项饰

坟坝顶墓群出土明代玻璃制品

坟坝顶墓群出土明代戒指

坟坝顶墓群出土明代印章

陕西西安少陵原十六国大墓

入选"2020年度全国十大考古新发现"

发掘单位 西安市文物保护考古研究院
项目负责人 王艳朋

少陵原，是西安市东南方向的一块黄土沉积台地，处于浐河以西、潏河以东。2019—2020年，经国家文物局批准，西安市文物保护考古研究院在少陵原区域配合基本建设，考古发掘了三座十六国时期高等级墓葬，编号为焦村M25、M26和中兆

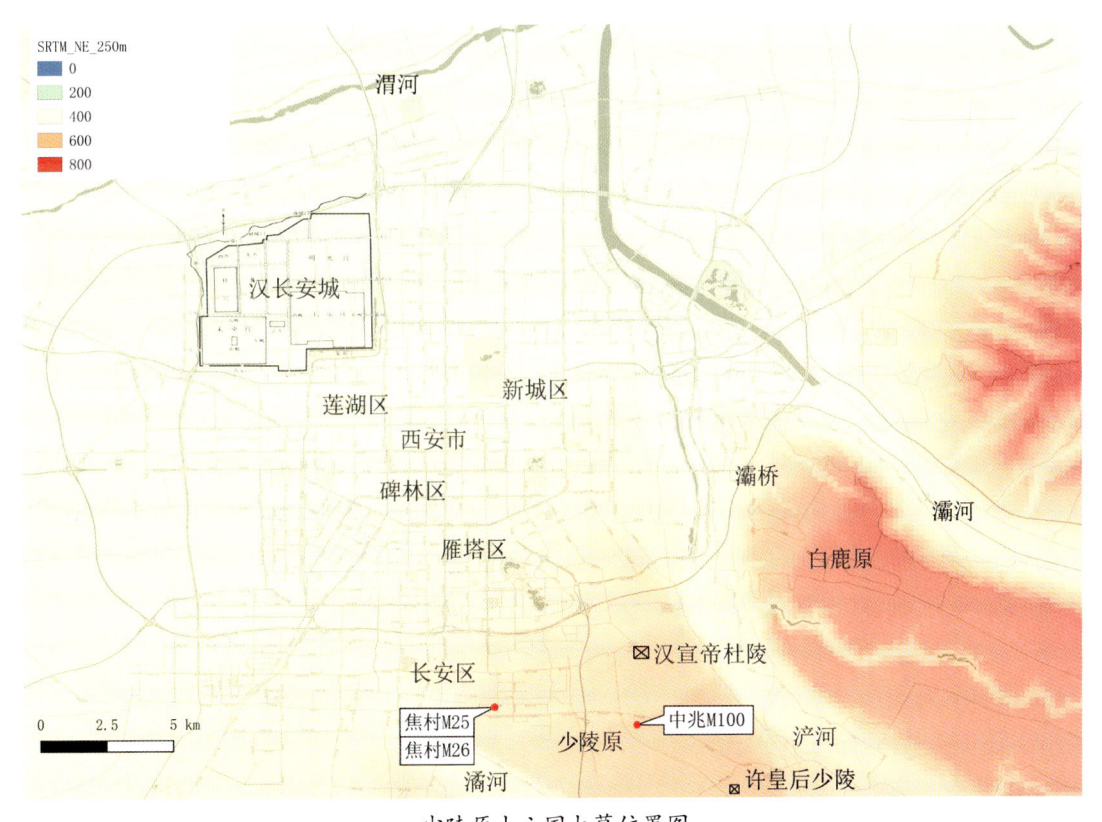

少陵原十六国大墓位置图

村 M100。其中焦村 M25、M26 位于少陵原西北部，为东西并列的两座十六国大墓，相距 32 米。中兆村 M100 距焦村十六国大墓 5.6 千米，北距汉宣帝杜陵 3.6 千米，南距许皇后陵 4.1 千米。三座大墓共出土 278 件随葬器物，以及土雕建筑、壁画等。

本次考古发现的三座墓葬，皆为两室以上的大墓，形制特殊，结构完整，又出土土雕建筑模型、巨幅壁画，应是十六国时期高等级墓葬，对研究中国古代陵墓制度具有重大价值。三座墓葬，尤其是焦村 M25 与中兆村 M100，从整体形制、布局到随葬器物，既有显著的中原传统汉文化特点，又具少数民族文化特色，为研究文化交流、民族交融提供了新的资料，体现出中原文化强大的辐射力及影响力，反映了中华文明由多元到一体的历史演变过程。本次发现的彩绘土雕建筑，是目前考古发现的最接近中国传统古代土木建筑的实例。

焦村 M25 与 M26 位置关系

焦村 M25 第一土雕建筑南面

焦村 M25 墓道

焦村 M25 墓室

焦村 M26 墓室

中兆村 M100 墓道上方土雕建筑全景

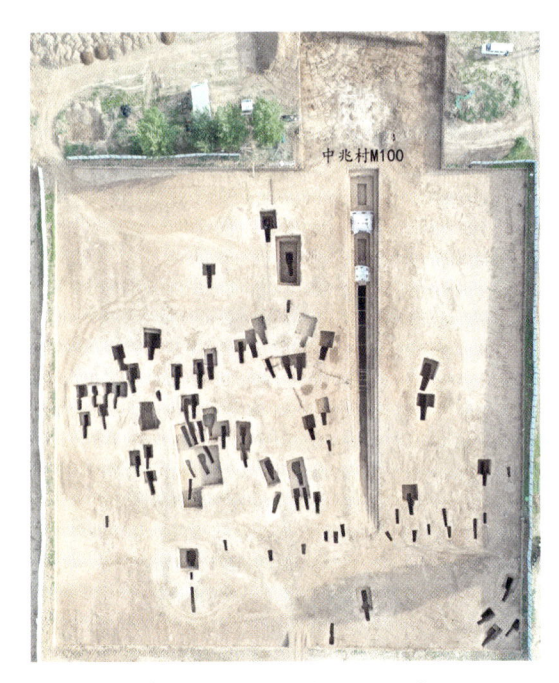

中兆村 M100 发掘现场全景

中兆村 M100 第二土雕建筑南面

中兆村 M100 第二天井北壁壁画

中兆村 M100 第一土雕建筑南面

中兆村 M100 牛车内植物遗存

鼓吹仪仗俑

鼓吹仪仗俑

内蒙古正镶白旗伊和淖尔墓群

入选"2014年度全国十大考古新发现"

发掘单位 内蒙古自治区文物考古研究院、锡林郭勒盟文物局、锡林郭勒盟文物保护管理站、正镶白旗文物管理所

项目负责人 陈永志

伊和淖尔墓群位于内蒙古自治区锡林郭勒盟正镶白旗伊和淖尔苏木宝日陶勒盖嘎查东北5千米处,海拔1260米。墓群地处浑善达克沙地南缘的一处丘陵谷地中,周边为典型的草原地貌环境。2010—2013年,抢救性发掘3座北魏时期的长斜坡墓道土洞墓(M1—M3),出土了保存完整的木棺和大量精美的文物。2014年发掘了2座北魏时期的长斜坡墓道土洞墓(M5、M6)和1座辽代土坑竖穴墓(M4)。5座北魏时期墓葬分布集中,排列有序,规格较高,出土有木棺、金器、银器、铜器、铁器、漆器、釉陶器、玻璃器、丝织品、皮制品等珍贵遗物,其年代大致在北魏平城时期。

伊和淖尔墓群地处北魏六镇及北魏长

伊和淖尔墓群M4—M6航拍图

城沿线。5座北魏墓葬显然是一处家族性贵族墓地。从墓葬结构、木棺、陶器、漆器的造型图案看,墓葬具有鲜明的鲜卑文化特点,但金属器的工艺和造型图案又表现出欧亚草原文化因素,甚至有少量遗物为中亚、西亚舶来品。墓群为研究北魏时期的草原丝绸之路、边疆历史及民族关系提供了珍贵的实物材料,是近年来我国边疆考古的重要发现之一。

M6

M3 开棺后

M3 墓主头部

M1 出土玻璃碗

M1 出土鎏金银耳杯

M1 出土鎏金银碗

M1 出土鎏金铜铺首

M1 出土金铃

M1 出土金下颌托

M1 出土金饰件

M3 出土金项圈

M6 出土金耳环

M3 出土漆象尊

M6 出土金项圈

M3 出土漆器

M6 出土金踝躞带

河北内丘邢窑遗址

入选"2012年度全国十大考古新发现"

发掘单位 河北省文物考古研究院、邢台市文物处、内丘县文物旅游局
项目负责人 王会民

邢窑是我国古代以烧制白瓷而著名的窑场,有"南青北白"的称谓,20世纪80年代初首次被发现,后陆续在邢台市和市辖内丘、临城、邢台三县和石家庄市的高邑县发现隋、唐、五代、宋金、元等时期窑址30多处。2012年的发掘地点位于内

遗址局部

丘县城西关村南部，发现窑炉11座、灰坑140座、灰沟6条、井34眼、墓葬22座，出土瓷器和窑具残片20万件（片）以上。完整和可复原器物超过2000件，器物种类有砖、瓦、陶器、素烧器、三彩器、瓷器、铜器、铁器、骨器以及窑具等。遗物出土地点以窑前工作坑和灰坑、灰沟为主。发掘证明，内丘城关一带正是邢窑遗址的中心窑场，与史载相吻合。

此次发掘突破性收获有四：一是窑炉。出土的11座窑炉呈四组分布在发掘区内，其中一座为唐代窑炉，保存最差，其余的年代为北朝—隋代。它们年代较早，是邢窑已发现窑炉中最早的几组，完整度高，布局模式少见，多窑共用一个窑前工作坑，是研究早期邢窑窑炉开凿、布局和烧瓷行为的重要资料。二是早期灰坑群和遗物。发现了超过20个堆积有北朝时期遗物的灰坑，遗物丰富，时代单纯，是历次发掘中首次批量出土的早期遗迹、遗物。三是隋三彩的出土。2012年的发掘，首次在邢窑遗址中发现隋三彩。其胎色浅粉或白，火候较低，单色釉器物外壁绿色，内壁浅黄，两色釉器物施黄、绿釉，釉下施有一层白色化妆土，器形大致为碗、钵类。四是发现了"高""上""大"三种刻款器物残片。字款皆刻于器物底足外壁，字体大小不一，规整度一般，为邢窑刻款瓷器的研究增添了新内容。

Y11工作坑

早期灰坑群

组合窑炉

北朝瓷器

北朝筒柱 　　　　　　　　　　　　隋三彩

隋代白瓷碗 　　　　　　　　　　　隋代瓦当模子

隋代青瓷钵 　　　　　　　　　　唐代龟形砚

唐代青瓷筒足分格盘 　　　　　　唐代白瓷器座

唐三彩 　　　　　　　　　　　　"高"字款瓷器残片

江苏扬州曹庄隋唐墓（隋炀帝墓）

入选"2013年度全国十大考古新发现"

发掘单位 南京博物院、扬州市文物考古研究所、苏州市考古研究所
项目负责人 束家平

2013年3月，在江苏省扬州市西湖镇司徒村曹庄的某房地产建设项目中，人们发现两座砖室墓，编号2013YCM1、2013YCM2。

M1由墓道、甬道、主墓室、东耳室、西耳室五部分组成，用砖与隋江都宫城城墙砖相同。出土"随（隋）故炀帝墓志"1合，及玉器、铜器、陶器、漆器等遗物近200件（套）。其中，蹀躞金玉带处于带具系统中的最高等级，是目前国内唯一一件

棚顶俯视 M1、M2

完整的十三环蹀躞带。4件铜铺首通体鎏金，与唐大明宫遗址出土的铜铺首大小相若。两颗牙齿鉴定年龄约50岁。根据出土的高规格随葬品，结合文献记载与牙齿鉴定结果，我们确定墓主人是隋炀帝杨广。

M2由墓道、甬道、主墓室、东耳室、西耳室五部分组成。随葬文物丰富，清理出陶器、瓷器、铜器、漆木器、铁器、玉器等200余件（套）。其中青铜编钟、编磬是迄今国内仅存的隋唐时期实物。人骨和牙齿鉴定M2墓主为年龄大于56岁、身高约1.5米的老年女性。结合出土文物等级、文献记载与人骨鉴定结果，我们判断M2墓主人是隋炀帝夫人萧后。

考古发掘确认扬州曹庄隋唐墓葬为隋炀帝墓、萧后墓，今司徒村曹庄是隋炀帝杨广与萧后的最后埋葬之地。隋炀帝墓及萧后墓的最终确认和出土的一批高等级文物，为研究隋唐时期历史、政治、经济、文化等提供了第一手的科学资料，为研究隋唐高等级墓葬形制提供了实证资料。

棚顶俯视M1

M2人骨遗骸

"随（隋）故炀帝墓志"出土情况

M1 西耳室陶俑出土情况

M2 墓道西壁

M2 全景

M1 出土鎏金铜铺首

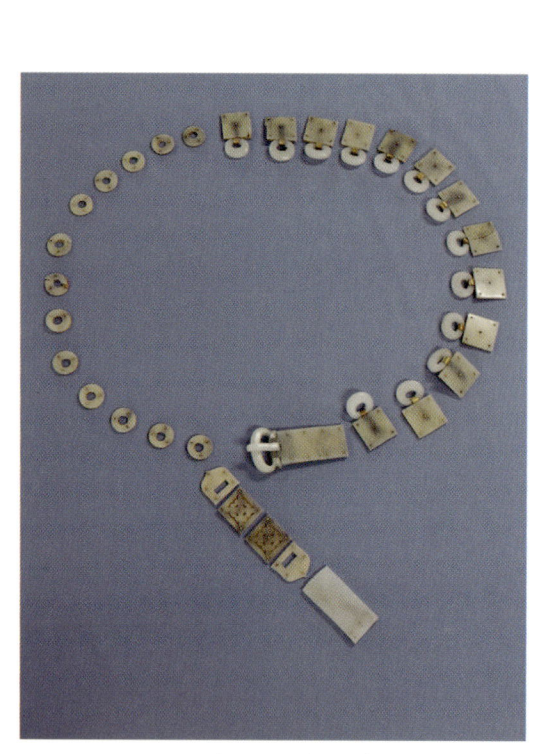

M1出土蹀躞金玉带

M1出土双人首鸟身俑

M1出土武士俑

M2出土铜编钟

M2出土白玉璋

M2出土双人首蛇身俑

M2出土陶牛

西藏阿里故如甲木墓地和曲踏墓地

入选"2014年度全国十大考古新发现"

发掘单位 中国社会科学院考古研究所、西藏自治区文物保护研究所
项目负责人 仝涛

故如甲木墓地位于噶尔县门士乡，前吐蕃时期的大型城址卡尔东城址脚下。2012—2014年，考古队进行了连续三年的发掘，发现了一批大型竖穴土坑石室墓葬。共发掘11座大小不等的墓葬，包括8座前吐蕃时期墓葬和3座吐蕃时期墓葬，是阿里地区所见的最大规模的墓葬群。前吐蕃时期的墓葬皆为竖穴土坑石室墓，多为二次葬，发现有完整的侧身屈肢葬式。大型墓葬深度都在5米以上，都是多人合葬，结构复杂，存在二次或多次开挖迹象。填土层内设有专门的祭祀层，殉葬有人和动物。高规格的墓葬都有横木搭建的墓顶和长方形箱式木棺。出土了黄金面具、"王侯"文禽兽纹织锦、铜器等珍贵文物。根据碳十四年代测定，故如甲木墓地8座前吐蕃时期墓葬的年代为距今1800—1700年，即公元2—3世纪，这一时期正是文献记载的西藏西部象雄国强盛时期。从墓葬形制、规模、出土遗物等判断，故如甲木墓地很有可能是一处象雄贵族墓地。

曲踏墓地位于札达县城西郊的象泉河

曲踏墓地2014年发掘区   故如甲木墓地发掘情况

故如甲木墓地 2014M1 墓顶横木

南岸。考古队共发现5座带有竖井墓道的洞式墓，深达5米，有单室墓和双室墓两种类型。各墓室都保存有较好的长方形箱式木棺、成组的陶器以及大量马、羊等动物骨头。墓主人都采用侧身屈肢葬式，周边摆放大量随葬品，包括精美的彩绘木案、方形木梳、短柄铜镜、刻纹木条、纺织工具以及玻璃珠、长方形木盘、草编器物和彩绘陶器等，涵盖了当时社会物质生活的诸多方面，为重建古代象雄部族的社会生活面貌提供了极有价值的材料。墓室内随葬大量青稞种子和牛羊马动物，说明了当时象泉河流域半农半牧的生活方式以及经济上的繁荣。此外，天珠（蚀花玛瑙珠）、短柄铜镜、彩绘木案等都是西藏地区首次发现。根据碳十四数据，曲踏墓地的年代在距今1800年左右。

故如甲木墓地和曲踏墓地年代相同、地域接近，随葬器物包含了相当多的共同因素。两处墓地应该属于象泉河谷地前吐蕃时期的同一个考古学文化，这一时期与文献记载中西藏西部的象雄国相对应。象泉河上游谷地是古象雄国政治、经济和文化的核心区域，两处墓地以及卡尔东城址反映了这一王国核心区域从西汉、魏晋到迄至吐蕃时期的发展过程和取得的文化成就。

曲踏墓地 2014M4 墓室

故如甲木墓地 2013M4、2013M5、2013M6

曲踏墓地 2014M3 的左右墓室

卡尔东城址发现的早期城墙

曲踏墓地 2014M3 草编器出土场景

故如甲木墓地 2013M2 墓顶石片

曲踏墓地 2014M2 墓道二层台盖石

黄金面具

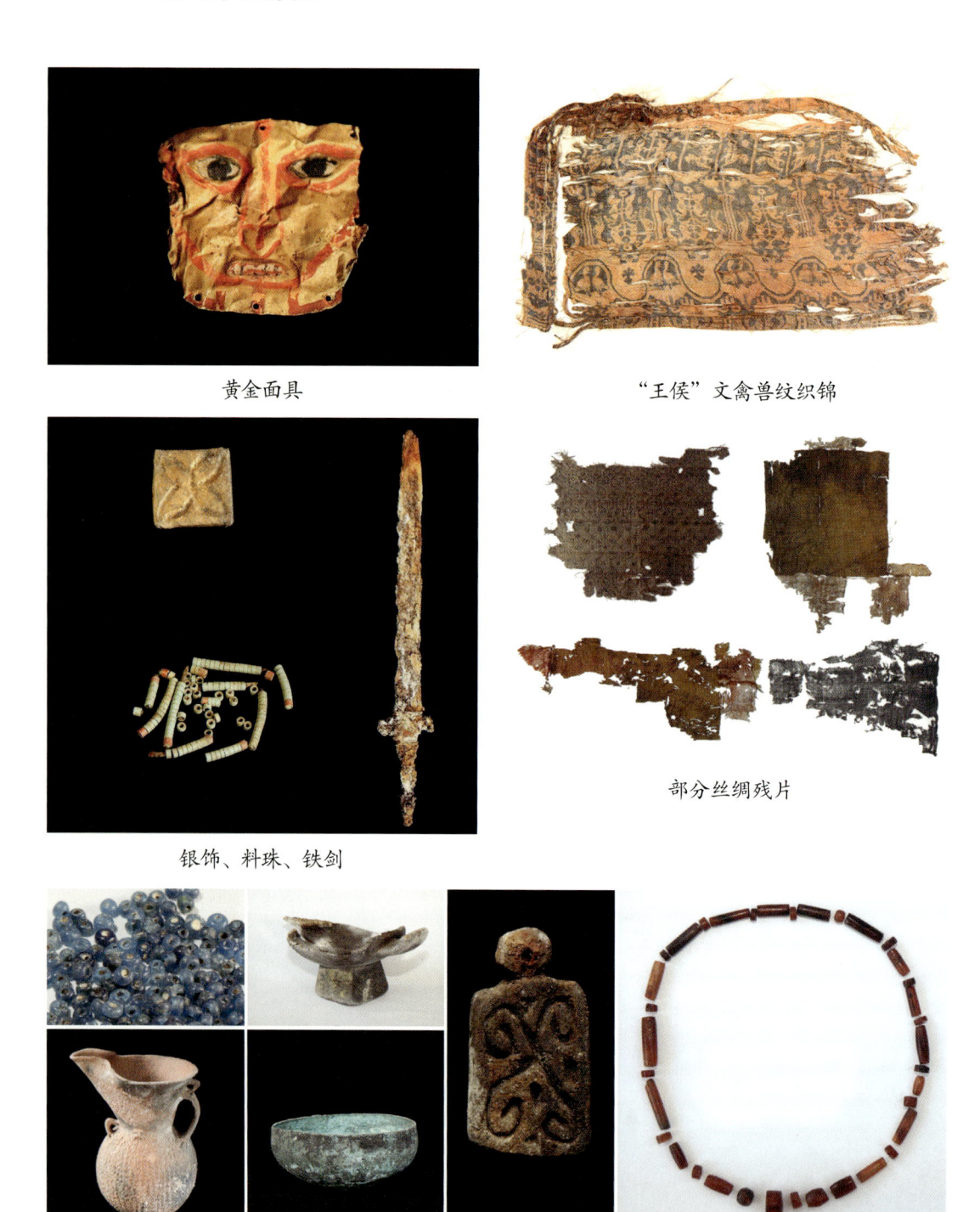

"王侯"文禽兽纹织锦

银饰、料珠、铁剑

部分丝绸残片

曲踏墓地出土遗物

河南隋代回洛仓与黎阳仓粮食仓储遗址

入选"2014年度全国十大考古新发现"

发掘单位　河南省文物考古研究院、浚县文物旅游局、洛阳市考古研究院
项目负责人　王炬（回洛仓遗址）、刘海旺（黎阳仓遗址）

隋代是我国古代大型国家粮仓建设的顶峰时期，也是我国古代地下储粮技术发展完善的时期。作为隋代不同类型大型国家粮仓的代表，具有重要历史影响的洛阳回洛仓和浚县黎阳仓两处仓储遗址首次同时发掘，以丰富的考古新资料全面揭示了我国古代地下储粮技术完备时期特大型官仓的概貌和储粮技术水平。

回洛仓遗址位于隋唐洛阳城北1200米，地处邙山南麓的缓坡带。仓城平面呈

回洛仓漕运沟渠

回洛仓 C47 状况

长方形，中部为管理区，东西两侧为仓窖区。仓窖成组分布，整齐排列，整个仓城的仓窖数量在 700 座左右。窖口直径约 10 米，底径 7 米左右，深 7—9 米。发掘和研究结果揭示了其建筑过程：窖口处先挖圆形基槽，分层夯筑以加固窖口，然后在夯筑好的基槽内开挖仓窖，接着修整和夯打窖壁与窖底，并在窖壁上涂抹青膏泥，最后烘烤整个仓窖。储粮前在青膏泥之上铺设木板，再垫苇席，窖壁也铺设木板。对 C143 仓窖底部采集土样进行的浮选和植硅体检测确定，存储的粮食品种为黍。

隋代黎阳仓遗址位于河南省浚县东关大伾山北麓，东邻黄河故道，西距卫河（永济渠）约 1.5 千米。黎阳仓城依山而建，平面近长方形，有护城壕，壕底中部发现有与壕同向的两排密集柱洞。在仓城北中部发现一处漕渠遗迹，渠西北侧发现一处夯土台基，为粮仓管理机构所在位置。目前已探明储粮仓窖 152 座，口径 8—14 米，深 2.5—5 米。对窖内近底部残存粮食遗存的初步检测分析表明，储存的粮食为带颖壳的粟、黍及豆等。

回洛仓发掘展示了隋代都城具有战略储备和最终消费功能的大型官仓的储粮规模和仓窖形制特征，仓窖大而深，容量大，数量更多。黎阳仓则显示出依托黄河和大运河而具有中转性质的大型官仓的形制特点，仓窖口大而较浅，便于粮食的储备和转运。两处粮食仓储遗址的考古发现相互补充，对于研究隋代社会经济、政治、工程技术及俸禄制度等具有重要的实物资料价值。同时，发掘也提供了隋代大运河开凿和利用的珍贵实物证据，助力中国大运河成功申遗。

黎阳仓漕渠遗迹剖面

黎阳仓 C6 仓窖底部与仓壁板灰遗迹

回洛仓 C3 仓窖口保存状况

黎阳仓护城壕内柱洞

回洛仓 C3 仓窖底席痕

黎阳仓 C6 仓窖出土带有残存颖壳的黍籽粒

回洛仓 C47 仓窖壁木板灰痕迹

黎阳仓 C6 仓窖出土带颖壳的粟粒

黎阳仓出土宋代"官"字戳印板瓦

吉林珲春古城村寺庙址

入选"2022年度全国十大考古新发现"

发掘单位 吉林省文物考古研究所
项目负责人 解峰

古城村寺庙址位于吉林省延边朝鲜族自治州珲春市三家子满族乡古城村东侧。遗址西约100米为唐代渤海国时期城址温特赫部城，东北约4千米为唐代渤海国都城东京八连城。古城村寺庙址由1号寺、2号寺组成，二者相距约300米。1号寺建筑遗迹破坏严重，仅发现火炕1处、墙体基槽4段、疑似磉墩3个，均为建筑地面以

古城村2号寺庙址瓦件整理现场航拍

下部分残迹。在晚期地层堆积、现代坑中发现大量遗物。其中,"壬子年六月作"铭瓦当的纹饰、制法均与辽宁北票金岭寺出土三燕时期瓦件相同,推测"壬子年"为公元472年的可能性较大。出土大量带有北朝晚期中原地区造像风格的小型石造像残片。出土的倒心形莲纹瓦当与渤海国中晚期都城出土瓦当相同。推测佛寺始建于公元5世纪,属于高句丽佛寺,废弃年代不早于渤海国中晚期。

2号寺共发现8处建筑台基(编号TJ1—TJ8)、1处窖穴,南北中轴线自南向北分别营建佛塔、佛殿、讲堂,轴线东、西两侧营建禅房等设施。佛殿台基夯土中发现舍利地宫,地宫内石函中发现铁函,铁函内发现各类材质遗物3555件,其中1件金瓶内发现7颗银珠,应系影骨舍利。建筑废弃堆积中出土各类瓦件130余吨,主要为渤海国中晚期遗物。并出土大量大型佛造像残片、小型石造像残片及少量三彩器残片等遗物。建筑破坏面上发现早期碌墩,遗址西侧发现早于前述建筑的墙体基槽,台基夯土中发现渤海国早期瓦片等遗物。根据层位关系及出土遗物判断,2号寺始建不晚于渤海国早期,废弃年代不早于渤海国中晚期。

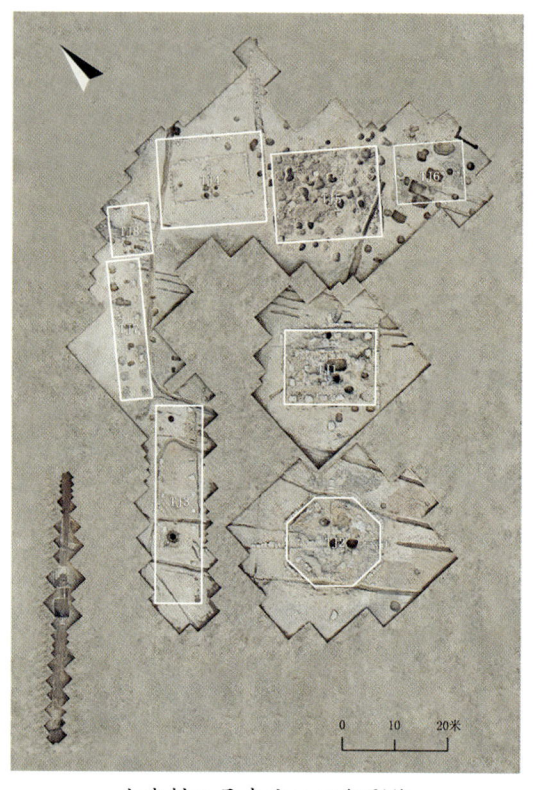

古城村2号寺庙址正射影像

古城村2号寺庙址出土舍利地宫3D模型

古城村2号寺庙址TJ2航拍

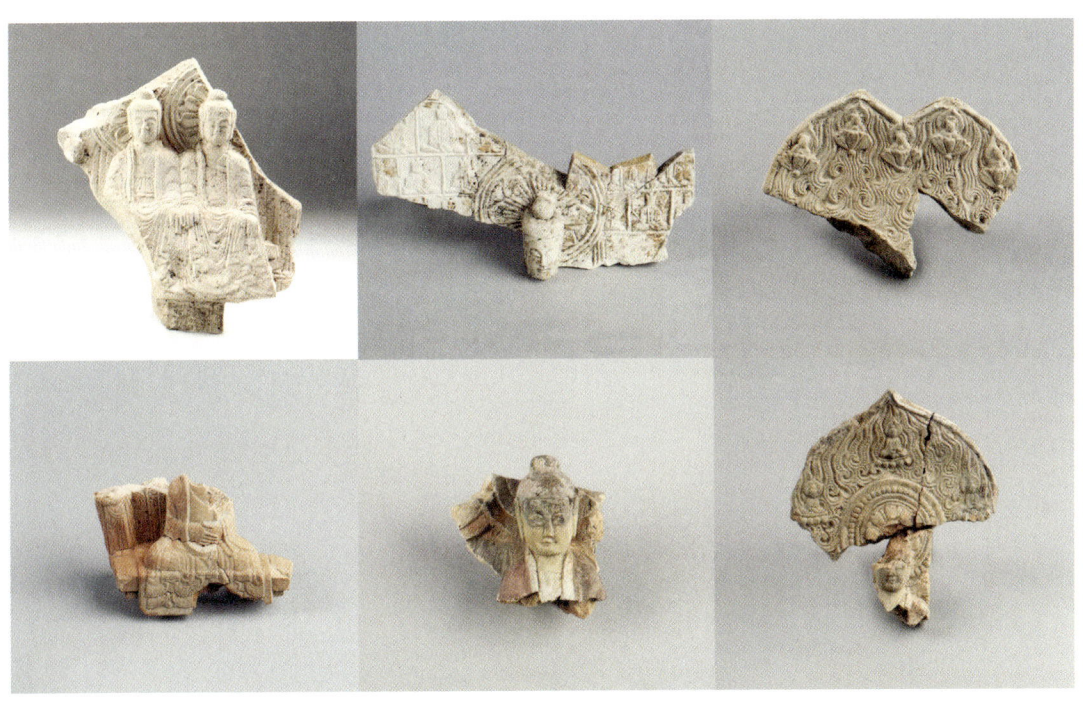

古城村 1 号寺庙址出土佛像残片

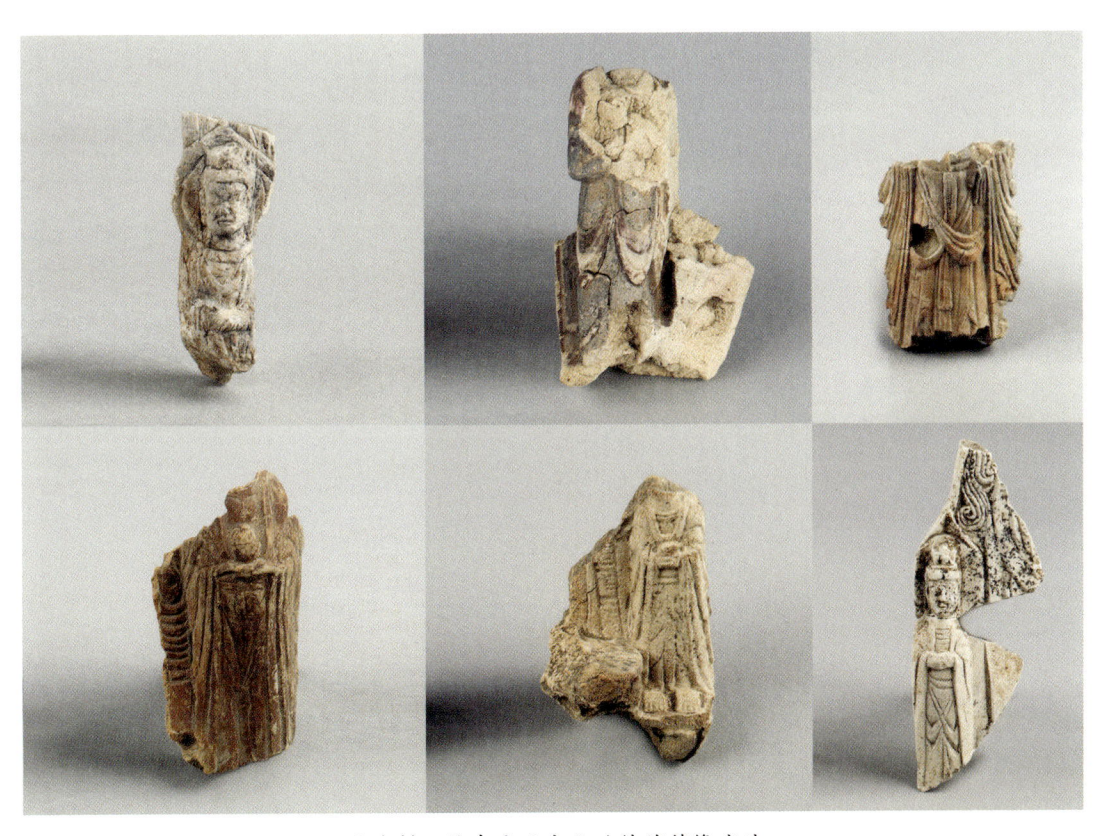

古城村 1 号寺庙址出土胁侍菩萨像残片

古城村 2 号寺庙址出土绿釉建筑构件

古城村 2 号寺庙址台基夯土出土遗物

古城村 2 号寺庙址出土影骨舍利

古城村 1 号寺庙址出土"壬子年六月作"铭瓦当、倒心形莲纹瓦当

古城村 2 号寺庙址出土舍利函

江西景德镇南窑唐代窑址

入选"2013年度全国十大考古新发现"

发掘单位 江西省文物考古研究院、乐平市文化广播影视新闻出版局、乐平市博物馆
项目负责人 张文江

南窑遗址位于江西省景德镇市乐平市接渡镇南窑村东北，2013年对遗址进行考古发掘，揭露龙窑遗迹2座、灰坑10个、灰沟1条、道路遗迹1条，总计揭露面积1013.5平方米，出土大批窑具和瓷片标本。

南窑遗址文化层堆积厚，最深超过5米，分布面积超过3万平方米。遗址遗存丰富，包含了取土的白土塘，运输原料的江湖塘、溪坑、码头、储料池以及烧造产品的窑炉等反映制瓷工艺流程的作坊遗迹。发掘全面揭露了一条长达78.8米的龙窑遗迹（编号2013JNY1），该龙窑早期烧造时在窑床中段使用了方形减火坑的技术手法，为以往龙窑遗迹中所不见。窑室内多处部位保留排列整齐的原始状态的装烧坯件的支座，为了解当时龙窑的装窑量提供了重要资料，也为研究南窑的生产流程、窑炉砌造技术、探索南窑的烧造工艺和当时的社会经济史提供了依据。

2013LNY1

南窑始烧于中唐,兴盛于中晚唐,衰落于晚唐,距今有1200多年。文献记载"新平冶陶,始于汉世",景德镇的陶瓷生产历史有2000多年。然而考古资料表明其最早的瓷业遗存是公元10世纪晚唐五代时期生产青瓷和白瓷的窑业遗存。此次发掘的南窑遗址填补了景德镇地区唐代瓷窑遗存的空白,把瓷都景德镇的瓷器烧造历史向前推进一步,具有正史补史的作用,也丰富了景德镇地区陶瓷文化的内涵,为探讨景德镇的陶瓷发展历史、探索景德镇的瓷业源头提供了重要线索,为研究唐代制瓷手工业和青釉瓷器发展史提供了重要资料。

2013LNY1 窑床内剖坑 P1

2013LNY1 龙窑内支座

2013LNH4 储料池

2013LNY1 窑顶烧土块	匣钵
褐彩人面埙	青釉双系瓶
酱釉小罐	青釉执壶

青釉夹耳罐 　　　　　　　　　　　酱釉腰鼓

酱釉盖 　　　　　　　　　　青釉玉璧底出筋小碗

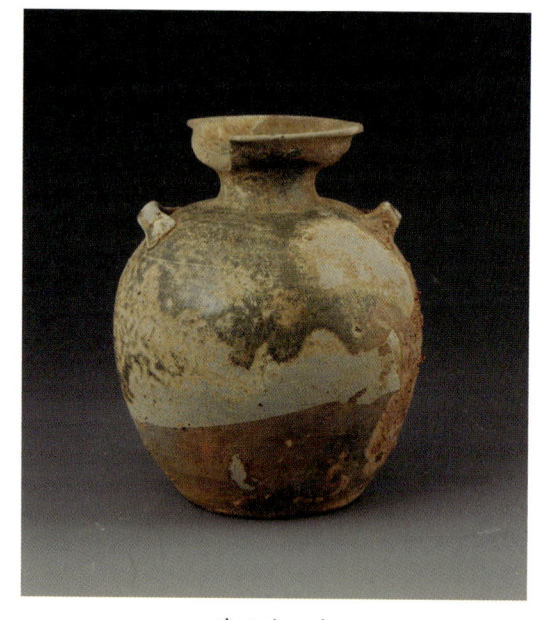

青釉盘口壶 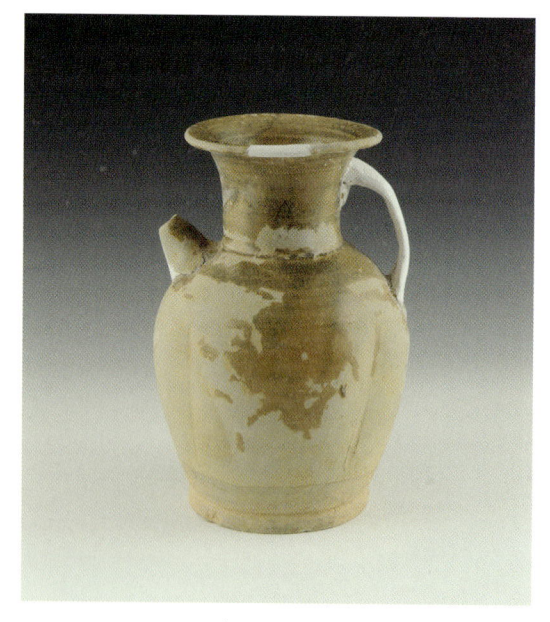　　　　　　　　　　青黄釉执壶

甘肃武威唐代吐谷浑王族墓葬群

入选"2021年度全国十大考古新发现"

发掘单位 甘肃省文物考古研究所、武威市文物考古研究所、
天祝藏族自治县博物馆

项目负责人 陈国科

甘肃武威唐代吐谷浑王族墓葬群位于武威市西南,地处祁连山北麓,主要分布于武威南山区冰沟河与大水河中下游北岸的山岗之上。

2019年,项目组发掘了吐谷浑喜王慕容智墓。该墓为带长斜坡墓道的单室砖室墓,是目前发现唯一保存完整的吐谷浑王族墓葬。墓内出土大量精美的随葬品,包括各类俑偶、生活实用器、明器、成套武器装备。其中如胡床、大型床榻、六曲屏风、列戟屋模型、成套武备等,皆为国内同时期相关文物首次或罕见的发现。甬道正中出土慕容智墓志一合,首次提及武威南山区"大可汗陵"的存在。墓志左侧面还刻有两行利用汉字偏旁部首合成的文字,初步判断为吐谷浑本民族文字。

2020年,项目组对冰沟河与大水河中下游地区进行系统调查,调查面积400平方千米,确认吐谷浑王族墓葬共计23座。2021年,项目组对天祝县祁连镇长岭—马

慕容智墓俯视图

马场滩 M1 全景

场滩区3座墓葬进行了考古发掘。3座墓葬均为带斜坡墓道的单室砖室墓，其中马场滩 M1 还附带一侧室，甚为独特。墓道内均殉有整马，1—3匹不等。从马场滩 M2 出土的开元二十七年（739）冯翊郡太夫人党氏墓志可知，该处墓群为唐早中期吐谷浑蓬子氏家族墓地。

持续的考古工作，厘清了吐谷浑"大可汗陵"的大致范围。以慕容智墓为代表的甘肃武威吐谷浑王族墓葬群，是长安以西发现的规模最大、保存最完好的唐代高等级墓葬群。墓葬以唐代葬制为主，兼有鲜卑、吐谷浑、吐蕃、北方草原等文化因素。出土的众多精美文物，为研究吐谷浑王族墓葬的葬俗葬制、吐谷浑王族谱系提供了重要实物资料，揭示了吐谷浑民族近百年的发展历程，活化了归唐吐谷浑人思想观念、物质生活、文化认同的历史场景。该墓群呈现了中华民族共同体建构过程中的典型案例。其发掘对推动唐与丝绸之路沿线民族关系史、交通史、物质文化史、工艺美术史等相关领域的研究具有重要价值，也丰富了丝绸之路物质文化资料、拓展了新的研究方向。

马场滩 M1 墓道底部殉马

马场滩 M2 出土墓志

慕容智墓墓室、甬道三维影像图

慕容智墓出土木镇墓兽

慕容智墓出土翼兽纹、凤纹锦半臂

新时代 百项考古新发现

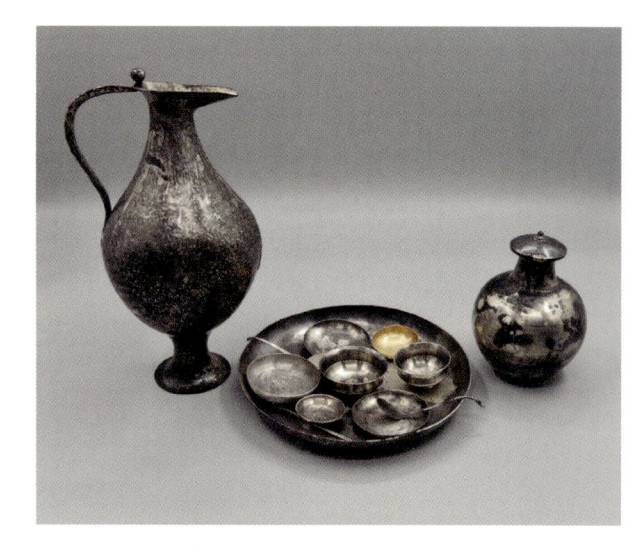

慕容智墓出土金银餐饮器具

慕容智墓志及志盖

慕容智墓出土漆盒内的笔、墨、纸

慕容智墓出土铁铠甲

青海都兰热水墓群 2018 血渭一号墓

入选"2020年度全国十大考古新发现"

发掘单位 中国社会科学院考古研究所、青海省文物考古研究院
项目负责人 韩建华

热水墓群位于青海省海西蒙古族藏族自治州都兰县热水乡境内，1982年首次考古发现，1996年被国务院公布为全国重点文物保护单位。2018年，热水墓群被盗事

2018血渭一号墓墓园高空全景

件震动全国。本次发掘就是针对2018年被盗墓葬进行的,编号为2018血渭一号墓。

墓葬为木石结构多室墓,由地上和地下两部分组成。地上为墓园建筑,平面近方形,由茔墙、祭祀建筑,以及封土和回廊组成。地下部分由墓道、殉马坑、照墙、甬道、墓门、墓圹、墓室等组成。墓圹填土中发现殉人和殉牲坑。

木石结构多墓室,由一个主室和南、北各两个侧室组成。主室设有棺床,以红砂岩砖平铺而成。棺床西侧有祭台,上放置漆盘等。棺木上均有彩绘和贴金。主室内绘壁画,多已剥落,局部保存有白灰地仗和黑红彩。主墓室内发现属于两个个体的人骨。侧室与主室间以过道相连,侧室间有隔墙。各墓室内被盗洞扰乱严重。随葬品有金、银、铜、铁、漆木、皮革、丝织物、玉石、海螺等,另外发现未炭化的葡萄籽若干。出土方形银金合金印章一枚,由骆驼和古藏文组成,大意是"外甥阿柴王之印"。

2018血渭一号墓的考古发掘,是多单位、多学科合作的成功典范。区域调查为热水地区的聚落形态探索提供了新视野。科学的考古发掘,确认该墓为热水墓群发现的结构最完整、体系最清晰、墓室最复杂的高等级墓葬,是热水墓群墓葬考古研究的重要发现。其中发现的墓园祭祀建筑、殉牲坑、五神殿的墓室结构、壁画、彩棺,还有出土的大量精美遗物,对研究唐(吐蕃)时期热水地区的葬制葬俗及唐帝国与少数民族关系史、丝绸之路交通史、物质文化交流史等相关问题具有重要价值。根据出土印章释读可知,墓主人为外甥阿柴王,这是吐蕃时期吐谷浑与吐蕃政治联姻形成的甥舅关系。

墓道殉马坑

墓葬全景

主墓室东壁及墓门 　　　　　　　　　　北2室木床架

墓园二号门址 　　　　　　　　　　墓园茔墙、回廊及土坯墙西北角

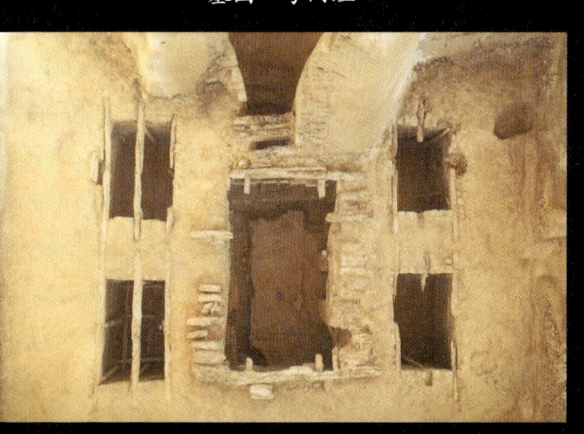

墓室全景（发掘结束时） 　　　　　　　　　　墓室祭台

遗物出土情况 　　　　　　　　　　壁画残迹

人物形像金饰片

带具、马具

丝织物及皮靴

"外甥阿柴王之印"银金合金印章

金容器及装饰品

彩绘棺板残片

青海乌兰泉沟吐蕃时期壁画墓

入选"2019年度全国十大考古新发现"

发掘单位 中国社会科学院考古研究所、青海省海西州民族博物馆
项目负责人 仝涛

泉沟墓地位于青海省海西蒙古族藏族自治州乌兰县希里沟镇河东村东2千米处，分布于泉沟周边的山谷地带。一号墓修建于泉沟北侧300米处一座独立山丘的东侧斜坡之上。

泉沟一号墓形制为带墓道的长方形砖木混合结构多室墓。填土中距地表5米深处埋葬有一殉葬武士，仰身直肢葬式，腰佩箭囊。墓室由前室、后室和两个侧室组成。前室为砖室，后室及两侧室为柏木砌成的

泉沟一号墓墓坑全景（墓室顶部）

木椁结构，顶部用柏木封顶。前室砖墙和后室柏木墙表面均绘壁画，剥落较严重。后室内发现大量彩绘漆棺构件，人骨堆积散乱，可见至少2具骨骸，推测应为夫妻合葬墓。在后室西侧木椁外墓底坑壁上，发现一处封藏的暗格，内置一长方形木箱，箱内端放一件珍珠冕旒龙凤狮纹鎏金王冠和一件镶嵌绿松石四曲鋬指金杯，供奉和珍藏的意味突出，可见是墓主人最为珍视的、具神圣性的重要物品。其余随葬品有丝织物残片、嵌绿松石金银带饰、铜筷、铜饰件、铁器残块、漆木盘、陶罐残片、玻璃珠和动物骨骸等。

泉沟壁画墓是青藏高原首次发现的吐蕃时期壁画墓，绘画技法具有浓郁唐风，图像内容又兼具青藏高原游牧民族特色，具有很高的史料价值和艺术价值。彩绘漆棺也是青藏高原首次发现的独特葬具。墓葬内设密封的暗格，在中国乃至全世界的考古史上未见类似先例，暗格中的鎏金王冠显示墓主人很可能与吐蕃时期当地的王室有密切关系。公元8世纪，青海地区处于吐蕃统治下，青海丝绸之路的开发与利用达到历史上的高峰。经由此道，吐蕃自唐朝和中亚、西亚引入了丰富的物质财富和文化因素，对青海地区多民族文化的形成产生了重要的影响。该墓葬的发现，对于探讨古代汉藏文化交流进程和丝绸之路文化交流盛况具有重大学术价值。

墓室搬迁

墓室内部结构

填土中的殉葬武士"共命人"

后室西壁帐居图	后室棺木堆积
前室东壁仪卫图	彩绘漆棺足档兽面图
后室立柱	椁室外发现的暗格和木箱
	彩绘漆棺残片

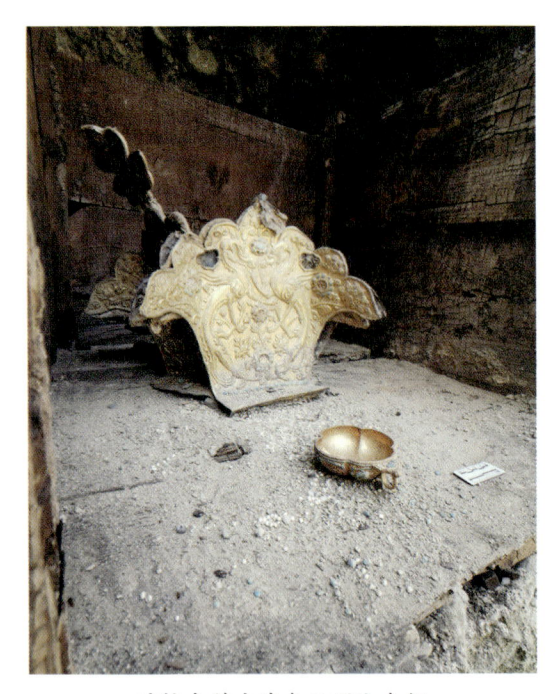

镶嵌绿松石四曲錾指金杯

暗格木箱内鎏金王冠和金杯

铜筷

墓道口出土的鹿角

丝绸残片

四川石渠吐蕃时代石刻

入选"2013年度全国十大考古新发现"

发 掘 单 位 四川省文物考古研究院、故宫博物院、甘孜州石渠县文化局
项目负责人 高大伦

2013年,四川省文物考古研究院联合故宫博物院、甘孜州石渠县文化局对县境内早期石刻开展调查工作,陆续在石渠县境内发现3处吐蕃时期石刻群遗存,位于石渠县的长沙干马乡和洛须镇,分别为须巴神山石刻群、白马神山石刻群、烟角村石刻,总计石刻17幅,取得了重大收获。

石刻群保存良好,皆是吐蕃时期流行的典型题材和内容,符合吐蕃时期的典型风格。须巴神山石刻群中的第7幅古藏文石刻,题记中发现"赞普赤松德赞父子"及"由卓玛勒贡书写"等内容,借此可明

须巴神山石刻群全景

须巴神山石刻群石刻分布图

确须巴神山石刻群的施造人为卓玛勒贡,始凿时间为赤松德赞在位期间(730—797)。而洛须镇新发现的白马神山石刻群、洛须村石刻,加上2005年四川省文物考古研究院调查的照阿拉姆石刻,为唐蕃古道沿金沙江流域的走向、文成公主进藏路线的考证等提供了确切的资料证据。

石渠县发现的石刻群,包含丰富的图像内容和古藏文题记,相关年代题刻明确施凿时间和施造人,为吐蕃时期佛教考古的研究提供了新资料。吐蕃石刻的大量发现,使石渠县成为唐蕃古道的重要节点,为唐蕃古道走向或文成公主进藏路线的考证提供了新的论据,填补了青藏高原东部唐蕃古道走向重要环节的资料空白,对研究吐蕃历史、佛教史、佛教艺术史、唐蕃关系史具有重要的意义。

烟角村石刻

白马神山石刻群更沙村石刻

须巴神山石刻群第 1 幅

须巴神山石刻群第 2 幅

须巴神山石刻群第 3 幅

须巴神山石刻群第 5 幅 　　须巴神山石刻群第 6 幅

须巴神山石刻群第 7 幅 　　须巴神山石刻群第 11 幅

新疆尉犁克亚克库都克烽燧遗址

入选"2021年度全国十大考古新发现"

发 掘 单 位　新疆维吾尔自治区文物考古研究所
项目负责人　胡兴军

克亚克库都克烽燧遗址位于新疆尉犁县东南90千米处的荒漠无人区。烽燧修筑于孔雀河北岸的一处椭圆形红柳沙堆上，是由烽燧本体、居住房屋等建筑构成的一处军事设施。古环境研究表明，沙堆最后形成时间约为魏晋时期。

以沙堆为中心，清理烽燧本体、房屋、土埂、踏步、水塘、木栅栏、灰堆等遗迹12处。烽燧筑于沙堆顶部东侧。烽燧南侧的沙堆下有一道木栅栏，可能为牲畜圈的一道墙。在沙堆西南10余米发现一处水塘，水源为地下淡水，水面距现地表5.5米。

克亚克库都克烽燧西立面

克亚克库都克烽燧遗址俯视

在沙堆四周半坡上发现了6处灰堆遗迹。灰堆中出土的纸文书、木简上带有明确纪年，有"先天""开元""天宝""至德"等年号，同时出土开元通宝、乾元重宝等钱币。对烽燧建筑及灰堆中的8件样本进行碳十四测年，表明它们的年代均为公元700年前后。

新疆尉犁克亚克库都克烽燧遗址为唐代"沙堆烽"故址，是国内首次对唐代烽燧进行的主动性考古发掘，系统揭露了烽燧遗址全貌，为研究我国古代边塞军事建置提供了丰富的第一手实物资料。出土的文书是迄今考古遗址出土数量最大的一批唐代文书资料，文书内容丰富，涉及军事、政治、经济、文化、法律、交通、社会生活、宗教信仰等方面，具有极高的史料研究价值。新发现的不同级别军事机构及线路，填补了历史文献关于唐代安西四镇之一焉耆镇军镇防御体系记载的空白。

考古发掘成果展现了沙堆烽与周边烽铺、镇戍、都护府、西域王国之间的密切联系，实证了唐代中央政权对西域的有效管辖和治理。沙堆烽及出土遗物是唐朝中央政府管理经营西域的重要历史见证，也是阐述中华民族多元一体、铸牢中华民族共同体意识的重要实物教材。沙堆烽的考古成果，对于考古学、历史学、文献学、军事史、书法艺术等研究具有重要的价值。

水塘

毛笔

贝饰

铠甲残片

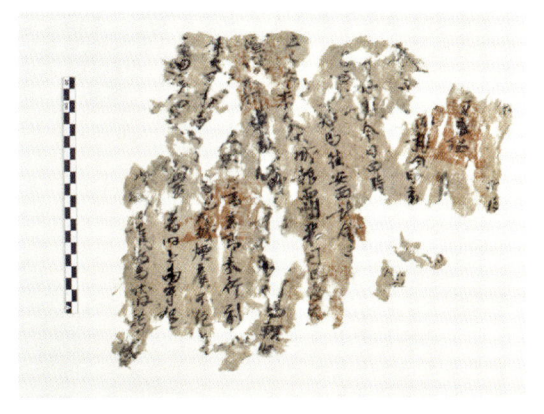

唐代残文书《为入大城报西州裴司马等事》

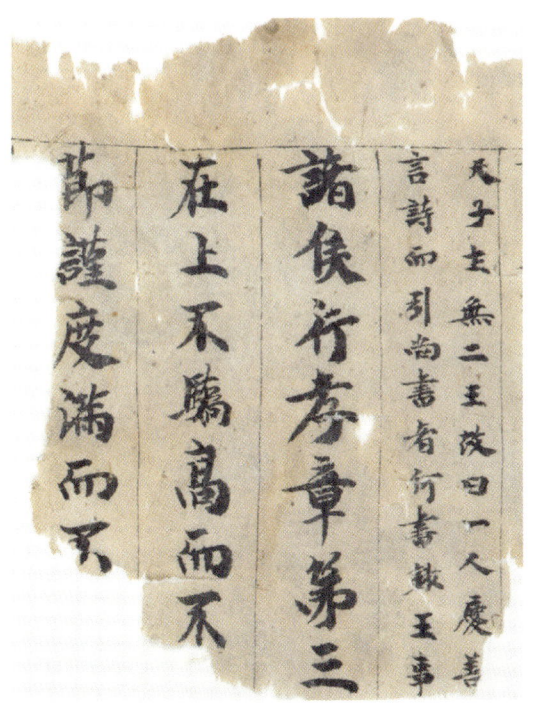

文书《孝经》

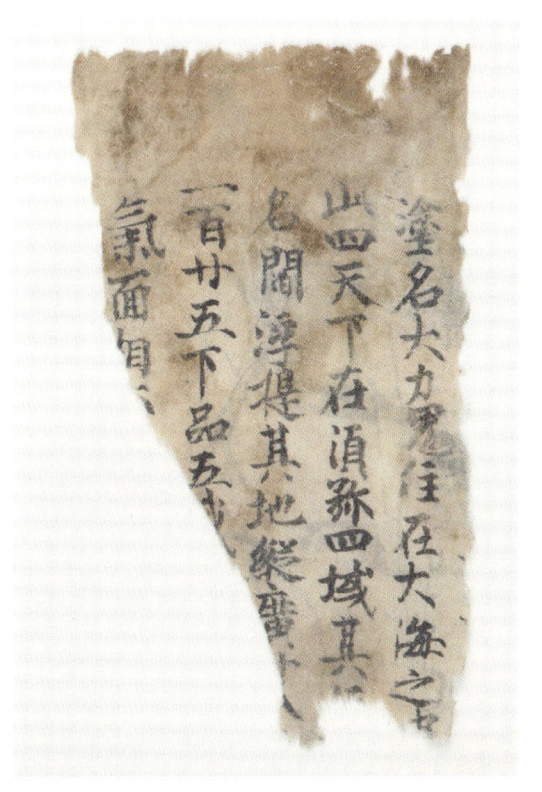

佛经文书残片

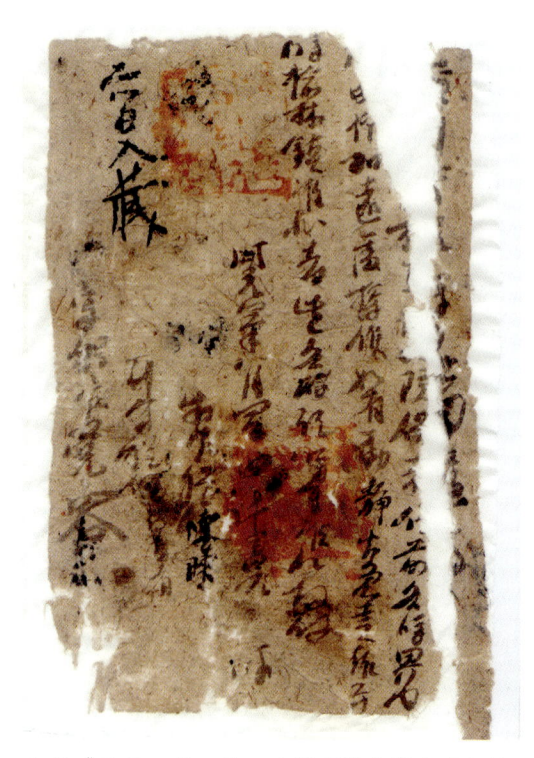

文书《开元四年八月四日牒下界内所由为加远番探侯防备等事》

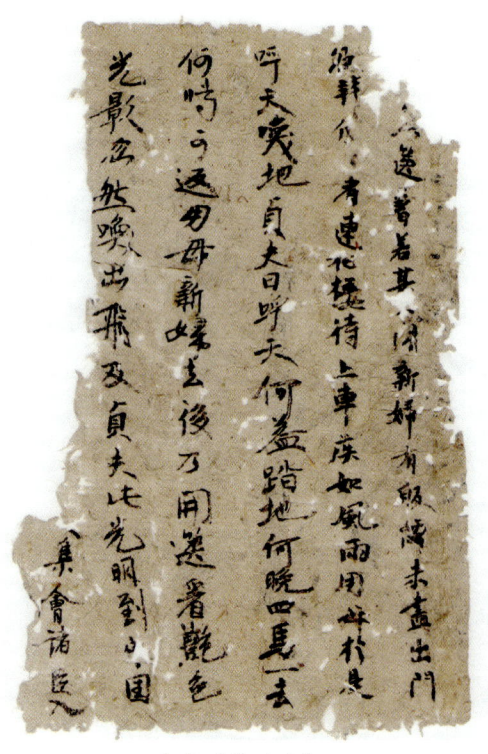

文书《韩朋赋》

书信残片

浙江慈溪上林湖后司岙唐五代秘色瓷窑址

入选"2016年度全国十大考古新发现"

发掘单位 浙江省文物考古研究所、国家文物局考古研究中心、
宁波市文物考古研究所、慈溪市文物管理委员会办公室

项目负责人 沈岳明、郑建明

为配合考古遗址公园建设和世界文化遗产的申报工作、探索秘色瓷的产地和唐五代时期宫廷用瓷的来源与生产管理状况，同时为窑址群的下一步保护与展示规划编制提供依据，经国家文物局批准，浙江省文物考古研究所与慈溪市文物管理委员会办公室于2015年10月—2017年1月对后司岙窑址进行了考古发掘。同时联合国家文物局水下文化遗产保护中心（2020年更名为国家文物局考古研究中心）、宁波市文物考古研究所于2016年11月中旬—12月下旬对包括后司岙在内的上林湖水域开展了为期一个多月的水下考古调查。

此次发掘的后司岙窑址编号为Y66，

上林湖后司岙窑址远景

清理的堆积层主要位于窑炉西侧，时代主要集中于晚唐五代时期。本次发掘首次摸清了唐五代时期最高质量越窑青瓷窑场的基本格局，确认了晚唐五代时期秘色瓷的基本面貌，加深了对秘色瓷生产工艺与兴盛过程的认识。后司岙窑址位于上林湖越窑遗址核心区，是唐宋时期秘色瓷的主要烧造地。窑址约在大中年间开始生产秘色瓷，约在中和年间达到兴盛。发掘出土的秘色瓷产品，在唐代法门寺地宫、五代吴越国钱氏家族墓中均有类似器物发现。

后司岙是晚唐五代时期烧造宫廷用瓷的主要窑场，代表了这一时期的最高制瓷水平，其开创的以天青色为特征的秘色瓷产品，不仅是制瓷史上的一大飞跃，同时成了此后高等级青瓷的代名词，影响到后代包括汝窑、南宋官窑、龙泉窑、高丽青瓷等一大批名窑的生产与整个社会的审美取向。

秘色瓷与瓷质匣钵的出土

窑址航拍全景

九宫格法取标本

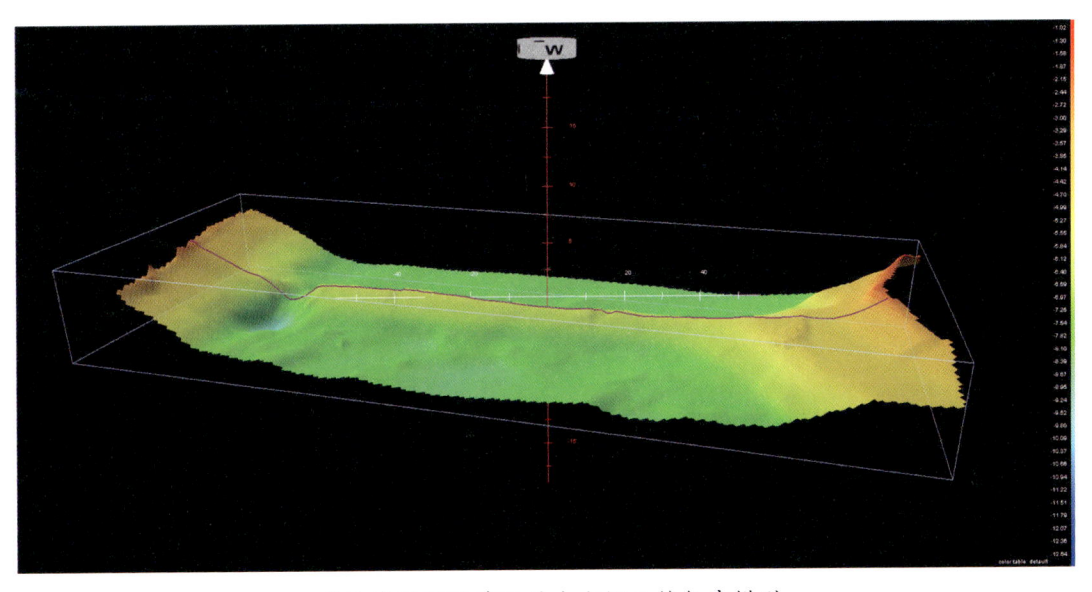

多波速测深仪获取的古水坝三维数字模型

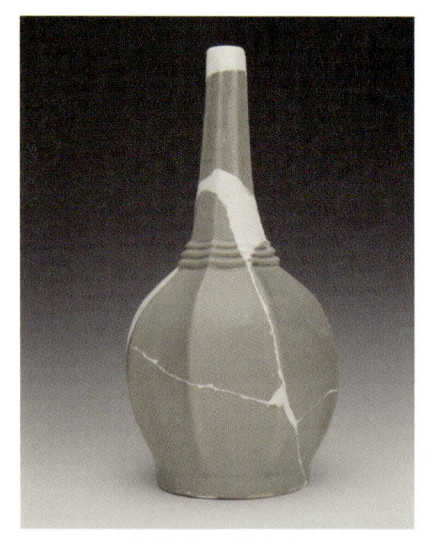

秘色瓷盏与盏托

秘色瓷八棱净瓶

秘色瓷盏

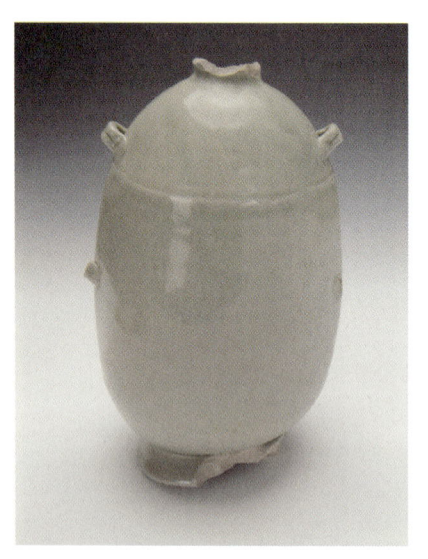

秘色瓷穿带壶

"官"字款瓷质匣钵

秘色瓷净瓶与装烧匣钵

上海青浦青龙镇遗址

入选"2016年度全国十大考古新发现"

发掘单位 上海博物馆
项目负责人 陈杰

青龙镇遗址位于上海市青浦区白鹤镇，据古吴淞江的出海口，文献记载是唐宋时期重要的对外贸易港口。遗址内发现了唐宋时期的大量遗迹和遗物，有隆平寺塔基、房址、水井、铸造作坊等重要遗迹。考古勘探与发掘工作以城市考古方法为指导，基本厘清了唐宋时期青龙镇布局特征。

隆平寺塔基及地宫的发现是青龙镇遗址近年来考古工作的重要成果。隆平寺塔是北宋时期民间建造佛塔的典型代表。其塔基结构特殊，是研究当时南方佛塔建造技术的新材料。

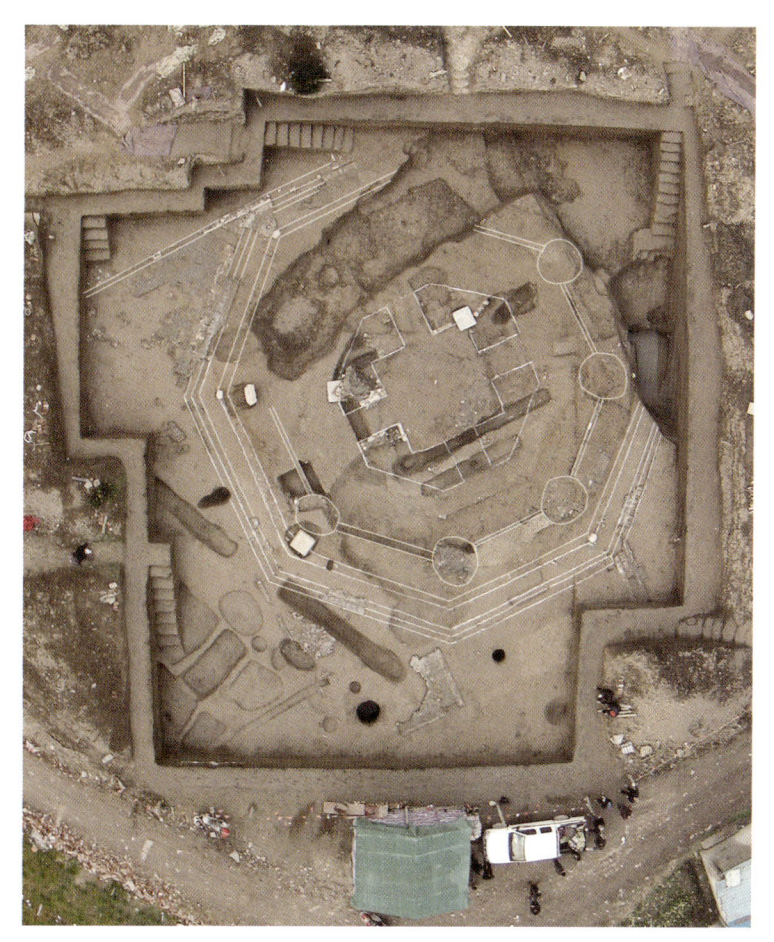

青龙镇遗址隆平寺塔基航拍

地宫年代为北宋时期，由砖砌而成，中部放置一个木函，函外左右各有一座阿育王塔，底部满铺大量各时代钱币，共计1万余枚。据文献记载，隆平寺塔还具有航标塔的功能。

与航运贸易相关的遗迹有瓷片堆积和河埠头等。青龙镇遗址历年发掘出土了数十万片瓷片，可复原瓷器有6000余件，主要来自南方窑口，唐代以越窑、德清窑、长沙窑为主，至宋代渐转为以福建窑口、龙泉窑、景德镇窑等为主。这些瓷器与目前朝鲜半岛和日本考古发现的器物组合也十分相似。河埠头遗迹位于老通波塘东岸，为木构遗迹，平面由纵横交错的木板平铺而成，木板下有木桩支撑。

青龙镇是上海城镇发展史上重要的一环，考古发现重构了青龙镇发展、繁荣、衰落的过程，在唐宋时期市镇考古中具有典范意义。历年考古工作，从实证上确定了青龙镇对外贸易港口的功能，与文献相印证，确证了青龙镇是上海最早的对外贸易港口，为海上丝绸之路考古研究提供了新的材料。

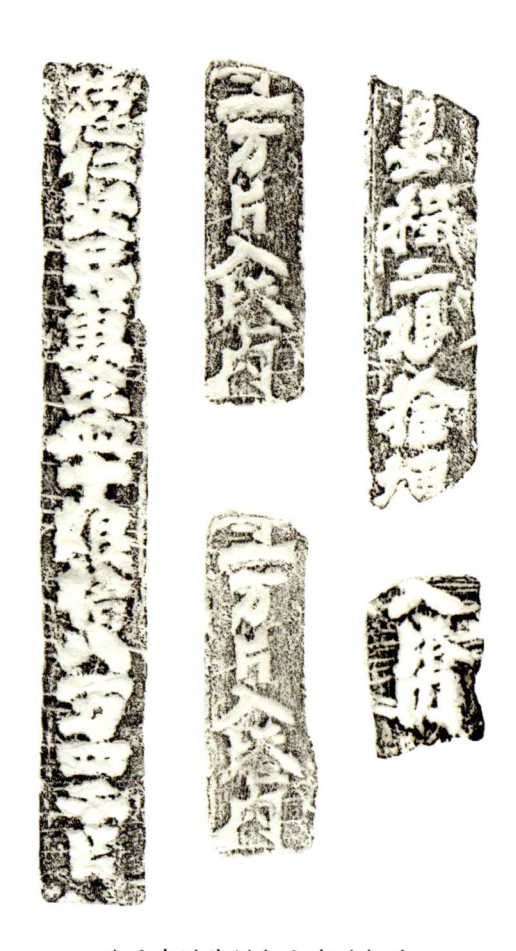

隆平寺塔基模印文字砖拓片

隆平寺塔地宫开启后场景

隆平寺塔基塔心室夯土层中的木梁结构及地宫

隆平寺塔基抹角木梁叠压情况 　　　　　隆平寺塔基北侧房基 F6

唐代瓷片堆 CD1 　　　　　　　　木贴金释迦牟尼涅槃像

铅贴金阿育王塔 　　　水晶念珠 　　　铜瓶与舍利

唐代越窑青釉碗　　　　　　　　宋代建窑黑釉盏

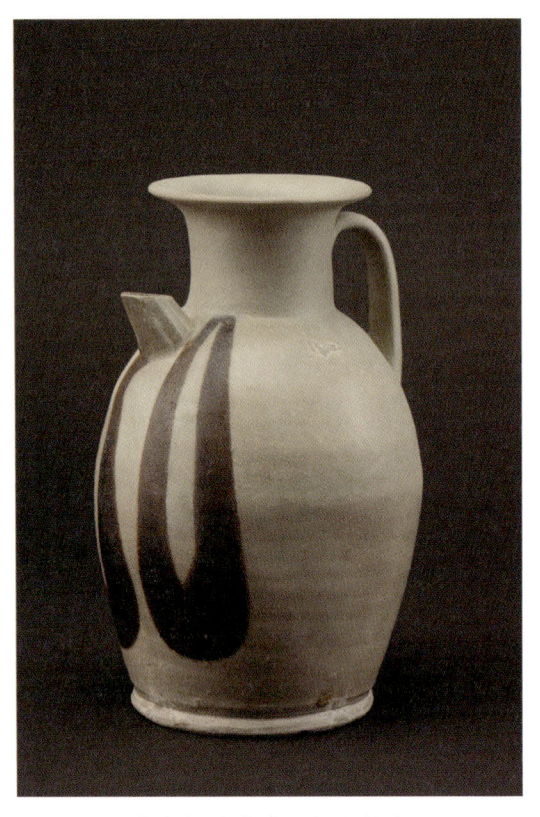

唐代长沙窑青釉褐彩执壶　　　　宋代龙泉窑青釉长颈瓶

江苏张家港黄泗浦遗址

入选"2018年度全国十大考古新发现"

发掘单位 南京博物院、苏州市考古研究所、张家港博物馆
项目负责人 周润垦

黄泗浦遗址位于江苏省张家港市杨舍镇庆安村与塘桥镇滩里村交界处，现北距长江约14千米。遗址于2008年11月发现，总面积约1.2平方千米。十多年的考古工作揭示出的遗迹、遗物，说明了黄泗浦遗址作为港口曾有的繁华及在江南地区重要的历史地位。

在遗址东区揭露出大型长排房基址，以及房址、灶址、水井、仓廒等唐代院落遗存。其中，方形房址、长排房址和长方形房址等具中轴线布局结构，而中轴线布局常见于寺院类建筑。此前，遗址的唐代

黄泗浦遗址内发现的唐代大型院落

河道中曾出土石佛雕像，在一些遗迹中还出土宋代石天王雕像和相当数量与佛教有关的铭文砖。因此，从唐代院落遗存的布局结构，结合出土的与佛教相关的遗物和文献记载分析，这座大型院落遗存应为寺院建筑。

唐代河道于2009年的考古工作中即已清楚揭示，位于方桥西侧（方桥为清代乾隆年间重建于黄泗浦河上的石桥）。现存唐代河道东侧与现黄泗浦河交接，向西行100多米后拐弯往北，逐渐进入古长江口。后续清理和发掘出土了较多唐代的瓷器标本。2017和2018年，分别在方桥以南和以北对现黄泗浦河进行发掘，揭露出宋代河道。在方桥以南的黄泗浦河道还揭露有木桥遗迹，已发现木桩及横木等。该遗迹横跨河道，偏东部位为现代疏浚河道所破坏。

"黄泗浦"三字，最早见于日本真人元开撰写于公元779年的《唐大和上东征传》。其中比较明确地记载了鉴真和尚第六次从"黄泗浦"东渡日本的过程。河道解剖显示，黄泗浦河为唐宋时期江南地区入江的主干水道之一。出土较多与佛教相关的遗迹、遗物，证明黄泗浦遗址有唐宋时期的寺院，也为实证鉴真第六次从黄泗浦成功东渡提供了重要依据。遗址的发现，还为中外文化交流、陆路和海运交通路线及海岸线变迁等诸多课题的研究开拓了新的视野。

唐代河道

宋代河道

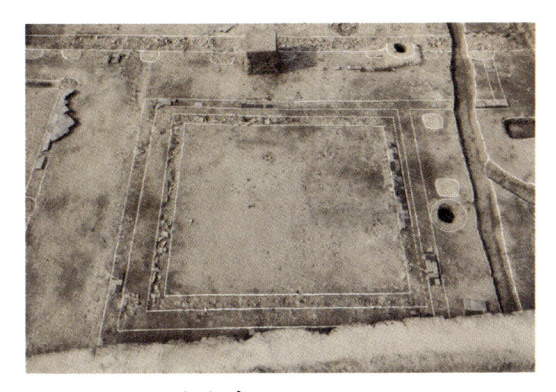

唐代房址 F20、F21

宋代河道内的木桥遗迹

宋代河道底部出土雕狮石栏杆

明代桥墩内填的大量宋代铭文砖

唐代河道出土石雕佛像背光

宋代河道底部出土石天王雕像

宋代河道底部出土铭文砖，铭文为"祝延皇帝万岁保国安，释迦如来舍利宝塔，民舍钱施主悉当成佛"

明代桥墩内出土铭文砖，铭文为"皇帝万岁保国安……如来舍利宝塔……钱施主悉当成佛"

宋元明清

- 内蒙古辽上京皇城西山坡佛寺遗址
- 内蒙古多伦辽代贵妃家族墓葬
- 北京延庆大庄科辽代矿冶遗址群
- 山西河津固镇宋金瓷窑址
- 吉林安图金代长白山神庙遗址
- 河北张家口太子城金代城址
- 河南开封州桥及附近汴河遗址
- 浙江温州朔门古港遗址
- 山西霍州陈村瓷窑址
- 广东"南海Ⅰ号"南宋沉船水下考古发掘项目
- 江西鹰潭龙虎山大上清宫遗址
- 重庆合川钓鱼城范家堰南宋衙署遗址
- 吉林图们磨盘村山城遗址
- 重庆渝中区老鼓楼衙署遗址
- 贵州遵义新蒲播州杨氏土司墓地
- 贵州遵义海龙囤遗址
- 安徽凤阳明中都遗址
- 南海西北陆坡一号、二号沉船遗址
- 四川彭山江口明末战场遗址
- 湖南桂阳桐木岭矿冶遗址
- 辽宁"丹东一号"清代沉船（致远舰）水下考古调查
- 辽宁庄河海域甲午沉舰遗址（经远舰）水下考古调查

新时代宋元明清考古，揭示统一多民族国家的历史演进

杭侃

新时代考古发掘项目中，宋元明清时期共有22个项目被评为"全国十大考古新发现"。这22项考古新发现中，边疆和少数民族建立政权的相关考古发现增多。内蒙古辽上京皇城西山坡佛寺遗址、内蒙古多伦辽代贵妃家族墓葬、北京延庆大庄科辽代矿冶遗址群、吉林安图金代长白山神庙遗址、河北张家口太子城金代城址、吉林图们磨盘村山城遗址、贵州遵义海龙囤遗址、贵州遵义新蒲播州杨氏土司墓地，这些考古发现揭示了宋元以降，长城以北和长江以南的各种遗迹急剧增多。正如宿白先生所言："前者是这个阶段中许多北方少数民族与汉族之间，在各个方面的交往日益频繁的具体反映；后者是这个阶段南方经济文化进一步发展的结果。以上情况清楚表明，当时的中华民族的活动范围大大地扩展了。这些状况为以后明清两代的发展奠定了基础。"

码头和水下考古的发现突出。浙江温州朔门古港遗址，广东"南海Ⅰ号"南宋沉船水下考古发掘项目，南海西北陆坡一号、二号沉船遗址，四川彭山江口明末战场遗址，辽宁"丹东一号"清代沉船（致远舰）水下考古调查，辽宁庄河海域甲午沉舰遗址（经远舰）水下考古调查，直接反映了近些年来，水下考古受到前所未有的重视。古港遗址、沉船发现的大量瓷器、漆木器、金银器等，是宋元时期商业越来越繁荣的具体表现，与中华民族活动范围的扩大相应。活动范围扩大，也反映在大小城市的发展、交通工具的创新和新的交通路线的出现上，包括对外贸易活动的增加、海上航线的往返。对致远舰和经远舰的调查表明，水下考古不仅丰富了海上丝绸之路的内涵，也见证了近代中华民族捍卫主权和领土完整的不屈抗争。

在传统农耕文明的语境下，东南沿海的海洋性被遮蔽了，或者没有得到充分讨论。近些年来，不断有学者呼吁历史研究的视野不当囿于国别，而应以具有相互联系的一些区域作为论述的空间，探讨跨国家和跨区域的人群流动、知识传播、商业贸易及与之相关的诸多问题。水下考古资料的丰富，为学界深入探讨东南沿海的历史发展提供了新的资料。

城址、墓葬、手工业、宗教遗存是考古学研究的主要对象。南宋后期为了抗击蒙古入侵，川渝抗蒙山城防御体系被构筑起来，重庆合川钓鱼城范家堰南宋衙署遗址、重庆渝中区老鼓楼衙署遗址揭示了这一体系的中枢神经。蒙古三次西征，横扫欧亚大陆，但是在川渝地区却多年受阻，也可以说，川渝山城的防御体系，延长了南宋国祚，折断了"上帝之鞭"，在一定程度上影响了世界历史的进程。

唐代经济重心南移之后，连接南北的运河体系成为帝国的命脉，其中尤以汴河为重，

"汴水横亘中国，首承大河，漕引江、湖，利尽南海，半天下之财赋，并山泽之百货，悉由此路而进"，河南开封州桥及附近汴河遗址的发掘，为汴河和汴京城市的研究确定了一个明确的坐标点。明王朝兴起于南方，虽然迁都之后在元大都的基础上改建北京城，但北京城建设中的南方因素还有待深入研究，建而又弃的明中都，就成了理解中国古代都城后期之变的重点。

手工业遗存向来以陶瓷为大宗。新时代发掘的两处瓷窑遗址——山西河津固镇宋金瓷窑址、山西霍州陈村瓷窑址集中入选"十大"，一方面说明在官窑、名窑之外，民间窑业也开始受到关注，另一方面，山西窑业联系东西、沟通南北的区位特点，随着陶瓷考古研究的深入而得到学界更多的重视。北京延庆大庄科辽代矿冶遗址群和湖南桂阳桐木岭矿冶遗址是冶金考古领域的重要收获。辽所建立的"马上行国"离不开先进的武器装备，重要考古发现是先进生产力的彰显。

吉林安图金代长白山神庙遗址和江西鹰潭龙虎山大上清宫遗址，都是涉及中国古人精神世界的国家信仰体系构建的重要遗址。人是无法仅仅在物质世界中获得安宁的，而对于中国古人的精神世界，我们知道得还太少。

内蒙古辽上京皇城西山坡佛寺遗址

入选"2012年度全国十大考古新发现"

发掘单位 中国社会科学院考古研究所、内蒙古自治区文物考古研究院
项目负责人 董新林

辽上京城址位于内蒙古巴林左旗林东镇东南。西山坡是上京皇城西南的一处自然高地，也是全城的制高点，尚存两组东向的建筑基址。其中北组的中部偏后，有三座地面保存较高的圆台形建筑基址（编号为YT1—YT3）。根据发掘的遗迹形制和遗物可知，YT1应是一座砖木混合结构的六角形佛教建筑基址。于辽代始建，至少进行过两次大规模修筑，金代以后才逐渐废弃。YT2和YT3可确认是六角形塔基，二塔基包砖、散水的做法和规格均与YT1相同。

辽上京皇城西山坡佛寺遗址发掘工地全景（气球照片）

根据考古发现的遗迹布局和建筑构件、造像等遗物，我们可以确认西山坡是一处辽代始建、金代沿用的佛教寺院遗址，位置重要，规模庞大。佛寺北组为东向的长方形院落，四周有院墙。中轴线上的主体建筑为大型的六角形砖木混合结构建筑（YT1），左右两侧对称布置小型的六角形砖塔（YT2、YT3），前有小型建筑基址和广场。这次发掘对重新认识辽上京皇城遗址的形制布局具有非常重要的影响。

一号建筑基址（YT1）全景

一号建筑基址（YT1）回廊及内圈砖体结构（内—外）

一号建筑基址（YT1）回廊及内圈砖体结构（外—内）

一号建筑基址（YT1）西侧慢道

一号建筑基址（YT1）内圈砖体底部砌砖结构

二号建筑基址（YT2）全景

三号建筑基址（YT3）全景

一号建筑基址（YT1）内圈砖体方形后室出土经幢残件

一号建筑基址（YT1）出土泥塑造像

一号建筑基址（YT1）出土泥塑造像

三号建筑基址（YT3）地宫出土舍利棺残件

内蒙古多伦辽代贵妃家族墓葬

入选"2015年度全国十大考古新发现"

发掘单位 内蒙古自治区文物考古研究院、锡林郭勒盟文物保护管理站、多伦县文物局

项目负责人 盖志勇

内蒙古多伦辽代贵妃家族墓葬位于锡林郭勒盟多伦县蔡木山乡小王力沟，2015年6—12月进行了抢救性发掘，清理辽代大型墓葬两座，编号M1、M2。

墓地位于一个三面环山的簸箕形山谷中。M1全长25.6米，墓门仿木结构，斗拱上方承黄、绿两色琉璃瓦当。用琉璃瓦加饰墓门，是辽代考古发现中罕见的。出土随葬品有铜、铁、瓷、琥珀、银等几大类，其中三节莲花形铜灯、手持柄式莲花香炉，为不可多得的辽代文物精品。此外，还出土了大量的随葬瓷器。

M2墓门亦为仿木结构，唐风浓郁。该墓出土了金、银、铜、铁、玉、琥珀、玻璃、瓷、木、泥、丝绸等质地的大量文物。其中许多文物与辽陈国公主墓出土遗物相似，但制作更为考究。墓葬出土文物以瓷器为大宗，瓷器口沿、足部多包金饰，是辽代釦器出土最为集中的一次。出土的五件玻璃器，应为伊斯兰玻璃，为草原丝绸之路的研究提供了实物资料。墓葬中发现墓志

M2墓门正视图

M2 器物分布

一合，中部阴刻篆书"故贵妃萧氏玄堂志铭"几字。据墓志及相关史料可知，墓主人为辽圣宗贵妃，出自萧阿古只一系，其家族在辽代九帝中共出过四位皇后，是辽代外戚最为显赫的一支。

这两座墓葬的发掘意义重大，取得了重要收获。M2出土墓志有对后族萧氏姓氏来源的相关记载，称辽皇族耶律氏为"汉室之宗，刘氏也"，后族系出兰陵，故称萧氏。《辽史·圣宗本纪》载，统和四年（986）九月，"皇太妃以上纳后，进衣物、驼马，以助会亲颁赐"，统和十九年（1001）三月，"皇后萧氏以罪降为贵妃"。《辽史》所见圣宗贵妃，仅此一人。M1虽无墓志出土，但从其宏大的墓葬规模、高等级的随葬品可以看出，墓主人亦应为贵妃重要的家族成员。

M2 墓志

M2 出土菱花式缠枝纹铜镜

M1 出土鎏金铜渣斗

M1 出土三节莲花形铜灯

M2 出土银对蝶木枕

M2 出土银鎏金龙纹鞘玛瑙柄短刀

M2出土缠枝蔓草纹鎏金龙纹玉带銙（细部）

M2出土包金框龙纹玉捍腰

M2出土玉配饰

M2出土金花银镂空凤纹高翅冠

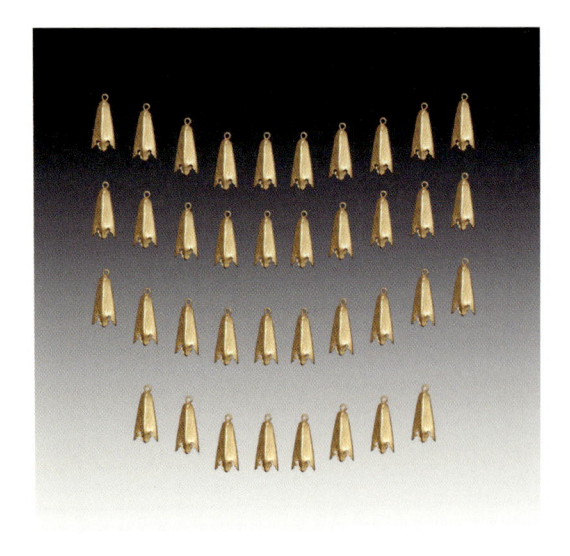

M2出土金流苏

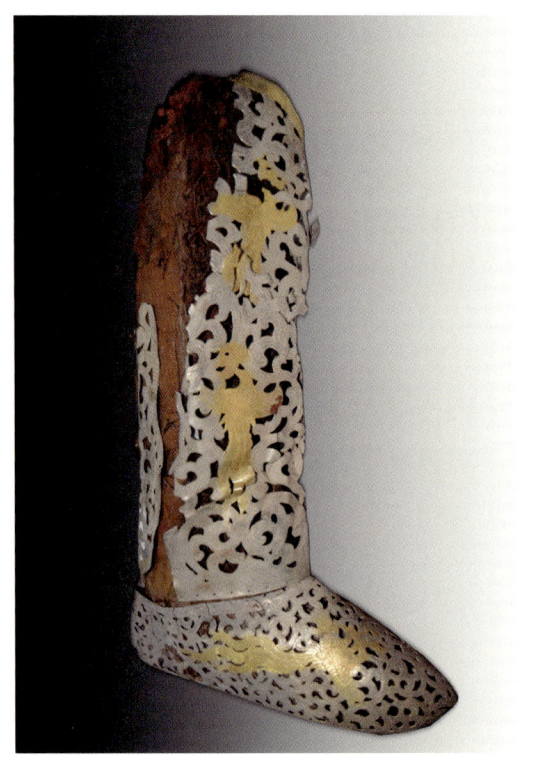

M2出土金花银镂空高靿靴

北京延庆大庄科辽代矿冶遗址群

入选"2014年度全国十大考古新发现"

发掘单位 北京市文物研究所、北京科技大学、北京大学、延庆县文化委员会

项目负责人 郭京宁、刘乃涛

延庆大庄科矿冶遗址群位于北京市延庆区（2015年底撤延庆县，设延庆区）大庄科乡，南距北京市区70千米，历史上位于辽南京附近。遗址群主要由矿山、冶炼、居住及作坊遗址等构成，分布区域位于水泉沟、铁炉村、汉家川、慈母川等地。

对遗址群的考古调查、勘探及发掘取得了重要成果，发现了从采矿到冶炼的遗迹，并且找到了冶铁工匠工作、生活、居住的地方，遗址类型比较系统、丰富。考古发现保存相对完整的冶铁炉10座、生活及作坊遗址3处，作坊遗址区发现道路和

大庄科矿冶遗址群地形示意图

水泉沟遗址冶铁炉全景

车辙遗迹。生活遗址中的房屋坐北朝南，由院门、院墙、正房、东西厢房等组成，房屋内设有火炕。作坊及生活遗址出土物主要有矿石、铁块、炉渣、铁箭镞、铁刀、石碾盘、石碾子等，以及砖瓦、瓦当等建筑材料，碗、罐、纺轮等生活用品。

辽代重视冶铁业，铁冶的设置以及与中原地区的技术交流，对其生产力的发展产生了重要影响。大庄科矿冶遗址群是目前国内发现的辽代矿冶遗存中保存冶铁炉最多且炉体保存相对完好的冶铁场所。冶铁炉基本形貌明了，炉内结构完好，鼓风口清晰可见。发掘所揭示的炉型结构，为正确认识中国古代冶铁高炉的炉型结构演变提供了弥足珍贵的资料，为开展辽代冶铁技术研究乃至中国古代冶金史研究，以及冶铁技术交流研究，提供了极为宝贵的考古材料。

道路及车辙 L1

水泉沟居住遗址灰坑 H12

大庄科矿冶遗址群居住遗址发掘现场

水泉沟遗址冶铁炉 Y1

水泉沟居住遗址房址 F7

炒钢炉 C3

水泉沟居住遗址房址 F1 火道

白釉瓷碗

兽面瓦当

箭镞

铁刀

山西河津固镇宋金瓷窑址

入选"2016年度全国十大考古新发现"

发掘单位 山西省考古研究院、河津市文物局
项目负责人 王晓毅

固镇窑址位于河津市固镇村遮马峪北、东岸台地上，2016年3—9月进行抢救性发掘，分为北涧疙瘩、上八亩和下八亩三个地点。发掘过程严格按照田野考古规程进行，采用三维激光扫描、近景摄影测量、无人机航拍等技术全息记录遗存空间信息，科学采样并进行检测分析，利用田野考古工地管理平台对数据进行统一管理。

发掘共清理制瓷作坊4处、瓷窑炉4座、水井1处、灰坑35个，出土完整及可复原瓷器1326件，瓷片、窑具标本达6吨之多。在窑场北部的青石峪西侧山体发现富集的瓷土矿。

此次固镇窑址的发掘及重要发现，是山西乃至全国陶瓷考古的一次重要突破。发现的四组制瓷作坊及瓷窑炉，填补了山西地区相关制瓷遗迹的空白，从原料制备到装烧成器的整个制瓷产业链保存相对完

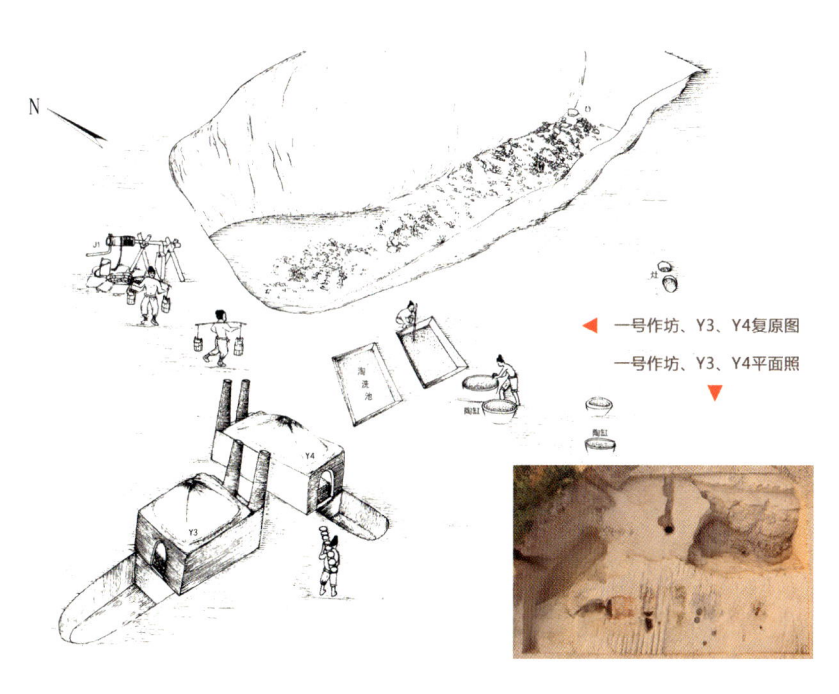

▶ 一号作坊、Y3、Y4复原图
▼ 一号作坊、Y3、Y4平面照

一号作坊及Y3、Y4

整，为研究北方地区古代制瓷工艺提供了丰富的资料。特别是发现的北宋窑炉Y1，其烟室占整个窑炉面积的近一半，这种独特的结构在国内尚属首例。该窑极有可能已掌握利用窑炉余温进行晾坯和烧制匣钵的关键技术，为制瓷工程技术史的研究提供了重要的新材料。

最能代表固镇窑工艺水平及产品特色的莫过于北宋的精细白瓷和金代的装饰瓷枕。北宋的简约素雅与金代的多姿多彩，两种艺术表现手法形成鲜明对比，充分体现了宋金制瓷风格的变化与分野，为陶瓷考古及美学研究增添了新的对比材料。出土的北宋细白瓷，胎体致密度高，釉面莹润光匀，可媲美邢定白瓷；出土的金代瓷枕，在造型和装饰上均独树一帜。

二号作坊及Y2

三号作坊及Y1

四号作坊

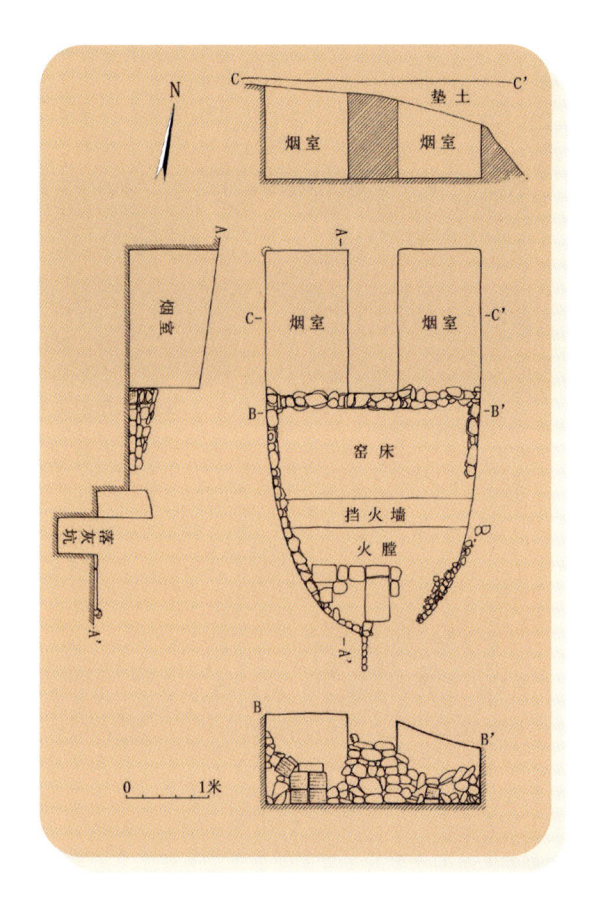

◀ Y1 平剖面图

Y1 平面照

Y1

金代黑地白绘花草叶纹赌具

金代细白瓷碗、盘类印花模具

金代白地剔花填黑彩牡丹纹八角枕

北宋细白瓷碗、碟

金代细白瓷印花牡丹纹碗　　　　　　　金代素烧花口瓶

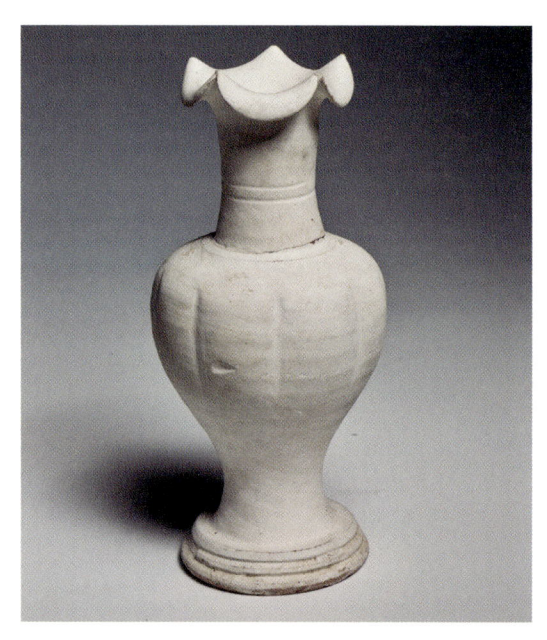

金代白地褐彩诗文草叶纹盆

金代白地褐彩草叶纹碗，碗腹墨书"马家椀工"

吉林安图金代长白山神庙遗址

入选"2017年度全国十大考古新发现"

发掘单位 吉林省文物考古研究所、吉林大学
项目负责人 赵俊杰

遗址位于吉林省安图县二道白河镇西北，南距长白山天池约49千米，在1928年所修《安图县志》中已有记录。2013年试掘结果表明，遗址的始建年代和主体年代均为金代。2016年出土的玉册确证其为金代皇家修建的长白山庙故址。历年发掘中，发现数座建筑基址，编号为JZ1—JZ6。遗址出土遗物主要有兽面瓦当、鸱吻、脊饰等建筑构件，以及带有纪年的玉册残块等。考古工作所见遗址的建筑布局及规制，和《大金集礼》等文献记载基本相符，也与以中岳庙（嵩山）、西岳庙（华山）

从宝马城遗址远眺长白山

等为代表的宋金时期皇家山岳祠庙非常相似，凸显了高规格。

金代长白山神庙遗址是近年来发掘的保存状况最好、揭露面积最大、最为重要的金代祭祀建筑遗址。遗址与长白山具有严格的对望关系，是中原以外首次考古发现的古代国家山祭遗存，遗址的总体建筑布局、单体建筑的规模和样式，以及排水系统、窑址等附属设施都得以解明。

遗址不仅是金代历史的重大发现，而且对于探讨金人在建筑形式和神庙布局方面吸收宋文化的多种因素有重要作用，对探索当时金王朝对东北边疆的经略、南北方文化的互动和中华文化多样性、统一多民族国家的形成与发展，也具有深远的历史与现实意义。

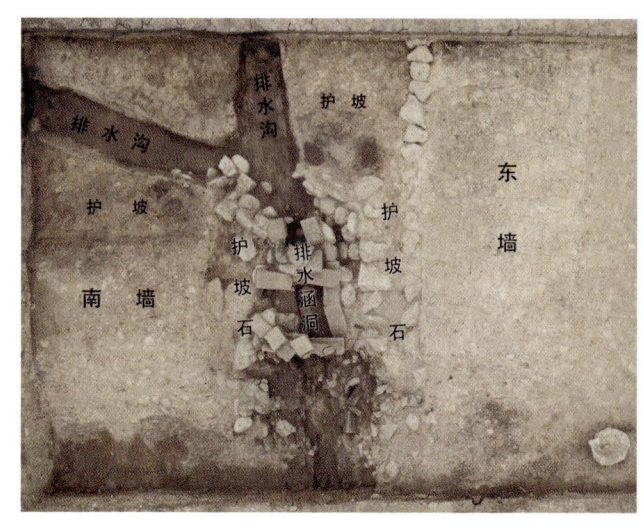

外墙东南转角及排水系统

JZ1、回廊西南转角、亭式建筑JZ6

JZ2 及石墁庭院

JZ3

JZ3 室内西北角

JZ3 北侧庭院地砖上的大片红彩白灰

JZ3 室内地砖上出土的蓝彩木料

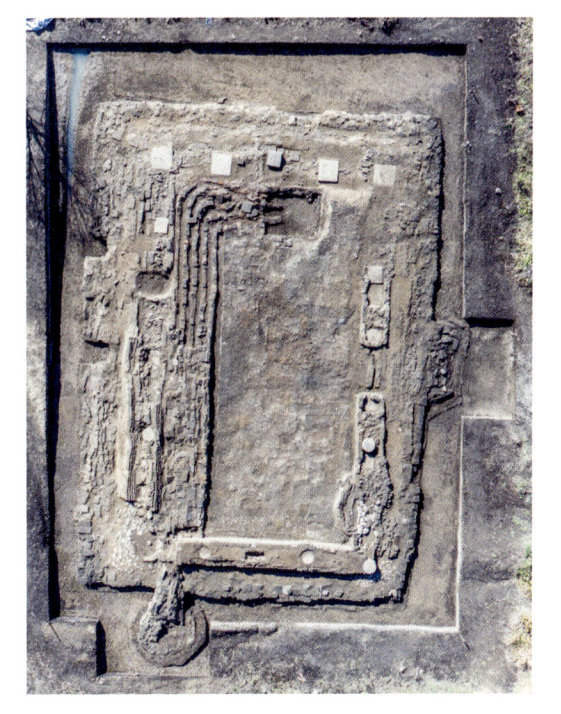

JZ4

鸱吻上的凤纹

高浮雕兽面瓦当

螭子石

铜饰件

兽头

汉白玉玉册残块，上书"癸丑"

河北张家口太子城金代城址

入选"2018年度全国十大考古新发现"

发掘单位 河北省文物考古研究院、张家口市文物考古研究所、崇礼区文广新局
项目负责人 黄信

太子城遗址位于河北省张家口市崇礼区四台嘴乡张家口奥运村西侧，东南距北京市区140千米。

太子城遗址经勘探与发掘，确认为一座平面呈长方形的城址。2018年，对城址南门、东南角、城西外基址等6处地点，共发掘6500平方米，确认城址南门、9号基址、三号院落呈南北轴线分布。南区核心9号基址是太子城内单体面积最大、台基最高、规格最高的基址，北区以三号院落为中心，南北区以东西向道路相隔。出土遗物有各类泥质灰陶砖瓦、鸱吻、嫔伽、

南区勘探发掘平面图

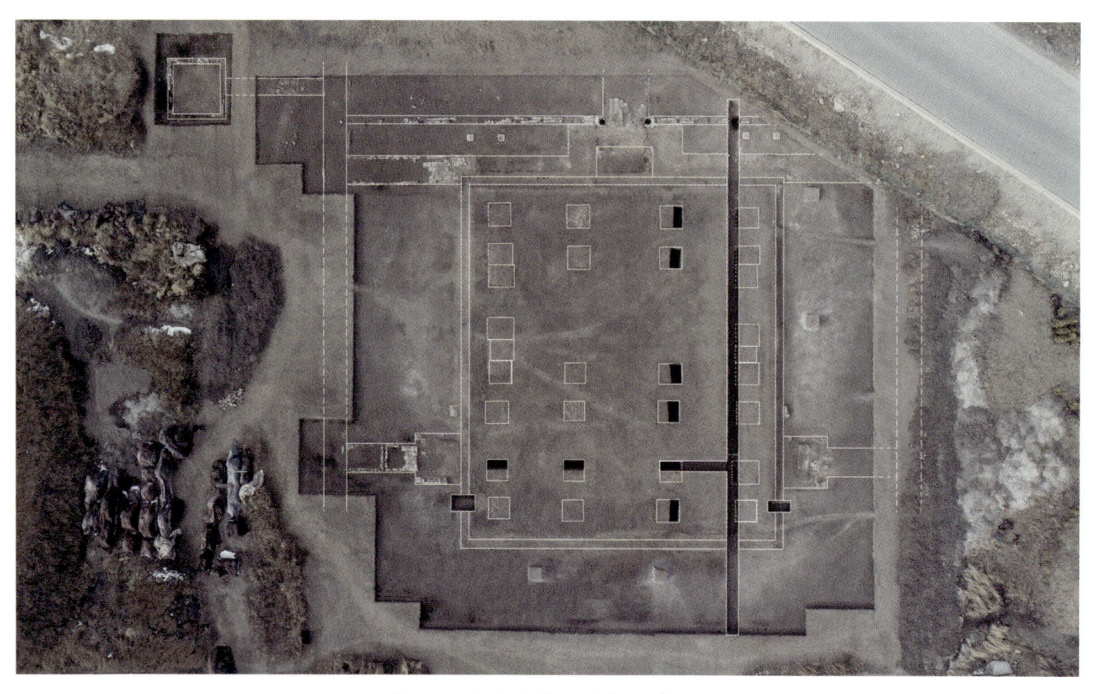

南区9号建筑基址发掘与解剖

凤鸟、脊兽等建筑构件，以及部分铜铁构件、瓷器、鎏金龙形饰等。青砖上多戳印"内""宫""官"字，部分螭吻上刻"七尺五地""天字三尺"等。瓷器以定窑白瓷为主，共发现刻"尚食局"款定瓷22件，另有仿汝窑青瓷盒、黑釉鸡腿瓶等。铜器有坐龙、铜镜等残件。

太子城遗址规模小，但城内建筑规格很高，未发现商业、民居、戍守等一般类型与军事性质建筑。遗物上的刻款体现了皇家性质。结合文献记载，推测遗址为金章宗夏捺钵的泰和宫。

太子城遗址是第一座经考古发掘的金代行宫遗址，是仅次于金代都城的重要城址，是近年来发掘面积最大的金代高等级城址。城址的双重城垣选址理念，主体建筑呈轴线分布、前朝后寝的布局方式，对金代捺钵制度、行宫的选址与营造研究有重要意义。编号"七尺五""四尺五""三尺"等的建筑构件，分别对应城内不同等级建筑，与《营造法式》记载吻合，对金代官式建筑研究有重要帮助。"尚食局"款定瓷、仿汝窑青瓷、雁北地区化妆白瓷的组合，对金代宫廷用瓷制度、供御体系研究有重要推进作用。

北区一、二、三号院落平面图

凤鸟脊饰

刻"天字三尺"鸱吻

绿釉凤纹脊饰

泥质灰陶龙形脊饰

鸡腿瓶

戳印"官"字长方形砖

戳印"宫"字长方形砖

印摩羯纹"尚食局"款定窑瓷器内底，与外底"尚食局"款

六瓣花形铜帽铁钉

河南开封州桥及附近汴河遗址

入选"2022年度全国十大考古新发现"

发掘单位 河南省文物考古研究院、开封市文物考古研究院
项目负责人 刘海旺

州桥遗址位于今开封市中山路与自由路十字路口南约50米。州桥是北宋东京城御街与大运河汴河段交叉点上的标志性建筑，于明末崇祯十五年（1642）被黄河泛滥后的泥沙淤埋。

截至2022年底，州桥及附近汴河遗址考古共完成发掘面积4400平方米，发现不同时期各类遗存遗迹117处，种类包括河道、水工设施、桥梁、道路、神庙等。宋代汴河河道、堤岸特征明显，金代河道开始淤塞，

州桥遗址全景

州桥东侧汴河北岸石壁局部

州桥东侧汴河北岸石壁效果图

元代"狭河木岸"工程遗存在遗址内依然可见，明代之后河道逐渐被侵占、开始收窄，明末汴河逐渐变为城内的排水沟。明代州桥结构基本完整，青石铺筑桥面，砖砌拱券，石砌桥台。汴河南北两岸宋代石壁上有海马、仙鹤、祥云等浮雕纹饰，纹饰通高约3.3米，揭露出来最长约23.2米，构成巨幅长卷。

遗址共出土各类文物标本6万余件，质地包括陶、瓷、石、玉、木、骨等。其中，绝大部分遗物为各时期的瓷器标本，还发现有大量兽骨和人骨遗存。

州桥遗址的考古发掘，对于研究北宋东京城的城市布局结构具有重大意义。宋代石壁代表了北宋时期石作制度的最高规格和雕刻技术的最高水平，填补了北宋艺术史的空白，见证了北宋时期国家文化艺术的发展高度。汴河区域的发掘，首次完整揭露了唐宋至清代开封城内的汴河形态，展示了唐宋至清代汴河开封段的修筑、使用、兴废等发展演变过程，为研究中国大运河及其变迁史提供了考古实证，填补了中国大运河北宋东京城段遗产的空白。

明代州桥复原图

汴河故道明代晚期建筑堆积

明代晚期汴河河道堆积

州桥东侧汴河南岸石壁上的文字
"洪廿八"

北宋船灯

北宋景德镇窑青白瓷熏炉 　　北宋景德镇窑青白瓷花卉纹碟 　　金代钧釉碗

元代白地黑花瓷枕 　　明代景德镇窑青花水草浮蟹杯 　　明晚期景德镇窑青花花卉纹罐

浙江温州朔门古港遗址

入选"2022年度全国十大考古新发现"

发掘单位 浙江省文物考古研究所
项目负责人 梁岩华

朔门古港遗址位于浙江省温州市鹿城区望江东路东段，温州古城朔门外，南依古城，北邻瓯江，东靠海坛山，与世界古航标江心屿双塔隔江呼应。遗址总面积约20万平方米。

2021—2022年，该遗址在基建考古工作中被发现，发掘面积约5000平方米。主要发现温州古城水、陆城门相关建筑遗存，8座码头，1条木栈道，多组干栏式建筑，成片房址，水井等，并出土沉船2艘、数

遗址位置环境

以十吨计的宋元瓷片以及漆木器、琉璃、砖雕等大量遗物。各类遗存年代跨度从北宋延续至民国，尤以宋元为主。本次发掘重现了宋元时期温州城市与港口发展的繁华景象和宏阔场景，码头、沉船和海量的商贸类遗物，构成了商港的核心元素，凸显了温州古城港城一体的规划特色，是我国城市考古、港口考古的重大收获。发掘揭露的码头遗迹群及海量瓷片堆积为温州坐实龙泉瓷外销的起点港和"海丝"重要节点城市地位提供了关键物证。

朔门古港遗址遗迹全，规模大，体系完整，内涵丰富，是城市、港口、航道航标三位一体的完整体系，填补了"海丝"申遗体系港口类遗产的关键缺环，被誉为迄今国内外海上丝绸之路港口遗址最为重要的考古发现，堪称"国内仅有，世界罕见"。遗址在世界航海史上具有突出价值，也是我国"海丝"申遗工程不可替代的经典样本和支撑性遗产点。

北宋8号码头

北宋竹缆木石锚

南宋干栏式建筑F9

南宋3号码头模型及复原图

南宋4号码头

南宋沉船鸟瞰

水门头元代江岸及房屋基址

朔门城门基址

木栈道

北宋龙泉窑青釉线刻菱格纹如意足瓷熏炉

北宋晚期龙泉窑青釉篦划莲花折扇纹瓷碗

北宋晚期湖田窑青白釉瓷台盏

南宋建窑黑釉金丝兔毫纹瓷盏

南宋青釉褐彩鱼纹瓷洗

"庚戌温州屠七叔上牢"铭漆碗底

山西霍州陈村瓷窑址

入选"2023年度全国十大考古新发现"

发掘单位 山西省考古研究院、北京大学、复旦大学
项目负责人 刘岩

窑址位于山西省临汾市霍州白龙镇陈村。2022—2023年，项目组对霍州窑开展了第一次系统考古工作，摸索出一套古今重叠型窑址的考古工作方法。

F66和D20地块发掘区航拍

航拍发掘工作照

　　8个地点,揭露出宋末、金、元、明时期的窑炉、作坊等各类重要制瓷遗迹,出土了大量产品残片和窑具。发掘的成果,让人们第一次从考古学上建立了霍州窑历史分期标尺,掌握了各期的产品面貌和工艺技术特征,厘清了霍州窑从北宋末期到清代初年的烧造历史,建立了北方地区瓷业基础研究标尺。

　　霍州窑在金代成熟,以细白瓷为主流产品,以"擦涩圈"叠烧为主要装烧技术,以细凸线纹印花为显著装饰特征。元代是霍州窑的高光时刻。元代霍州窑是全国唯一生产高档细白瓷的窑场,其独有的五粒泥浆粘钉间隔支烧技术是北方地区北宋汝窑官式器物"芝麻钉"支烧技术传统的延

瓷片初步拼对

发掘工作照

D7 地块发掘区倾斜航拍全景

续与创新。明代生产白地褐花日用粗白瓷、性质明确的祭器、藩王高档用瓷等三类产品，呈现出多层次、多面貌的特点。

霍州窑印证了中国细白瓷生产中心的转移，填补了北方地区细白瓷生产的缺环，是北方地区细白瓷生产最后的高峰，对中国陶瓷发展史具有重要贡献。

霍州窑特点鲜明的制瓷成就，不仅印证了山西地区是北方地区经济中心、手工业生产核心区域，也为瓷业交流、瓷业格局、人地关系、地方社会等研究打开了窗口，更是中华民族多元一体伟大进程的鲜活物质体现和生动诠释。

D15 地块发掘区三维模型

D25 地块发掘区三维模型

金代细白瓷"郭窑瓷器"商标款印花盘 　　　金代细白瓷涩圈印花盘（水波人物纹）

金代细白瓷印花盘（婴戏莲纹）及纹饰线图

元代细白瓷高足杯 　　　元代细白瓷龙柄小杯

明代白地褐花高足杯 　　　明代细白瓷矾红彩五爪云龙纹碗（藩王府用瓷）

广东"南海Ⅰ号"南宋沉船水下考古发掘项目

入选"2019年度全国十大考古新发现"

发掘单位 广东省文物考古研究院、国家文物局考古研究中心、
中国文化遗产研究院、广东省博物馆、广东海上丝绸之路博物馆
项目负责人 孙键、崔勇

"南海Ⅰ号"沉船1987年发现于广东省台山、阳江交界海域。2007年，在多次水下考古工作基础上，考古队以空前的整体打捞方式将"南海Ⅰ号"及船载文物整体起吊出水，移入专门为之建造的广东海上丝绸之路博物馆内。2013年底，"南海Ⅰ号"保护发掘工作全面启动，2015年完成沉船本体及船货以上的堆积清理。

船体结构较为完整，残长约22.1米，最大船宽约9.35米。发掘提取的文物种类丰富，主要有瓷器、铜铁器、金银器、漆木器、钱币、朱砂、动植物残骸、果核等。截至2019年，发掘共出文物近18万件（套），其中瓷器超过17万件（套），几乎囊括了当时南方的主要窑口与瓷器种类，为南宋南方瓷器研究提供了一大批年代、性质明确的标准器。一些器形较为特殊的外销瓷器，浓郁异域风格的金饰品和剔犀、剔红漆器等，更加值得研究。根据出土文物时代特征和相关铜钱、文物上的铭文墨书等

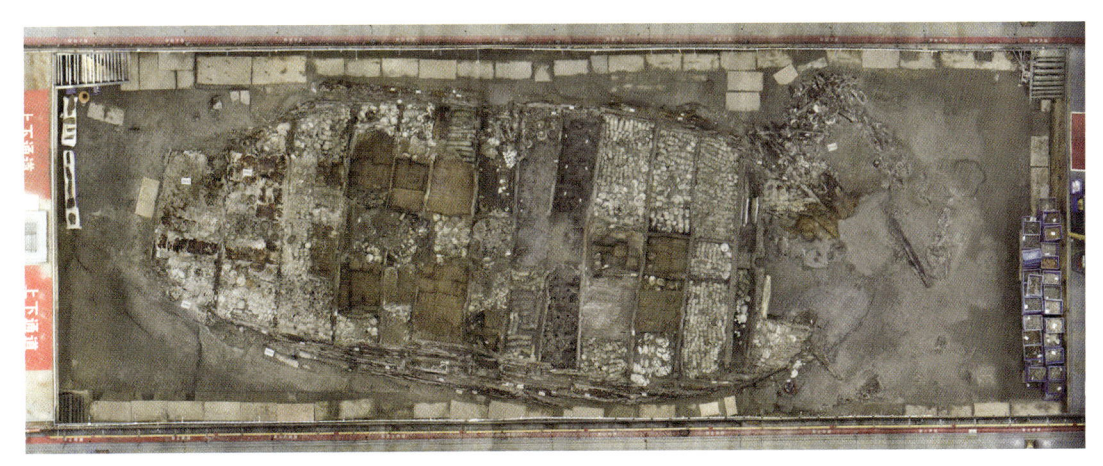

2015年底暴露的沉船基本轮廓及各船舱货物

2019年船载文物清理完成再后期处理去掉支护沉箱和船体的钢梁、钢管后的正射影像

材料推测，沉船年代应为南宋中晚期。

"南海Ⅰ号"沉没地处在广东中部通往西部海上交通的主航道上。作为一个相对独立而又结构完整的水下遗存，沉船在文物、船体、社会关系、生态环境等诸多方面蕴藏着极其丰富的信息。巨量外销瓷、大量手工艺制品和日常生活用品及众多金银铜货币的发现，显示了宋代高度发达的商品经济，及当时中国参与海外贸易活动程度之深。所有这些，都彰显了南宋时期海洋活动的繁荣景象，也是古代海上丝绸之路繁盛的历史见证。

"南海Ⅰ号"从发现、水下调查，到整体打捞、发掘保护和公众展示，前后历经30余年，是我国水下文化遗产保护发展的一个缩影，见证了我国从无到有再到成熟壮大的水下考古学科发展历程。

沉船桅座

沉船桅面梁

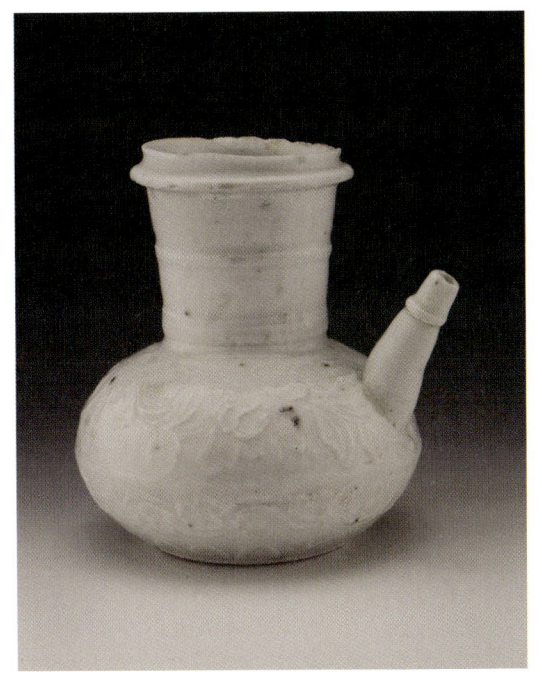

白釉印花仰莲纹军持 　　　　　　　　绿釉褐彩长颈瓶

白釉印花罐及内装喇叭口瓶 　　　　　青釉菊瓣碟

刻花螺壳 　　　　　　　　　　　　　漆盘

金璎珞胸佩

"韩四郎"金叶子

银铤

"淳熙元宝"铜钱

江西鹰潭龙虎山大上清宫遗址

入选"2017年度全国十大考古新发现"

发掘单位 江西省文物考古研究院、江西省鹰潭市博物馆
项目负责人 胡胜

大上清宫遗址位于江西省鹰潭市龙虎山上清镇东。历史上，大上清宫由上清宫、斗姆宫以及十二配殿和二十四别院组成。2014—2017年的发掘，已揭露面积5000余平方米，基本摸清了大上清宫的分布范围、宫观建筑的格局和历史演变脉络，对遗址有了较为全面的认识。

考古人员对遗址进行了大范围调查、勘探和发掘。调查显示，在大上清宫遗址周边地区30平方千米范围内，有宋元至明清时期遗存29处。考古工作者对遗址的发掘科学而系统，依托RTK（实时动态差分）、无人机航拍等高科技手段，搭建考古工地数字化管理平台，在核心区域发掘出以中轴线布局的上清宫建筑群基址，即主体大殿龙虎门、玉皇殿、后土殿、三清阁等。宫观依地势而建，由南往北层层抬升。在中轴线建筑群东部建有相对应的配殿三官

遗址地层剖面

大上清宫遗址全景图

殿、五岳殿、天皇殿、文昌殿，以及碑亭、厢房等。端庄沉稳的红条石建筑基座、灵秀的鹅卵石园林地面，使得整个宫观既有北方官式、皇家宫观建筑特点，又兼具南方传统建筑风格。

在上清宫遗址内院墙外围，还勘探、发掘了清代的斗姆宫、提点司、三华院等。考古发掘揭示出宋、元、明、清连续不断的地层叠压，不但丰富了大上清宫的建筑格局，还清晰揭示了大上清宫由宋代迁址至此后历经元明清不断改建、扩建、壮大发展的过程。考古地层学分析、宫观的建筑特点以及文献记载互证，可以推断出上述主体殿宇基址的建筑年代为明代早期。

大上清宫遗址出土物丰富，主要有建筑材料和生活用具。大量宋至清的瓦当、滴水、脊兽、石栏杆等建筑构件和货币、陶瓷器等生活用具，为探究大上清宫的历史沿革、建造艺术提供了具有重要价值的资料，也为研究道教发展史和道教考古提供了珍贵的第一手实物资料。

天皇殿

龙虎门

提点司

厢房

三清阁

仙人骑凤屋脊构件

黄琉璃龙纹滴水

清嘉庆十五年（1810）重修上清宫碑记

元代纪年砖

钉帽

垂兽

绿琉璃龙纹瓦当

重庆合川钓鱼城范家堰南宋衙署遗址

入选"2018年度全国十大考古新发现"

发掘单位 重庆市文化遗产研究院
项目负责人 袁东山

钓鱼城位于重庆市合川区东城半岛的钓鱼山上。在公元13世纪宋元(蒙)战争中，钓鱼城为宋廷川渝山城防御体系的"四隅"之一，地势险要、控扼三江，婴城固守卅六载，创造了军事史上的奇迹。

范家堰遗址位于钓鱼城西部五级阶地上，呈四级阶梯状分布。遗址分为衙署办公区和园林区。衙署办公区平面近凸字形，长110米，宽34—72米，面积7000余平方米，高差22米，外部以夯土包石墙围合，内部以府门—中院—设厅—后堂为建筑中轴线，轴线两侧分布有各类附属建筑。

遗址全景及周边环境俯视

府门F18为面阔五间、进深三间、前后设廊的歇山顶建筑；中院F29为三合院，天井四角有小石沟建筑基座，前组为八角形，后组呈六角形；设厅F15是中轴线上的主体建筑，前有月台，为面阔五间、进深四间、前后设廊的庑殿顶建筑，房内部分可见金砖墁地；后堂F43与设厅之间有两个长方形景观水池H26、H27，沿中轴线对称分布，池壁可见石雕神兽及莲花纹镂空排水孔。附属建筑位于中轴线建筑群的左右两侧台地，清理揭露10座，较为重要的有后堂右侧的地下暗室F47，石构拱券门保存完整，中院左侧F55，可能与祭祀活动有关。

园林区位于办公区左侧，平面形状近梯形，面积约4000平方米，以面积约1400平方米、容积逾4000立方米的大水池H1为中心，中部、东部建有大型台榭、景亭等建筑。

遗址出土遗物丰富，有铜质象棋子、建筑构件、瓷器等。H1、H27中各出土一枚爆炸后的铁雷，这是衙署遗址内首次发现爆炸性火药武器。

衙署建筑布局俯视

重庆合川钓鱼城范家堰遗址是目前国内罕见的经过大规模考古发掘、保存完整的宋代衙署遗址。结合历史文献推断，该遗址应为公元1243年南宋四川制置使余玠修筑钓鱼城时所徙的合州州治。范家堰遗址是钓鱼城的政治军事中心，符合中国传统衙署建筑规制，又具有鲜明的山地城池特色，丰富了宋元时期城市考古资料，也为研究我国宋代城市与衙署建筑、古代园林及宋元（蒙）战争史等提供了珍贵的实物遗存。遗址出土的铁雷是世界中古史火器与冷兵器并用时代开创阶段的重要见证。

衙署办公区围墙、中轴线建筑群及附属建筑

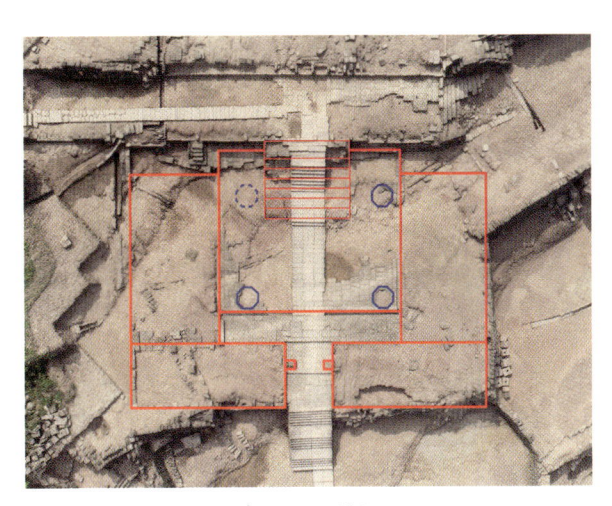

中院 F29 俯视

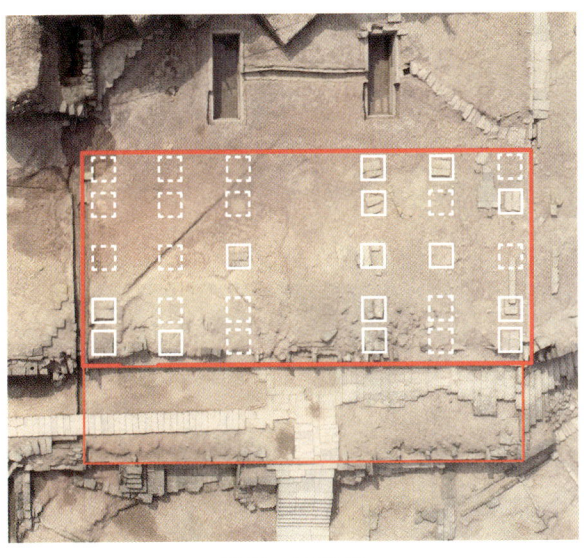

设厅 F15 俯视

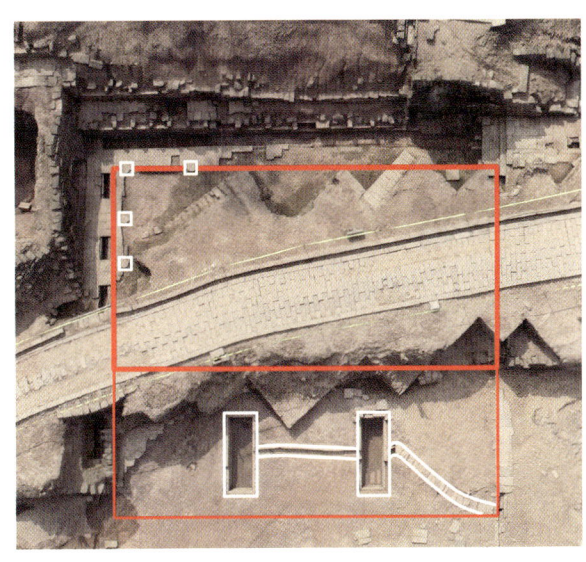

后堂 F43 与水池 H26、H27 俯视

府库 F47

府门 F18 俯视

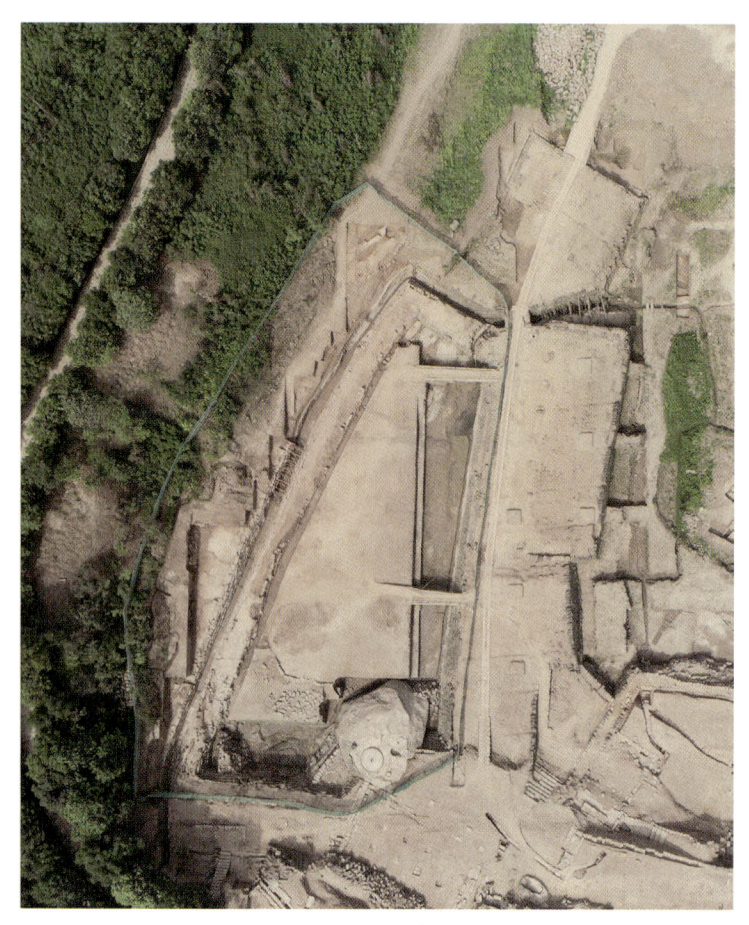

衙署园林区俯视

青白瓷印花芒口碗、斗笠碗

铜棋子（炮、卒）

铁雷

吉林图们磨盘村山城遗址

入选"2020年度全国十大考古新发现"

发掘单位　吉林省文物考古研究所
项目负责人　安文荣

磨盘村山城，原名城子山山城，坐落于吉林省延边朝鲜族自治州图们市。该城南高北低，城墙沿山脊、山腹修筑，平面呈阔叶状。2013—2023年，吉林省文物考古研究所对磨盘村山城遗址进行了连续11年的主动性考古发掘工作。

磨盘村山城遗址地表植被茂盛，调查不易开展，一般的地表测绘方法经常出现偏差。我们运用低空激光遥感技术和滤植技术，获取山城航拍影像图和数字高程模

磨盘村山城远眺

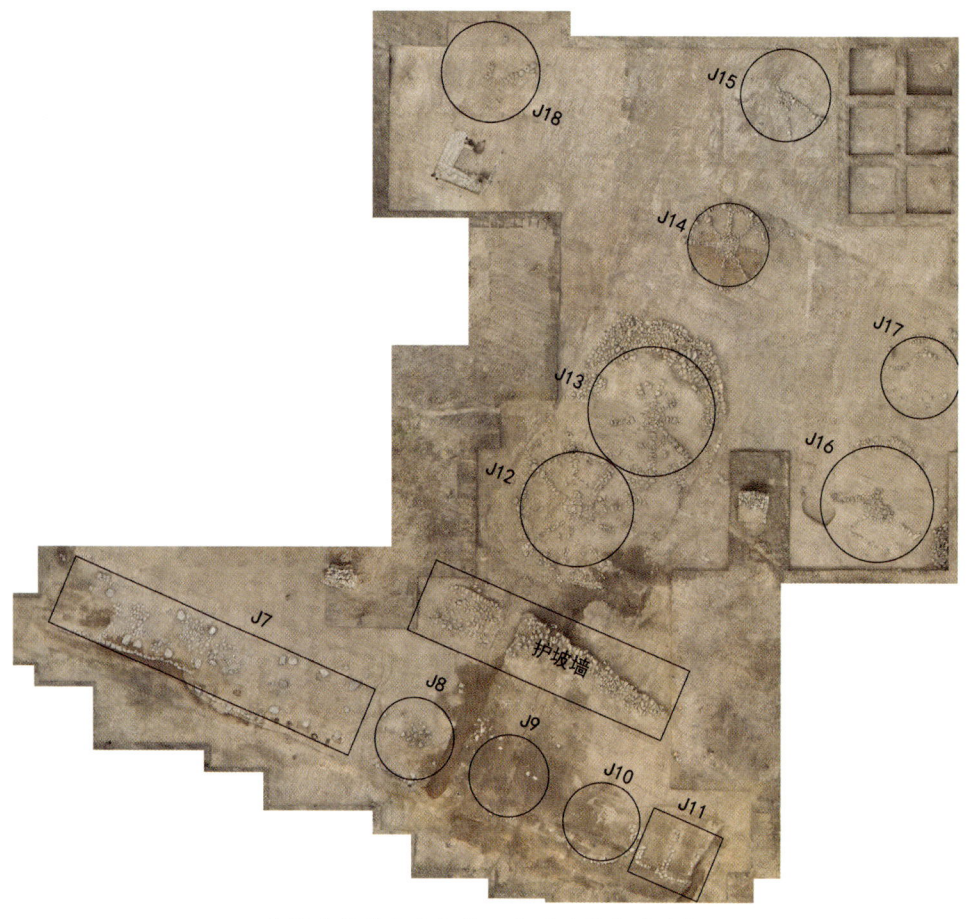

东区建筑群平面布局示意图（早期遗迹）

型图，使山城城墙走势、城内外主要道路和沟谷、城内主要生活区的分布情况一目了然，部分重要遗迹也显露出来。累计发掘面积6405平方米，共清理城门3座、角楼1座，解剖墙体6段，发掘院落、大型建筑基址、小型房址、排水沟渠、灰坑等遗迹近80个，出土各类遗物5000余件。

多段城墙的解剖表明，城墙分早晚两期修筑。早期墙体始建于公元7世纪末，整体利用块石错缝垒砌，墙宽3.5—4米不等。晚期利用早期墙体，在墙顶垒砌石块加高后，两侧夯土加固，修建年代在公元13世纪初。山城中区有一处大型建筑群，有至少11座形制相同的大型建筑，我们对其中5座进行了发掘。2号建筑基址出土一方铜印"监支纳印"，纽右侧刻"天泰四年五月造"。结合印章官职、建筑特点和炭化粮食层的发现，推测中区建筑群应为东夏国时期重要的官方仓储机构所在。

通过发掘，我们可以初步构建起山城始建、使用、废弃、恢复使用的过程，确认遗址主要包含两期文化遗存，晚期遗存为金元之际东北地方割据政权东夏国南京城故址，早期遗存或与大祚荣"遂率其众东保桂娄之故地，据东牟山，筑城以居之"的渤海立国之城有关。

中区建筑群密集础石型建筑
（东夏，3号建筑倒塌堆积清理前）

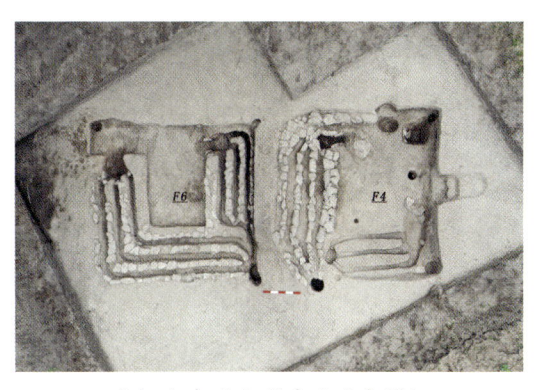

成组分布的小型房址（东夏）

1号院落（东夏）

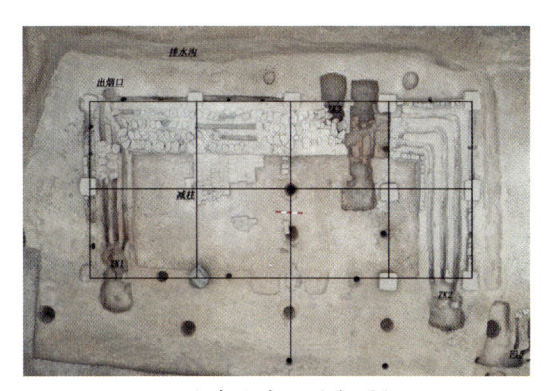

20号建筑基址（东夏）

第四段城墙解剖，相互叠压的两期墙体

2号院落三维影像（东夏）

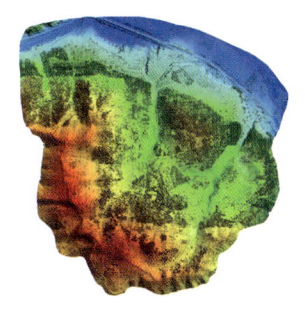

山城低空激光遥感测绘图（左为滤植前，右为滤植后）

早期遗迹出土遗物

东夏国时期遗物

城门地栿

瓮门地栿

东发掘区出土礌石

人物石刻

北门出土东夏国时期遗物

东夏国"监支纳印"出土情况及照片

重庆渝中区老鼓楼衙署遗址

入选"2012年度全国十大考古新发现"

发掘单位 重庆市文化遗产研究院
项目负责人 袁东山

老鼓楼衙署遗址位于重庆市主城核心位置，符合中国传统衙署建筑规制的同时，又具有鲜明的巴渝地域特色。遗址兴建于南宋时期，南宋时为川渝地区的军政中心——四川置制司及重庆府治所。著名的川渝山城防御体系即以此为中心筹建经营。

发掘结果显示，遗址规模宏大，纪年明确，文物遗存丰富，地层关系清晰，宋元、大夏、明清至民国多个时期的衙署建筑叠压分布。已清理房址、水沟、水井、道路及灰坑等各类遗迹，出土了一大批保存较好的陶瓷器、钱币、瓦当、础石、坩埚及漆器等文物。

宋元遗迹中，夯土包砖式高台建筑F1

遗址发掘区全景

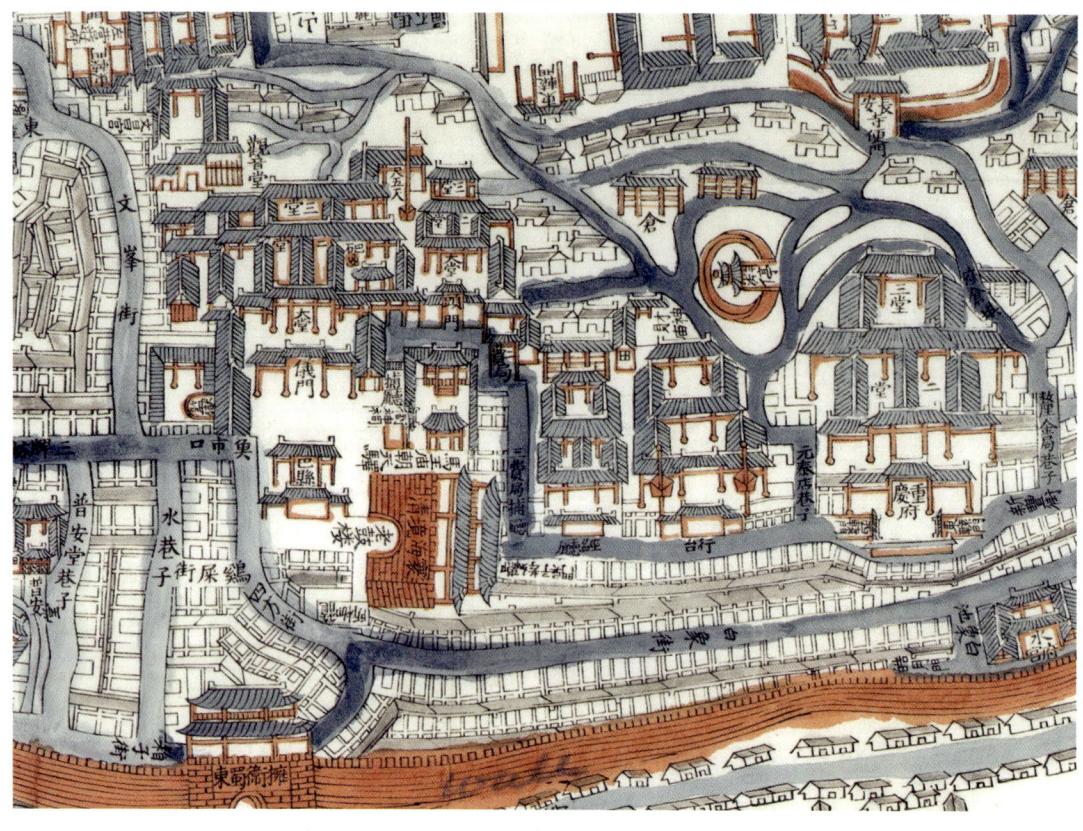

遗址历史环境（光绪《重庆府治全图》局部）

是十分重要的发现。F1平面呈长方形，台基面阔71.48米，进深27.19米，护坡墙及条石基础残高近8米。筑墙砖上发现有"淳祐乙巳东窑城砖""淳祐乙巳西窑城砖"等模印纪年铭文。台基由两个夯土包砖的墩台组成，墩台相距7.17米，形成梯形排叉柱门道。门道隔墙两边各有234平方米的门塾一个，门道及门塾底部保存有七开三进带前后廊的柱网。F1右侧发现石构排水设施，前部发现了同期略早的两座大型凸字形建筑基址，其中F54保存较好。通过建筑布局推测，F1可能为当时作为衙署威仪性大门的"谯楼"。公元1316年谯楼大火，火后门塾被填实，门道缩小为5米宽的石券拱门。

明代遗迹相互之间联系较紧密。结合发现的石墙Q3、Q5、Q12与房址F25、F47分析，明代衙署应至少包括两组南北向、东西并列的多进院落。清代遗迹中与衙署密切相关的建筑有F7。F7与现存地面建筑"巴县衙门旧址"为同一组建筑，应为巴县衙门附属的马王庙。

老鼓楼衙署遗址为重庆已发现的等级最高、价值极大的建筑遗存，见证了重庆定名以来近千年的变迁，填补了重庆城市考古的重大空白，对于研究宋元战争及西南地区衙署建筑、丰富中国宋元时期都城以外的城市考古资料具有重要意义。

宋代高台建筑基址F1及周边遗迹

宋代亭榭式建筑基址F29

宋代凸字形建筑基址F54

明代水池H23、H24

"县"字木印模

礌石

青釉瓷碗

龙首石构件

模印纪年文字的"淳祐乙巳东窑城砖"

贵州遵义海龙囤遗址

入选"2012年度全国十大考古新发现"

发掘单位 贵州省文物考古研究所、汇川区文体广电局
项目负责人 李飞

海龙囤位于遵义老城西北约20千米的龙岩山巅，又称龙岩囤，是一处宋明时期的羁縻·土司城堡遗址。遵义旧属播州，公元9—17世纪为杨氏所据，世守其土达724年，家族中有30人先后出任播州统领。据现有文献，海龙囤始建于宋宝祐五年（1257），而毁于明万历二十八年（1600）的平播之役。

历年的调查与发掘工作，基本廓清了海龙囤的整体格局。现已探明海龙囤有约6千米长的环囤城墙，围合面积达1.59平方千米。囤东有铜柱、铁柱、飞虎（三十六步）、飞龙、朝天、飞凤（五凤楼）六关；囤西有后关、西关、万安三关，彼此围合的空间形成两个瓮城。关隘及城墙均大石筑就，至今巍峨雄壮。囤顶平阔，"老王宫"和"新王宫"是其中最大的两组建筑群，面积均在2万平方米左右。另有军营、敌楼、校场坝、采石场和窑址等遗迹。对"新王宫"的F1、F2、F7、F8、F9、F10、F11等房址，我们进行了重点清理，出土遗物丰富，有礌石、弹丸、铁铠甲片、建筑构件、瓷器、钱币等。

发掘发现，海龙囤特别是"新王宫"

飞龙关、朝天关、飞凤关

的整体格局与明故宫契合，也保存了本地建筑的一些特点，反映了土司在意识形态上的国家认同，这种一致性在一定的历史时期有效维护了我国多民族国家的统一。它是我国羁縻·土司制度的实物遗存，完整见证了我国古代对边疆地区由唐宋时期的羁縻之治到元明时期土司制度再到明代开始的"改土归流"的变迁。它的发掘为从考古学角度深化中国土司制度和文化的研究、探讨中央与地方的互动关系提供了新的材料和视角。

海龙囤的发掘可能引发考古学界新的学术关注点，即将视线从中原的、早期的遗存更多地投向边地的、民族的、晚期的遗存中来，从而拓展考古研究的领域，并可能有益于考古学方法与理论的发展。

新王宫主要发掘区域航拍（摄影：李哲）

F9 东稍间（厨房）

采石场

F8

F10 残存的砖墙

石砚台

脊兽

青花龙纹八仙钵

青铜象棋子

骨质戳子

铁铠甲片

礌石与铅弹

贵州遵义新蒲播州杨氏土司墓地

入选"2014年度全国十大考古新发现"

发掘单位 贵州省文物考古研究所、中国社会科学院考古研究所、遵义市文物局

项目负责人 赵小帆

新蒲杨氏墓地位于遵义市东北侧约20千米的新蒲新区新蒲村官堰组，地处乌江支流湘江上游的仁江（亦称洪江）西岸，是目前唯一已全面发掘的播州杨氏土司家族墓地，包括播州杨氏第14世土司杨价墓（南宋末）、第21世杨铿墓（明初）和第29世杨烈墓（明末），均为夫妇墓。其中杨烈墓发现较早，1982年即被公布为贵州省文物保护单位。

2012年8月，在杨烈墓东南侧约200米处新发现一大型石室墓（当时称挨河古墓，后清理证实系杨铿墓）和其他相关遗迹。2013年4月—2014年11月的大规模发掘，清理播州杨氏土司墓葬3座，除杨烈墓外，

杨铿墓全景

杨价墓航拍　　　　　　　　　　　　杨烈墓航拍

杨铿墓和杨价墓均系新发现。这些墓葬的年代、墓主、等级身份都很清楚，年代跨越宋末至明末，为宋元明考古提供了重要的新资料。尤其杨价墓，系未遭盗掘的双室并列之土坑木椁墓，属形制特殊且保存完整的大型高等级墓葬，墓内出土大量造型精美的金银器及相关随葬品，是贵州土司考古继海龙屯遗址之后的重大突破。

遵义新蒲播州杨氏土司墓地的发现与发掘，系统揭露出杨氏土司墓地的墓园格局，使逐步认识播州杨氏土司的丧葬制度和习俗成为可能。这次发掘的3座杨氏土司墓葬，使经过考古发掘确认的杨氏土司墓葬增至9座，丰富和完善了播州杨氏土司的谱系，且墓主跨越了杨氏统领播州、受封播州土司和即将覆灭的主要时期，一定程度上反映了杨氏从宋代封建领主到元明土司的演变过程，对贵州乃至整个西南地区土司的研究有着重要意义。

杨烈墓碑拓片　　杨烈夫人张氏　　杨铿墓志盖拓片
　　　　　　　　墓碑拓片 　　　　杨铿墓出土骑马俑

杨价墓室出土象纽银执壶

杨价夫人墓室出土金螭龙杯盘

杨价墓室出土金台盏

杨价墓室出土金匙箸瓶

安徽凤阳明中都遗址

入选"2021年度全国十大考古新发现"

发掘单位 安徽省文物考古研究所、故宫博物院
项目负责人 王志

明中都是明太祖朱元璋在家乡凤阳兴建的都城，洪武二年（1369）诏建，六年后以"劳费"为由罢建，当时已初具都城规模。城址由三重城垣构成，面积达50平方千米。城垣、宫殿、坛庙、中央官署、军事设施，与路网、水系及建城时的窑址、石料厂等遗存共同构成了庞大的明中都遗址群。近年来，通过勘探和发掘，城址的布局日渐清晰。在此基础上，2021年重点开展了涂山门遗址和前朝区核心宫殿基址的发掘工作。

发掘揭示出涂山门为单门道券洞式城

明中都宫城内前朝区核心宫殿为前后殿加穿堂的工字形布局，此为后殿连廊区发掘现场

门。城台底部南北宽约39.5米，东西进深约23米，为内夯土外包砖结构，夯土芯采用一层砖瓦一层土的"夹瓦扎"夯法。城台北侧设置东西向马道，也是内填夯土、外甃砖石的结构。城台南侧与外郭城土城墙之间以砖墙连接。城台、马道及砖城墙均坐落在地下挖有基槽的夯土平台之上，并存在明确的先后营建次序。

经过连续发掘，明中都前朝区核心宫殿基址及部分附属建筑的布局也已较为完整地显示出来。从磉墩复原的前后殿加穿堂的工字形建筑布局来看，明中都在宫殿形态上与元大都和北京故宫都存在相似之处，可以认为是二者之间的过渡形态，从而在实物上印证了明中都在中国古代都城史中上承宋元、下启明清的历史作用，增添了中国古代都城由宋元向明清转变的关键环节的资料。其主体宫殿对元代宫殿制度、规划思想做了继承和创新，并对明代南北两京宫城规划模式产生了深远影响。前殿中心发现的黄土台对研究我国古代都城择中、选址的规划营建思想与实践有着重要价值；各组建筑地上、地下结构和夯土营建次序与工艺特点的揭示，为进一步深化研究奠定了坚实基础。

考古发掘现场

涂山门遗址三维激光扫描

涂山门城台内夯土芯

涂山门马道夯土芯

宫殿基址大型碴墩

宫殿基址出土的龙纹栏板

宫殿基址前殿出土的巨型石础

宫殿基址出土的凤纹栏板

出土的部分琉璃瓦当

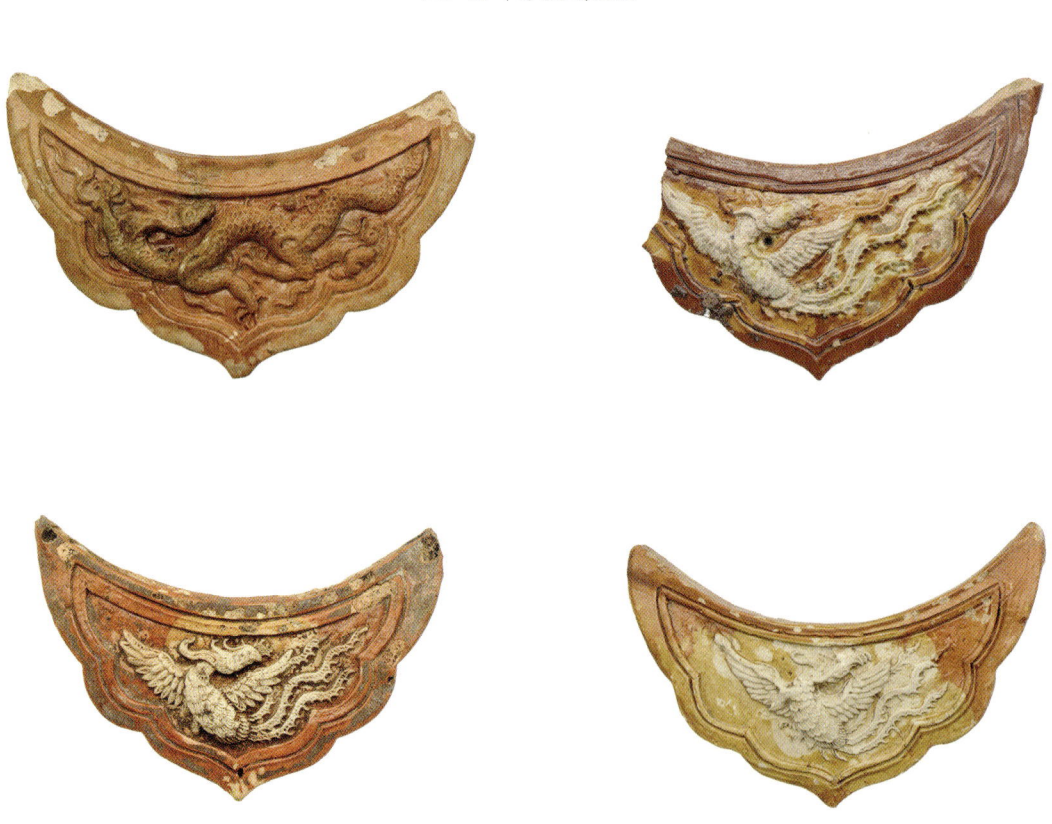

出土的部分琉璃滴水

南海西北陆坡一号、二号沉船遗址

入选"2023年度全国十大考古新发现"

发掘单位 国家文物局考古研究中心、中国科学院深海科学与工程研究所、中国(海南)南海博物馆

项目负责人 宋建忠

南海西北陆坡一号、二号沉船遗址位于海南岛与西沙群岛之间的南海海底,西北距离三亚约150千米,遗址水深约1500米。2023年起,对两处沉船遗址进行了深海考古调查,使用"探索一号""探索二号"科考船和"深海勇士"号载人潜水器,共执行41个潜次调查。

南海西北陆坡一号、二号沉船遗址保存相对完好,文物数量巨大,时代比较明确(明弘治—正德),具有很高的历史、科学及艺术价值。这一发现不仅是我国深海考古的重大发现,也是世界级的重要考古发现。

南海西北陆坡一号、二号沉船遗址填补了我国古代南海离岸航行路线的缺环,完善了海上丝绸之路南海段航线的历史链条,实证了中国先民开发、利用、往来南海的历史事实,再现了明代中期海上贸易

南海西北陆坡一号沉船正射影像

一号沉船遗址永久测绘基点

的繁盛景象，对中国航海史、陶瓷史、海外贸易史及水下考古研究等都具有突破性的贡献。

南海西北陆坡一号、二号沉船遗址考古调查是中国水下考古工作者首次运用考古学理论、技术与方法，严格按照水下考古工作规程要求，借助深潜技术与装备，对位于水下千米级深度的古代沉船遗址开展系统科学考古调查、记录与研究的工作。这一发现充分展现了我国深海科技与水下考古跨界融合、相互促进的美好前景，标志着我国深海考古达到世界先进水平，是中国水下考古发展的重要里程碑。

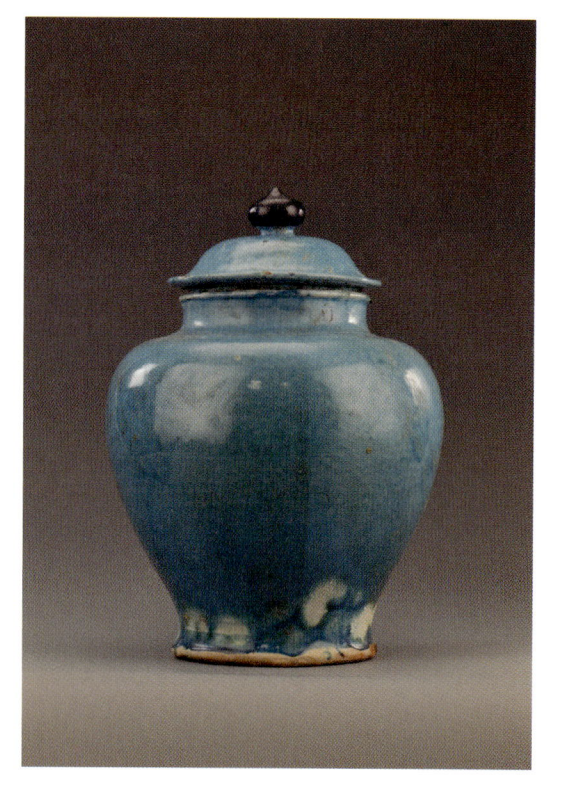

一号沉船出水孔雀绿釉盖罐

一号沉船出水螺形壶

一号沉船出水珐华彩莲纹梅瓶

一号沉船出水蓝釉高足碗

一号沉船出水青花人物纹罐

一号沉船出水三彩象形持壶

二号沉船遗址出水乌木

"深海勇士"号载人潜水器

"探索二号"科考船

柔性机械手提取文物

四川彭山江口明末战场遗址

入选"2017年度全国十大考古新发现"

发掘单位 四川省文物考古研究院、国家文物局考古研究中心、
眉山市彭山区文物保护研究所
项目负责人 刘志岩、周春水

彭山江口明末战场遗址位于四川省眉山市彭山区江口镇岷江河道内,北距成都市约60千米,南距眉山市约20千米。20世纪20年代起,遗址所在河道内陆续发现文物,2017年进行考古发掘。

本次发掘共出水各类文物3万余件,材质以金、银、铜、铁等金属为主。出水文物时代明确,自明代中期延续至明代晚

江口明末战场遗址发掘区场景

期；来源地域广泛，涵盖了明代的大半个中国；等级较高，包含了诸多张献忠大西国及明代皇室文物。发掘确认该遗址为张献忠沉银地点，遗址的形成可能与文献中记载的大西军领袖张献忠与明代参将杨展"江口之战"这一历史事件直接相关。

彭山江口明末战场遗址的发掘，不仅是明代考古的重大发现，而且是内陆水下考古的有益尝试。考古工作者将陆地调查与地球物理探测技术结合，通过传统走访与水面高精度电法等物探手段确定发掘区域，针对遗址处于岷江河道内的实际情况，通过围堰解决发掘平台，为今后的滩涂考古、浅水埋藏遗址的发掘提供了工作范式和借鉴经验。发掘中采用的金属探测、磁法、电法和探地雷达等现代技术，保证了考古发掘的科学性和技术性。考古发掘的同时开展公众考古活动，面向社会公开招募志愿者，并且发掘全程都有志愿者参与，在全国尚属首次，为公众参与考古提供了平台，扩大了考古对公众的影响力。该遗址面积较大，出土文物数量众多，等级较高，具有突出的科学、历史、艺术价值，是明代中晚期社会生活、政治、军事等方面最直接的反映。这一发现为研究张献忠大西军征战历史、政权建设和经济建设等方面提供了丰富的实物资料，也为解决明史中的诸多问题提供了新的材料。

发掘结束时场景

运载银两的木鞘

文物出水现场

"大顺通宝"铜币

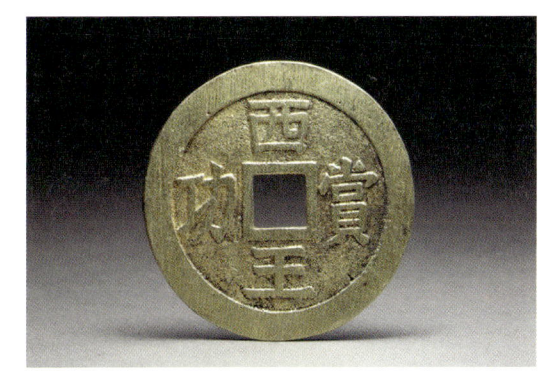

"西王赏功"金币

张献忠册封妃嫔金册

崇祯十四年（1641）云南五十两银锭

明册封吉王金册

明册封富顺王银册 　　金纽扣

金顶银脚发簪

金戒指

镶宝石金发簪　　铭刻大西国国号的五十两银锭

湖南桂阳桐木岭矿冶遗址

入选"2016年度全国十大考古新发现"

发掘单位 湖南省文物考古研究院、北京大学、桂阳县文物管理所
项目负责人 莫林恒

　　桐木岭遗址位于湖南省桂阳县仁义镇大坊村和浩塘镇桐木岭村交界处，遗址面积约11万平方米。遗址核心部位有一炼渣堆积形成的山体平台，台面略呈三角形，东西约100米，南北约50米。我们对该山体平台进行整体揭露，发现该台面上呈品字形分布着一个焙烧单元和两个冶炼单元，构成了完整的冶炼体系。矿料先经焙烧后再分送去冶炼。每个冶炼作坊以槽形炉为主体，分布着储料坑、和泥坑、搅拌坑、原料堆、精炼灶、柱洞、环形护围、碎料区、房址等遗迹。

桐木岭遗址全景

遗址出土一系列较为完整的冶炼工具，以及陶瓷器、钱币等生活用品。综合发掘情况并通过检测分析，项目组推断这是一处以炼锌为主，兼炼铅、铜、银的多金属冶炼遗址。初步推测遗址开始于明末清初，废弃于清代中晚期。

在聚落考古理念指导下，本次发掘完整复原了冶炼场布局、结构和功能分区。这些发现为认识古代手工业场址的选址、布局、工艺流程、生产规模、工人生活及生产水平提供了直接证据。发掘发现的炼锌遗存代表当时最先进的炼锌技术。出土的多个成排圆形焙烧炉，填补了我国炼锌技术史研究的一项空白，槽形冶炼炉是国内迄今保存最为完整的古代炼锌炉遗存，对于完整复原古代炼锌术起到了非常关键的作用，对研究我国古代炼锌技术的起源、发展和传播具有重要意义。

双排冶炼炉

原料堆和精炼灶

搅拌坑 K1

槽形炉 1 西段局部

房址 F2

储物坑 K8 与和泥坑 K9

河床上疑似洗矿槽

槽形炉 1 东段炉室单元格内放置垫饼

焙烧台

| 青花碗 | 青花碗 | 青花盘 | 青花杯 | 乾隆通宝 嘉庆通宝 |

| 陶壶 | 陶罐 | 陶盆 | 陶缸 |

| 陶钵 | 陶砂锅 | 陶三足钵 | 陶缸盖 |

桐木岭遗址出土陶瓷器及钱币

| 矿料 | 铅锌矿石 | 冷凝器及粗锌块 | 冷凝兜 |

| 铁锤 | 铁铲 | 冷凝盖 | 坩埚 |

| 精炼使用的铁锅 | 铁钎 | 石砧 |

桐木岭遗址出土冶炼遗物

辽宁"丹东一号"清代沉船（致远舰）水下考古调查

入选"2015年度全国十大考古新发现"

发掘单位 国家文物局考古研究中心、辽宁省文物考古研究院
项目负责人 周春水

"丹东一号"沉船位于辽宁省丹东市西南50多千米的海域处。从2014年开始，考古工作者历经三个年度共四次水下考古调查，在深达24米的海底找到一艘钢铁沉舰，按地域暂命名为"丹东一号"沉船，后确认为清北洋水师的致远舰。

历次水下考古工作抽沙揭露出长60多米、宽9—10米的舰体残骸。舰体外壳用钢板构造，使用铆钉连接。水下发现沉舰整体受损严重。从残存的锅炉高度、艉部

舰上的战火焚烧痕迹

穹甲看，沙中舰体残存高度已位于水线以下，按舱室结构已是底舱的动力机舱，其高度已不到完整底舱的顶部。沉舰发现多处火烧迹象，从周边抛撒的钢板、木质船板、锅炉零件等物品推测，舰上发生过剧烈爆炸。

历次调查发现并提取水下文物计70多个种类，涉及船体构件、舰载武器、机器配件、电气设备、工具材料以及船员生活物品等。其中，能确证"致远舰"身份的遗物有：方形舷窗、152毫米炮弹、十管加特林机枪、鱼雷引信、"致远"文字款定制餐具等。致远舰的考古调查发现，为中国近代史、甲午海战和世界舰船技术史的研究提供了十分珍贵的考古实物资料。

清理沉船遗物

铆接的舷侧钢板

锅炉的水下三维摄影拼接

揭露的一段艉部船壳 　　　　　　　　　　　方形舷窗

锅炉阀门 　　　　　　　　　　　　　　　三层穹甲钢板

水下发现的加特林机枪 　　　　　　　　　鱼雷引信发现时的情况

水底的152毫米口径炮弹头

主炮管残片

57毫米口径炮弹

除锈后的加特林机枪铭牌

银勺

带"致远"文字的白瓷小托盘

带"致远"文字的白瓷餐盘

辽宁庄河海域甲午沉舰遗址（经远舰）水下考古调查

入选"2018年度全国十大考古新发现"

发掘单位 国家文物局考古研究中心、辽宁省文物考古研究院、
大连市文物考古研究所

项目负责人 周春水、冯雷

"经远舰"遗址位于辽宁省大连市庄河黑岛老人石海域。2014年夏，考古工作者依据资料线索与磁力仪物探数据在该处发现一艘铁质沉船残骸，经国家文物局批准，于2018年7—9月开展专项调查。考古队运用多波束声呐获取海底残存舰体影像，之后确认整舰埋藏状态，连续抽沙20多天后，在泥下5.5米深度找到"经远"舰

抽沙作业的海上平台

铭牌，最终证实沉船为甲午海战北洋海军沉舰"经远舰"。

舰体残骸呈上下颠倒状翻扣在海底，总体残长80米，宽12米，泥下最大埋深达6.4米。"经远舰"沉灭后遭受长期破拆，底舱已被抓损殆尽，由于舰体翻扣，底舱上面的生活舱室及甲板上的武器装备反而保存下来。舰体前后倾斜，最前端已破坏到生活舱，但舰体后半部的生活舱未遭到破坏，舱室甲板还有保留。出水遗物种类丰富，包括舰体结构、武器装备、修理工具、个人物品等。

"经远舰"是继"致远舰"之后，我国水下考古工作获得的又一重大成果。本次调查摸清了整个沉舰的残存情况、埋藏状态、遗物分布等诸多信息。首次发现北洋海军的军舰铭牌，其材质、工艺及安装方法得以明确。"经远舰"是德国设计制造装甲巡洋舰的较早案例之一，甲午海战又是木质风帆战舰被蒸汽机装甲战舰取代以后的第一次大规模海战和中日近代发展史上的分水岭，"经远舰"的发现为中国近代史、海军发展史、世界海战史、世界海军舰艇史的研究提供了弥足珍贵的实物资料。同时，该项目提供了在浊水海洋环境里开展工作和多种技术综合运用的宝贵经验，为以后大型沉舰遗址的调查、研究与展示工作提供了借鉴。

"经"字铭牌 　　　　"远"字铭牌 　　　　"经远"木签牌

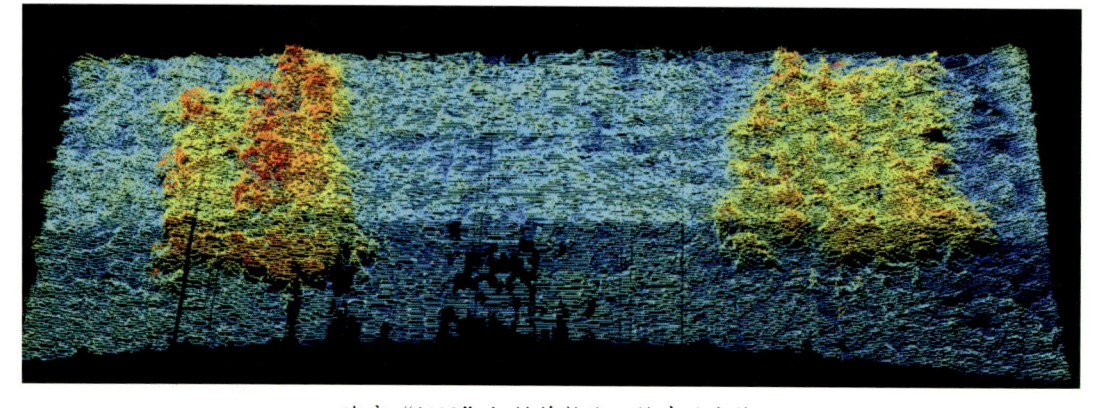

海底"经远"舰铭牌整体三维声呐成像

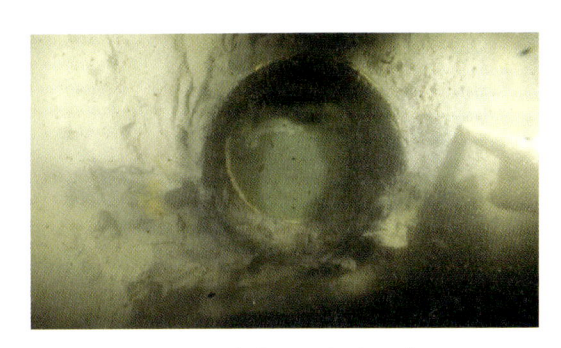

三角形钢铁艌柱　　　　　　　　　　　　玻璃保存完好的舱室舷窗

残存的铁甲堡舰体外壳

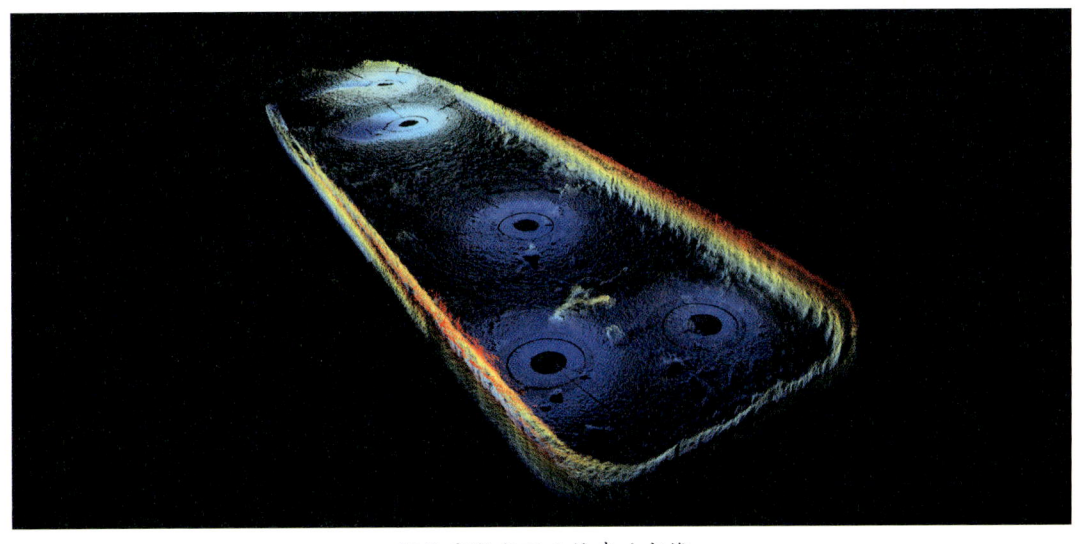

舰体残骸水下三维声呐成像

带火烧痕的天幕杆　　　　　　　　折断的桅杆斜桁

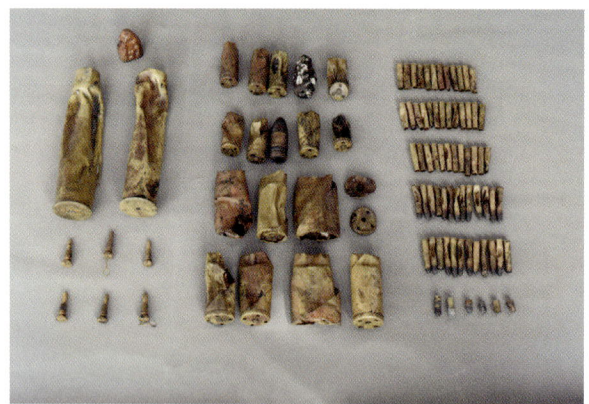

出水遗物

附　录

新时代"全国十大考古新发现"
（2012—2023）

2012 年度全国十大考古新发现
河南栾川孙家洞旧石器遗址
江苏泗洪顺山集新石器时代遗址
四川金川刘家寨新石器时代遗址
陕西神木石峁遗址
新疆温泉阿敦乔鲁遗址与墓地
山东定陶灵圣湖汉墓
河北内丘邢窑遗址
内蒙古辽上京皇城西山坡佛寺遗址
重庆渝中区老鼓楼衙署遗址
贵州遵义海龙囤遗址

2013 年度全国十大考古新发现
陕西宝鸡石鼓山商周墓地
湖北随州文峰塔东周曾国墓地
山东沂水纪王崮春秋墓葬
湖南益阳兔子山遗址
四川成都老官山西汉木椁墓
河南洛阳新安汉函谷关遗址
陕西西安中渭桥遗址
江苏扬州曹庄隋唐墓（隋炀帝墓）
四川石渠吐蕃时代石刻
江西景德镇南窑唐代遗址

2014 年度全国十大考古新发现
广东郁南磨刀山与南江旧石器地点群

河南郑州东赵遗址
湖北枣阳郭家庙曾国墓地
云南祥云大波那墓地
浙江上虞禁山早期越窑遗址
西藏阿里故如甲木墓地和曲踏墓地
内蒙古正镶白旗伊和淖尔墓群
河南隋代回洛仓与黎阳仓粮食仓储遗址
北京延庆大庄科辽代矿冶遗址群
贵州遵义新蒲播州杨氏土司墓地

2015 年度全国十大考古新发现
云南江川甘棠箐旧石器遗址
江苏兴化、东台蒋庄遗址
浙江余杭良渚古城外围大型水利工程的调查与发掘
海南东南部沿海地区新石器时代遗存
陕西宝鸡周原遗址
湖北大冶铜绿山四方塘遗址墓葬区
江西南昌西汉海昏侯刘贺墓
河南洛阳汉魏洛阳城太极殿遗址
内蒙古多伦辽代贵妃家族墓葬
辽宁"丹东一号"清代沉船（致远舰）水下考古调查

2016 年度全国十大考古新发现
宁夏青铜峡鸽子山遗址

贵州贵安新区牛坡洞洞穴遗址
湖北天门石家河遗址
福建永春苦寨坑原始青瓷窑址
陕西凤翔雍山血池秦汉祭祀遗址
北京通州汉代路县故城遗址
浙江慈溪上林湖后司岙唐五代秘色瓷窑址
上海青浦青龙镇遗址
山西河津固镇宋金瓷窑址
湖南桂阳桐木岭矿冶遗址

2017 年度全国十大考古新发现
新疆吉木乃通天洞遗址
山东章丘焦家遗址
陕西高陵杨官寨遗址
宁夏彭阳姚河塬西周遗址
河南新郑郑韩故城遗址
陕西西安秦汉栎阳城遗址
河南洛阳东汉帝陵考古调查与发掘
江西鹰潭龙虎山大上清宫遗址
吉林安图金代长白山神庙遗址
四川彭山江口明末战场遗址

2018 年度全国十大考古新发现
广东英德青塘遗址
湖北沙洋城河新石器时代遗址
陕西延安芦山峁新石器时代遗址
新疆尼勒克吉仁台沟口遗址
山西闻喜酒务头商代墓地
陕西澄城刘家洼东周遗址
江苏张家港黄泗浦遗址
河北张家口太子城金代城址
重庆合川钓鱼城范家堰南宋衙署遗址
辽宁庄河海域甲午沉舰遗址（经远舰）水下考古调查

2019 年度全国十大考古新发现
陕西南郑疥疙洞旧石器时代洞穴遗址
黑龙江饶河小南山遗址
陕西神木石峁遗址皇城台
河南淮阳平粮台城址
山西绛县西吴壁遗址
甘肃敦煌旱峡玉矿遗址
湖北随州枣树林春秋曾国贵族墓地
新疆奇台石城子遗址
青海乌兰泉沟吐蕃时期壁画墓
广东"南海Ⅰ号"南宋沉船水下考古发掘项目

2020 年度全国十大考古新发现
贵州贵安新区招果洞遗址
浙江宁波余姚井头山遗址
河南巩义双槐树遗址
河南淮阳时庄遗址
河南伊川徐阳墓地
西藏札达桑达隆果墓地
江苏徐州土山二号墓
陕西西安少陵原十六国大墓
青海都兰热水墓群 2018 血渭一号墓
吉林图们磨盘村山城遗址

2021 年度全国十大考古新发现
四川稻城皮洛遗址
河南南阳黄山遗址
湖南澧县鸡叫城遗址

山东滕州岗上遗址

四川广汉三星堆遗址袁家院祭祀区

湖北云梦郑家湖墓地

陕西西安江村大墓

甘肃武威唐代吐谷浑王族墓葬群

新疆尉犁克亚克库都克烽燧遗址

安徽凤阳明中都遗址

2022 年度全国十大考古新发现

湖北十堰学堂梁子遗址

山东临淄赵家徐姚遗址

山西兴县碧村遗址

河南偃师二里头都邑多网格式布局

河南安阳殷墟商王陵及周边遗存

陕西旬邑西头遗址

贵州贵安新区大松山墓群

吉林珲春古城村寺庙址

河南开封州桥及附近汴河遗址

浙江温州朔门古港遗址

2023 年度全国十大考古新发现

山东沂水跋山遗址群

福建平潭壳丘头遗址群

安徽郎溪磨盘山遗址

湖北荆门屈家岭遗址

河南永城王庄遗址

河南郑州商都书院街墓地

陕西清涧寨沟遗址

甘肃礼县四角坪遗址

山西霍州陈村瓷窑址

南海西北陆坡一号、二号沉船遗址